高等院校物流管理专业系列教材·物流企业岗位培训系列教材

物流与供应链管理

刘徐方 李耀华 ◎ 主　编
胡晨硕 梁　旭 ◎ 副主编

清华大学出版社
北　京

内 容 简 介

本书结合我国物流与供应链管理的实践,具体介绍物流与供应链管理、供应链运输管理、供应链仓储与配送中心管理、物流其他功能性活动管理、供应链物流信息技术与信息系统、供应链采购与外包战略、供应链库存管理技术、供应链构建与绩效评价、绿色物流、物联网在物流业中的应用等现代物流与供应链管理基础知识,并探讨我国物流与供应链管理未来发展的方向与对策。

本书既可作为普通高等院校本科物流管理专业的首选教材,同时兼顾高职高专及应用型大学的教学;也可作为物流供应链管理从业者的培训教材。

本书封面贴有清华大学出版社防伪标签,无标签者不得销售。
版权所有,侵权必究。举报:010-62782989,beiqinquan@tup.tsinghua.edu.cn。

图书在版编目(CIP)数据

物流与供应链管理/刘徐方,李耀华主编. —北京:清华大学出版社,2019(2024.8重印)
(高等院校物流管理专业系列教材·物流企业岗位培训系列教材)
ISBN 978-7-302-52170-9

Ⅰ. ①物… Ⅱ. ①刘… ②李… Ⅲ. ①物流－物资管理－高等学校－教材 ②供应链管理－高等学校－教材 Ⅳ. ①F252

中国版本图书馆 CIP 数据核字(2019)第 019817 号

责任编辑:贺　岩
封面设计:汉唐风韵
责任校对:宋玉莲
责任印制:杨　艳

出版发行:清华大学出版社
　　　　网　　址:https://www.tup.com.cn,https://www.wqxuetang.com
　　　　地　　址:北京清华大学学研大厦A座　　邮　编:100084
　　　　社 总 机:010-83470000　　邮　购:010-62786544
　　　　投稿与读者服务:010-62776969,c-service@tup.tsinghua.edu.cn
　　　　质量反馈:010-62772015,zhiliang@tup.tsinghua.edu.cn
印 装 者:三河市龙大印装有限公司
经　　销:全国新华书店
开　　本:185mm×230mm　　印　张:16　　字　数:327千字
版　　次:2019年5月第1版　　印　次:2024年8月第5次印刷
定　　价:45.00元

产品编号:078980-01

高等院校物流管理专业系列教材·物流企业岗位培训系列教材

编审委员会

主　任

　　牟惟仲　　中国物流技术协会理事长、教授级高级工程师

副主任

　　翁心刚　　北京物资学院副院长、教授
　　冀俊杰　　中国物资信息中心原副主任、总工程师
　　张昌连　　中国商业信息中心原主任、总工程师
　　吴　明　　中国物流技术协会副理事长兼秘书长、高级工程师
　　李大军　　中国物流技术协会副秘书长、中国计算机协会市场
　　　　　　　发展分会秘书长

委　员

吴江江	林　征	车亚军	张建国	孙　军	梁　露
刘徐方	田振中	张劲珊	李爱华	刘阳威	郑秀恋
王　艳	罗佩华	李　青	刘　华	林玲玲	梁　旭
王海文	刘丽艳	李耀华	卢亚丽	丁玉书	温卫娟
张淑谦	林南南	李秀华	刘文歌	朱凤仙	任　斐
崔　娜	李战国	雷　燕	耿　燕	罗松涛	于汶艳

总　编

　　李大军

副总编

　　刘徐方　　王海文　　李爱华　　田振中　　卢亚丽　　孙　军

Xuyan

物流是国民经济的重要组成部分，也是我国经济发展新的增长点。加快我国现代物流发展，对调整经济结构、促进产业升级、优化资源配置、改善投资环境、增强综合国力和企业竞争能力、提高经济运行质量与效益、实现可持续发展战略、推进我国经济体制与经济增长方式的根本性转变，具有非常重要而深远的意义。

为推动我国现代物流业的健康快速发展，国务院陆续下发《国务院关于印发物流业调整和振兴规划的通知》（国发〔2009〕8号）、《国务院办公厅关于促进物流业健康发展政策措施的意见》（国办发〔2011〕38号）、《国务院办公厅关于促进内贸流通健康发展的若干意见》（国办发〔2014〕51号）等多个文件，制定和完善相关配套政策措施，以有序实施促进物流企业加大整合、改造、提升、转型的力度，并逐步实现转型发展、集约发展、联动发展、融合发展，通过物流的组织创新、技术创新、服务创新，在保障我国物流总量平稳较快增长的同时，加快供需结构、地区结构、行业结构、人力资源结构、企业组织结构的调整步伐，创新服务模式，提高服务能力，努力满足经济建设与社会发展的需要。

2015年3月，经国务院授权，国家发展和改革委员会、外交部、商务部联合发布《推动共建丝绸之路经济带和21世纪海上丝绸之路的愿景与行动》，随着我国改革开放和社会主义市场经济的加速推进，随着国家"一带一路"互联互通倡议的实施，我国迅速融入全球经济一体化的进程，中国市场国际化的特征越发凸显。

物流既涉及国际贸易、国际商务活动等外向型经济领域，也涉及交通运输、仓储配送、通关报检等多个业务环节。当前面对世界经济的迅猛发展和国际市场激烈竞争的压力，加强物流科技知识的推广应用、加快物流专业技能型应用人才的培养，已成为我国经济转型发展亟待解决的问题。

需求促进专业建设，市场驱动人才培养。针对我国高等职业教育院校已沿用多年的物流教材陈旧和知识老化而急需更新的问题，为了适应国家经济发展和社会就业急需，为了满足物流行业规模发展对操作技能型人才的需求，在中国物流技术协会的支持下，我们组织北京物资学院、大连工业大学、北京城市学院、吉林工程技术师范学院、北京财贸职业学院、郑州大学、哈尔滨理工大学、燕山大学、浙江工业大学、河北理工大学、华北水利水电大学、江西财经大学、山东外贸职业学院、吉林财经大学、广东理工大学、辽宁中医药大学、郑州升达经贸管理学院等全国20多个省市高职高专院校及应用类大学物流管理专业的主讲教师和物流企业经理，共同精心编撰了此套教材，旨在迅速提高高等院校物流管理专业学生和物流行业从业者的专业技术素质，更好地服务于我国物流产业和物流经济。

本套教材作为普通高等教育院校物流管理专业的特色教材，融入了物流运营管理的最新实践教学理念，坚持以科学发展观为统领，力求严谨，注重与时俱进，根据物流业发展的新形势和新特点，依照物流活动的基本过程和规律，全面贯彻国家"十三五"教育发展规划，按照物流企业对人才的需求模式，结合学生就业加强实践能力训练，注重校企结合、贴近物流企业业务实际，注重新设施设备操作技术的掌握，强化实践技能与岗位应用培养训练，并注重教学内容和教材结构的创新。

本套教材根据高等教育院校"物流管理"专业教学大纲和课程设置，各教材的出版对强化物流从业人员教育培训、提高经营管理能力，对帮助学生尽快熟悉物流操作规程与业务管理、毕业后能够顺利就业具有特殊意义，因而既可作为本科高职院校物流管理专业教学的首选教材，也可作为物流、商务贸易等企业在职员工的培训用书。

中国物流技术协会理事长　牟惟仲
2017年5月于北京

Qianyan 前言

物流是流通的命脉,也是国家经济建设的重要支撑。物流业是融合运输、仓储、货代、信息等产业的复合型服务业,是支撑国民经济发展的基础性、战略性产业。随着经济全球化进程的加快和科学技术的飞速发展,物流产业已经成为我国国民经济新的增长点,在我国经济建设与发展中占有极其重要的位置。

供应链管理既是物流系统的重要组成部分,也是物流运营的关键环节;物流供应链管理对规范经营、完善服务、降低成本、减少损失、提高经济效益、提升物流品质具有积极的促进功能,对物流企业经济运行的质量和效益产生重大影响,并在国际物流中发挥着衔接、协调、枢纽等极其重要的作用;因而越来越受到我国各级政府主管部门和物流行业与物流企业的高度重视。

网络经济促动产业快速发展,供应链管理作为现代科技进步和经济发展催生出的新型生产力,正在深刻地改变物流企业的运作模式,也在彻底地改造传统物流业,并在物流产业化与现代化发展进程中发挥着重要作用。当前,随着国家"一带一路、互联互通"总体发展倡议的制定和实施,国务院办公厅印发《关于积极推进供应链创新与应用的指导意见》,这是国务院首次就供应链创新发展出台指导性文件,立意高远,着眼于推动国家经济社会的全面发展。

面对企业竞争国际化的迅速发展与激烈竞争,对物流系统和从事供应链管理人员技术素质提出了新的更高要求,社会物资流通和物流产业发展急需大量实用型、技能型、操作型的专门人才;加强物流与供应链管理学习与应用,这既是物流企业可持续快速发展的战略选择,也是本书出版的意义。物流与供应链管理既是普通高等教育物流管理专业的核心骨干课程,也是物流从业者必须掌握的关键技能。本书作为高等教育本科物流管理专业的特色教材,全书共九章,以学习者应用能力培养为主线,坚持科学发展观,紧密结合国内外物流供应链应用发展的新形势,根据物流与供应链管理活动的基本过程和规律,具体介绍:物流与供应链管理、供应链运输管理、供应链仓储与配送中心管理、物流其他功能性活动管理、供应链物流信息技术与信息系统、供应链采购与外包战略、供应链库存管理技术、供应链构建与绩效评价、绿色物流、物联网在物流业中的应用等现代物流与供应链管理基础知识,并探讨我国物流与供应链管理未来发展的方向与对策。

由于本书融入了物流与供应链管理最新实践教学理念,力求严谨、注重与时俱进,具有知识系统、内容翔实、案例鲜活、贴近实际等特点;因此本书既可为普通高等院校本科物流管理专业的首选教材,同时兼顾高职高专及应用型大学的教学;也可以作为物流供应链管理在职从业者的培训教材,并为物流供应链管理者提供有益的学习指导。本教材由李大军筹划并具体组织,华北水利水电大学刘徐方和郑州升达经贸管理学院李耀华主编、刘徐方统改稿,胡晨硕、梁旭为副主编,由吴青梅教授审订。作者编写分工:牟惟仲(序言),刘徐方(第一章、第八章),郭晓燕(第二章),李耀华(第三章),梁旭(第四章、第六章),胡晨硕(第五章、第七章),胡彦平、刘华(第九章);华燕萍、李晓新(文字修改、版式调整、教学课件制作)。

在教材编著过程中,我们参考借鉴了大量国内外有关物流与供应链管理的最新书刊资料和国家颁布实施的相关法规和管理规定,并得到业界有关专家教授的具体指导,在此一并致谢。为配合本书使用,我们提供了配套的电子教学课件,读者可以从清华大学出版社网站(www.tup.com.cn)免费下载。因作者水平有限,书中难免有疏漏和不足,恳请专家、同行和读者批评指正。

编 者

2019 年 3 月

Mulu

第一章　物流与供应链管理概述 ………………………………… 1

　第一节　物流与供应链管理产生的背景 ……………………… 3
　　一、21世纪市场竞争环境的转变 …………………………… 3
　　二、企业经营管理模式的转变 ……………………………… 6
　　三、物流与供应链管理的作用 ……………………………… 8
　第二节　物流与企业物流 ……………………………………… 10
　　一、物流概述 ………………………………………………… 10
　　二、企业物流 ………………………………………………… 12
　第三节　供应链与供应链管理 ………………………………… 14
　　一、供应链 …………………………………………………… 14
　　二、供应链管理 ……………………………………………… 17

第二章　供应链运输管理 ………………………………………… 23

　第一节　运输概述 ……………………………………………… 24
　　一、运输的概念、地位和原则 ……………………………… 24
　　二、各种运输方式 …………………………………………… 26
　第二节　运输管理 ……………………………………………… 30
　　一、运输的合理化 …………………………………………… 30
　　二、车辆路线选择和调度 …………………………………… 34
　第三节　运输中介 ……………………………………………… 36
　　一、运输中介的类型 ………………………………………… 36
　　二、零担货物运输 …………………………………………… 37

第三章　供应链仓储与配送管理 …… 40

第一节　仓储 …… 41
一、仓储概述 …… 41
二、现代仓库的设施与设备 …… 44
三、仓储的合理化 …… 49

第二节　仓储管理 …… 51
一、入库业务管理 …… 51
二、保管业务管理 …… 52
三、出库业务管理 …… 56

第三节　配送和配送中心管理 …… 56
一、配送概述 …… 56
二、配送的类型 …… 59
三、配送的合理化 …… 63
四、配送中心 …… 67

第四章　物流其他功能性活动管理 …… 74

第一节　包装 …… 76
一、包装概述 …… 76
二、包装的分类 …… 77
三、包装材料 …… 79
四、包装的标识 …… 81
五、包装合理化 …… 83

第二节　装卸搬运 …… 86
一、装卸搬运概述 …… 86
二、装卸搬运作业方式分类 …… 89
三、装卸搬运的合理化原则 …… 92

第三节　流通加工 …… 94
一、流通加工概述 …… 94
二、流通加工的类型 …… 98

　　　　三、流通加工合理化 ··· 99

第五章　供应链物流信息技术与信息系统 ································· 105

　　第一节　物流信息 ·· 107
　　　　一、物流信息概述 ··· 107
　　　　二、物流信息的特点 ·· 108
　　　　三、物流信息的种类 ·· 109
　　　　四、物流、商流和信息流 ·· 110
　　　　五、信息技术对供应链管理的支撑 ·· 111
　　第二节　物流信息技术 ··· 113
　　　　一、条码技术 ··· 114
　　　　二、电子数据交换 ··· 117
　　　　三、地理信息系统 ··· 119
　　　　四、全球定位系统 ··· 121
　　　　五、射频识别 ··· 124
　　第三节　物流管理信息系统 ··· 128
　　　　一、物流管理信息系统的概念 ·· 128
　　　　二、物流管理信息系统的特点和发展趋势 ··································· 129
　　　　三、物流管理信息系统的功能 ·· 130
　　　　四、物流管理信息系统的设计原则与步骤 ··································· 133

第六章　供应链采购与外包战略 ··· 137

　　第一节　传统采购概述 ··· 139
　　　　一、传统采购的定义及一般流程 ··· 139
　　　　二、传统采购的主要形式 ·· 141
　　　　三、传统采购模式存在的问题 ·· 143
　　第二节　供应链管理环境下的采购 ··· 144
　　　　一、供应链管理环境下采购的特点 ·· 144
　　　　二、供应链采购与传统采购的区别 ·· 147
　　第三节　企业业务外包 ··· 150

　　　　一、供应链环境下的业务外包 …………………………………… 150
　　　　二、外包业务的选择与常见类型 ………………………………… 153
　　第四节　供应链合作伙伴关系 ……………………………………… 155
　　　　一、供应链合作伙伴关系概述 …………………………………… 155
　　　　二、建立供应链合作关系的制约因素 …………………………… 160
　　　　三、供应链合作伙伴选择的因素 ………………………………… 160

第七章　供应链库存管理问题及其方法 …………………………………… 164

　　第一节　供应链环境下的库存管理问题 …………………………… 167
　　　　一、库存概述 ……………………………………………………… 167
　　　　二、库存管理问题 ………………………………………………… 168
　　第二节　供应链中的"牛鞭效应" …………………………………… 172
　　　　一、"牛鞭效应"产生的原因 ……………………………………… 173
　　　　二、缓解"牛鞭效应"的措施 ……………………………………… 175
　　第三节　供应链环境下的库存管理方法 …………………………… 176
　　　　一、供应商管理库存 ……………………………………………… 176
　　　　二、联合库存管理 ………………………………………………… 183
　　　　三、协同式库存管理 ……………………………………………… 187

第八章　供应链的构建与绩效评价 ………………………………………… 193

　　第一节　供应链构建的体系框架 …………………………………… 196
　　　　一、供应链管理的组织架构模型 ………………………………… 196
　　　　二、供应链环境下的运作组织与管理 …………………………… 196
　　　　三、供应链环境下的物流管理 …………………………………… 197
　　　　四、基于供应链的信息支持系统 ………………………………… 199
　　第二节　供应链的结构模型 ………………………………………… 200
　　　　一、供应链拓扑结构模型 ………………………………………… 200
　　　　二、供应链网模型 ………………………………………………… 203
　　第三节　供应链构建设计策略 ……………………………………… 205
　　　　一、基于产品的供应链设计策略 ………………………………… 205

二、基于多代理的集成供应链设计思想和方法 ………………………… 207
　　三、在产品开发的初期设计供应链 ……………………………………… 209
第四节　供应链绩效评价 ………………………………………………………… 210
　　一、财务评价 ……………………………………………………………… 210
　　二、供应链运作参考模型 ………………………………………………… 212
　　三、平衡计分卡 …………………………………………………………… 214

第九章　现代物流与供应链管理的重要专题 …………………………… 220

第一节　绿色物流 ………………………………………………………………… 223
　　一、绿色物流的概念 ……………………………………………………… 223
　　二、绿色物流的内容 ……………………………………………………… 223
　　三、发展绿色物流的意义 ………………………………………………… 224
　　四、绿色物流体系 ………………………………………………………… 225
第二节　物联网 …………………………………………………………………… 228
　　一、物联网技术 …………………………………………………………… 228
　　二、物联网与物流行业的关系 …………………………………………… 230
　　三、物联网在物流业中的应用 …………………………………………… 232
　　四、物联网在物流业的发展趋势 ………………………………………… 232
第三节　供应链管理的新发展 …………………………………………………… 233
　　一、全球化供应链管理 …………………………………………………… 233
　　二、敏捷化供应链管理 …………………………………………………… 234
　　三、绿色化供应链管理 …………………………………………………… 235
　　四、电子化供应链管理 …………………………………………………… 235

参考文献 ……………………………………………………………………… 239

第一章

物流与供应链管理概述

【学习目的与要求】
- 了解物流的基本概念；
- 理解供应链的概念和结构；
- 掌握供应链管理的概念与特征。

引导案例

物流业结链成网 需要第四方推进紧密型联盟

物流业降本增效最迅捷有效的途径就是"结链成网"，即把传统的物流与供应链转化成"物流虚实网"，通过运营联盟将规模优势、范围优势、网络优势和标准化优势进行要素聚集，从而取得竞争优势。

越是市场化竞争激烈的领域，越倾向于"结链成网"形成联盟。例如，在竞争激烈的航空市场，全球航空公司组成了三大联盟——星空联盟(Star Alliance)、天合联盟(Sky Team)和寰宇一家(One World)。航空联盟通过代码共享实现了航空网络的扩展，并为旅客提供更好的订票、换乘、转机延远、地勤衔接、里程酬宾和套票通票等服务，以联盟内的合作提高联盟整体的竞争力。

星空联盟成立于1997年，最初由汉莎航空、北欧航空、泰国国际航空、加拿大航空和美国联合航空5家航空公司组成，现在已有28家正式成员，航线涵盖192个国家和地区的1330个机场，中国国际航空也在其中。

为应对星空联盟的冲击，美国航空等5家航空公司也在1999年发起成立了寰宇一家，至今已扩展到170个国家、750个目的地，是全球首个实现电子机票互通安排的联盟。2000年，美国达美航空等4家航空公司则发起成立了天合联盟，包括中国南方航空和中国东方航空在内，目前已有20家航空公司加入，航线通达179个国家。

在市场低迷的海运市场，全球船运公司更是希冀通过合并进行自救。

在反垄断法制约下,全球海运市场也逐步形成了三大联盟。分别排名全球运力第一、第二位的马士基海运和地中海航运组成了M2联盟,而后韩国现代商船加入,其市场份额贴近30%的反垄断红线;随后,达飞轮船则联合中远海运和台湾长荣海运组成海洋联盟(Ocean Alliance)以对抗M2联盟,并占据了26%的市场份额;而全球运力排名第五的赫伯罗特只好联合排名第六的ONE和台湾阳明海运形成第三个联盟THE。这三个联盟共9家公司,占据了全球海运市场近83%的份额。

与上述因为市场竞争白热化而结成的紧密型联盟不同,国内物流企业组成的联盟处于松散状态。虽然国内物流市场的竞争也很激烈,但由于多数企业规模过于小、散,以及历史原因造成的行业壁垒严重,除部分港口群结盟具有一定的紧密性之外,能够有规模且落地运营的紧密型物流联盟微乎其微。

快递业则在这方面显露出了一点苗头。随着中国网络零售的快速崛起,快递业在全球市场异军突起。2016年,全国网购快件量占快递业总业务量近6成,而顺丰、"四通一达"、菜鸟网络和京东物流已成为业内极具规模的翘楚企业。

如此高速增长的市场,必然让资本垂涎三尺,而在越来越激烈的市场竞争中,快递企业也不得不选择拥抱资本,进一步加大了市场的竞争力度。这种态势下,垂直纵向一体化联盟、平行横向一体化联盟以及混合模式的一体化联盟必然应运而生。

2016年3月,菜鸟网络利用大数据和云计算技术,通过整合平台联合多家物流商组成了"菜鸟联盟"。不过,最初加入联盟的顺丰却公开"反水",凭借资本力量回归自营物流行业。京东物流则在菜鸟联盟与顺丰互怼之际,实施向全社会开放物流平台的战略。未来,菜鸟联盟、顺丰及京东物流也许会形成快递业的三大紧密型联盟。

组成紧密型联盟的目标在于,需要建立长期稳定的合作关系来弥补竞争所产生的利润损失,需要通过职能分工、优势互补来提升效率,需要通过互联互通形成标准化而减少交易成本,需要获得稳定的利润率来支撑更大规模的协同管理成本。

如何尽快实现紧密型联盟,成为中小规模物流企业占据市场主动的关键。而以第四方物流企业为主导,联合各个物流企业形成统一标准、统一服务、统一信息平台和统一运营管理模式的管理公司型联盟,则可以快速形成紧密型联盟。

第四方物流公司最容易借鉴的紧密型联盟管理样板就是全球酒店管理公司。提起洲际酒店集团、万豪国际集团、希尔顿酒店集团等,多数人可能会想起其名下的连锁酒店,但还有许多其他品牌的酒店也是通过这些著名酒店管理公司进行经营管理的。

一个最为可能形成紧密型联盟的行业是具有较高利润空间的保税仓储物流。全国有近200个海关特殊监管区域,这些海关特殊监管区域不仅种类繁多,且管理规则也不尽相同。因而,任何一个仓储企业是不可能在所有保税区注册或者取得运营资质的。

自2017年7月1日起,海关总署开始实施全国通关一体化改革。按照规定,企业可以选择任意地点进行报关,这使得以保税仓储物流为平台的第四方物流(4PL)管理公司引导保税仓储物流联盟成为可能。一方面，4PL将全国各地区的保税仓储企业"结链成网"，利用规模化、标准化和网络化降低物流成本；另一方面，则可以通过联盟形式在所有保税区获得运营资质，特别是能有效利用各地的政策红利，在保税区之间建立更廉价有效的普货分拨调度体系，从而构建更具竞争力的保税仓储联盟。

资料来源：http://www.chinawuliu.com.cn/zixun/201708/29/324277.shtml.

思考：
1. 物流企业可以通过哪些方式结盟？
2. 谈谈物流管理与供应链管理的关系。

第一节　物流与供应链管理产生的背景

一、21世纪市场竞争环境的转变

自20世纪80年代以来，在全球经济、网络经济、信息经济和知识经济联合作用下，企业的经营环境正从过去相对稳定、可预测的静态环境转向日益复杂多变和充满不确定性的动态环境。市场的竞争环境出现了如下特点。

1. 竞争形态的转变

在传统的静态竞争中，实现可持续性仅仅意味着在目标环境和可用资源既定的情况下，企业为维持竞争优势而针对竞争对手的模仿、异化和替代等行动进行决策和实施一系列行动方案。也就是说，竞争的主要目标是保持既有优势，而不是创造新的竞争优势，但竞争优势并不能通过这种方式长久地保持下去。

而动态竞争是以高强度和高速度的竞争为特点，每一个竞争对手会不断地建立自己的竞争优势以削弱对手的竞争优势。竞争对手之间的战略互动明显加快，竞争优势都是暂时的，不能长期保持。因此，从动态的角度来看，动态环境中企业竞争优势的核心问题是更快地培养或寻找可以持续更新的竞争优势源泉。

任何产品在推出时肯定不是完美的，完美是一种动态的过程，所以要迅速让产品去迎合用户需求，从而一刻不停地升级进化、推陈出新，这才是保持领先的唯一方式。为了在市场上占有一席之地，很多制造商选择不断推出新产品来满足细分市场上的各种不同消费者。往往是一个产品投放市场不久，企业就又推出新的产品，有时一个产品刚进入市场则另一个新产品的宣传就紧随而至。

2. 企业竞争导向的转变

在传统的竞争中，企业的唯一行动就是选择一个产品市场竞争战略，围绕市场份额展开竞争。在这样的战略指导下,企业不会去顾及客户潜在的个性化需求,而是以产品生产为导向组织各项活动,采取产品(product)、价格(price)、渠道(place)、促销(promotion)的4P营销策略以及需求推动生产模式,将已生产好的产品推向市场,以求将商品卖给尽可能多的客户。

在新的竞争形势下,社会商品极大地丰富,出现了市场饱和与商品过剩的现象,任何一个企业要想在现有的市场中扩大自己的份额都会招致竞争对手强烈的报复从而付出高昂的代价。另外,客户基本需求完全可以得到满足,进而推动客户需求层次的提升并朝个性化方向不断发展。

因此,企业竞争战略应从扩大市场份额转向提高客户价值。在这种竞争战略指导下,企业注重更快地把握客户不断变化和个性化的需求并加以满足,为客户提供更高质量的产品和服务,发展与客户牢固的伙伴关系,进而寻求客户关系的长期性和客户价值的最大化。

企业应以客户需求为导向组织各项活动,应用消费者的欲望和需求(consumer wants and needs)、消费者的费用(cost)、购买的便利性(convenience to buy)和与客户交流(communication)的4C营销策略以及客户需求拉动生产模式,根据客户个性化的需求来组织生产、进行递送和提供服务。

例如,华为作为世界级的全球通信设备产业的领先企业,2015年收入600亿美元的巨无霸,靠的是不断夯实的管理体系建立起来的后发优势。任正非在他的讲话中曾多次提到瑞典"瓦萨"号战舰的典故,一艘17世纪装备最全的战舰,却在出海后10分钟就沉没了。原因何在?这是因为战舰的目的是作战,任何装饰都是多余的。华为建立的"以客户为中心,以生存为底线"的管理体系,就是要从自由王国走向必然王国。

客户是企业生存的基础,是企业的衣食父母,因此要成就客户,了解客户需求,了解客户痛点,帮助客户取得商业成功。华为的发展战略强调为客户服务是公司存在的唯一理由,客户需求是公司发展的原动力。为此应持续进行管理变革,实现卓越运作;持续加强客户的组织建设,倾听、理解并快速响应客户需求,支撑客户战略实现,持续为客户创造商业价值。

3. 竞争范围的转变

在传统的静态竞争中,企业的竞争最终会归结到单一市场的基于价格的竞争,即降低价格是企业获得更大市场份额的主要手段。随着客户需求的多样化和个性化,仅仅靠降低标准化产品的价格已无法对客户产生吸引力。

另外,市场在不断地细分,每一个单一市场的总额在缩小,企业降低价格不仅无法获得更大的市场份额,反而可能引发价格大战,导致企业和竞争对手两败俱伤。

在这种不断变化和细分市场的环境中,企业必须采用多点竞争和多因素竞争战略,即针对多个细分市场(多点),在产品多样性、时间、价格、质量和服务等因素上达到综合最优,或根据客户需求的具体情况选择基于客户最敏感因素的竞争战略,从而提高市场份额。

例如,面对物流市场激烈的竞争状况,京东物流成为全球唯一拥有中小件、大件、冷链、B2B、跨境和众包六大物流网络的企业。京东物流凭借成熟的标准化操作,悉心保证商品安全和用户体验,即便在双十一等促销高峰期,仍然保持高效、稳定的履约服务。

针对消费品、3C、大件、服装、生鲜等不同行业的特点,京东物流分别推出不同的服务方案。其中,对消费品企业,京东物流提供商品保质期全程监控和管理服务,而对于3C行业,京东物流则采用针对高值、序列号细致管理的体系。在大件的解决方案中,着重提供大家电、家居家装、运动健身等产品仓、配、安一体化的服务。对服装行业,则有多地备货方案和淡旺季的运营策略。而对生鲜企业,则在冷链物流上提供业内领先的全程温控的多温层冷链物流产品,对蔬菜水果、海鲜、冷冻等生鲜食品开通优先配载的单独通道。

2016年京东物流的外部收入取得了高速增长,仓配一体的外单单量增长高达近200%,双十一外单单量达到日均数百万单,包括李宁、蒙牛、青岛啤酒在内的众多知名品牌商均选择了与京东物流合作。京东物流与良品铺子达成战略合作后,为良品铺子提供一地入库、全国铺货、七地入仓的转运和仓储服务,可以满足全国的销售和配送。良品铺子与京东物流合作半年后,配送时效提升301%,复购率上升28.34%,同时其产品在京东旗舰店的销售额较上年同期增长了113%。

4. 竞争区域的转变

在经济全球化以前,企业的竞争主要发生在一个国家或地区内。随着世界经济的发展以及信息技术的应用,整个世界成为日益紧密的经济体,国家、地区之间的经济壁垒逐步消除,任何一个地区或局部的市场都会面临国际竞争。

信息与网络技术的发展打破了时间和空间对经济活动的限制,这使得各种信息能够很快超越国家和地域的界限,在世界范围内有效地传递和共享,为国家、企业的经济发展提供了新的手段和条件,企业能够在更大的范围内建立跨国、跨地域甚至全球化的市场。不仅国内的企业、产品和服务要走出国门,而且外国的企业、产品和服务也会进入我国境内。

在这种情况下,企业不仅要与国内企业进行竞争,还要与国外企业展开竞争,国际竞争力成为企业生死存亡的关键,经济竞争从国内和区域竞争演变成国际和全球竞争。

全球物流枢纽正由提供单一货运服务向整合供应链和数字服务方面转型,未来,物流枢纽应成为"实体物流+数字服务"中心。物流行业颠覆式变革的浪潮,正将物流行业推向新时代。例如，海航现代物流以西安为全球货运航网中心枢纽点，借助747/777大型全货机，打造全球主要骨干航线，将洲际通路进一步扩张，西至美国迈阿密、洛杉矶，东至德国法兰克福，南至澳大利亚悉尼、墨尔本；借助737/767/330中小型全货机，开拓各区域航空货运支线网络，首尔、迪拜、伊斯坦布尔、中国香港、东京、新加坡、曼谷的货运需求，当日可达。

海航集团自成立以来，始终扎根实体经济，坚持实业报国，由业务单一的地方航空运输企业成长为囊括航空、酒店、旅游、物流、金融、商品零售、生态科技等多业态的全球化企业集团。未来，海航集团将继续围绕国家发展主旋律，践行"一带一路"倡议，围绕航空旅游、现代物流、现代金融服务三大核心业务，锐意创新进取，锻造民族品牌形象。而作为三大核心业务之一的现代物流则专注于构建高价值产业的全球供应链枢纽，打造面向全球、贯穿物流全程的数字物流生态体系，为客户提供全方位、一体化的物流管理和服务。

二、企业经营管理模式的转变

供给者和需求者间的供需关系导致了物流与供应链问题的产生，20世纪60年代人们开始研究供应链。供应链和供应链管理随着研究的深入发生了巨大的变化，供应链管理的应用也取得了惊人的成绩。

例如，HP、IBM等知名企业供应链战略的成功运作，使企业赢利和竞争力增强的同时也吸引了研究人员对供应链管理的广泛而深入的研究。此时，企业若仍采用传统的"纵向一体化"管理模式显然难以适应上述竞争态势和挑战，这就促成了代表"横向一体化"思想的供应链管理模式的产生。

1. 传统的"纵向一体化"管理模式

在"纵向一体化"（vertical integration）管理模式下，企业出于对制造资源的占有要求和生产过程直接控制的需要，传统上采用的策略是扩大自身规模或参股供应商，与为其提供原材料、半成品或零部件的企业是一种所有关系。

例如，许多企业拥有从铸造、毛坯准备、零件加工、部件生产和产品装配到包装、运输等一整套设施、设备及组织结构，形成了"大而全"或"小而全"的经营方式，在产品开发、加工制造和市场营销3个基本环节呈现出"中间大、两头小"的橄榄型特征。

这种类型的企业投资大、建设和回收期长，既难以对市场变化作出快速响应，又存在较大的投资风险。

另外，"纵向一体化"模式会迫使企业从事不擅长的业务活动，如零部件生产、设备维修、运输等。这样会导致一个结果：不仅这些不擅长的业务没有抓起来，而且还会影响企业的关键业务，导致其无法正常发挥核心作用；企业不仅失去了竞争优势，而且增加了生产成本。

例如，直到20世纪90年代，通用汽车公司仍然自己生产70%的零部件，而福特公司只有50%,克莱斯勒只有30%,这种方式使通用汽车公司每生产一套动力系统就比福特公司多付出440美元,比克莱斯勒多付出600美元,在市场竞争中始终处于劣势。

采用"纵向一体化"管理模式的企业面临的另一个问题是必须在不同业务领域与不同的对手进行竞争。企业在资源、精力、经验都十分有限的情况下四面出击,必然会导致企业核心竞争力的分散。

事实上,即使是IBM这样的大公司,也不可能拥有进行所有业务活动所必需的能力。因此,从20世纪80年代起,IBM就不再向纵向发展,而是与其他企业建立广泛的合作关系。

2. 代表"横向一体化"思想的供应链管理模式

鉴于"纵向一体化"管理模式的种种弊端,从20世纪80年代后期开始,国际上越来越多的企业放弃了这种经营模式,随之而来的是"横向一体化"(horizontal integration)思想的兴起。"横向一体化"就是利用企业外部资源快速响应市场的需求,只抓企业发展中最核心的东西:产品方向和市场。至于生产,只抓关键零部件的制造,甚至全部委托其他企业加工。

例如,菜鸟网络打造的中国智能物流骨干网通过自建、共建、合作、改造等多种模式,在全国范围内形成一个开放的社会化仓储设施网络。同时利用先进的互联网技术,建立开放、透明、共享的数据应用平台,为电子商务企业、物流公司、仓储企业、第三方物流服务商、供应链服务商等各类企业提供优质服务,支持物流行业向高附加值领域发展和升级。菜鸟通过打造智能物流骨干网,对生产、流通过程的数据进行整合,实现信息的高速流转,而尽量减少生产资料、货物的流动,以提升效率。

信息与网络技术的发展使得企业间开展业务合作变得更加方便,核心竞争力成为企业生存和发展的关键。与其他企业密切合作、集中精力发展自身核心业务的扩张方式逐渐得到企业的认同,"横向一体化"已成为现代企业发展扩张的主要模式。该模式的要点是在核心业务领域做强做大,从而使其成为产品价值链上的一个关键环节,并使企业处于有利的竞争地位。

这就是供应链管理的思想:不需要企业处处都强过其他企业,希望处处都具优势的结果是丧失优势。因此,企业需要一种有别于其他企业的核心优势,然后联合那些在某一方面具有优势的企业,构成具有整体优势的企业联盟,这样就形成了一条供应链。

"横向一体化"形成了一条从供应商到制造商再到分销商的、贯穿所有企业的"链"。由于相邻节点企业表现出一种需求与供应的关系,当把所有相邻企业依次连接起来时,便形成了供应链(supply chain)。这条链上的节点企业必须达到同步、协调运行,才有可能使链上的所有企业都受益,于是便产生了供应链管理这一新型的经营与运作模式。

三、物流与供应链管理的作用

物流早期发展的价值主要体现在军事后勤方面,因为基于时空节约的良好后勤保证是赢得一场战争必不可少的支撑性条件。但是,在现代社会中,物流除了具有传统意义上的军事价值,更重要的是其经济价值。

从世界范围看,供应链管理对经济发展的巨大贡献已被许多国家的实践所证实,特别是近年来,供应链的系统、集约作用受到了社会的广泛关注。物流与供应链管理作为一种社会经济活动,对市场经济、国民经济、区域经济、企业经济及顾客经济都起着不同的作用。

物流与供应链网络由供应商、制造商、分销商、零售商和用户构成。供应链中集成物流网络的目的是通过提供地点效用(place utility)将产品和服务交付给最终用户来满足顾客订单。如今,物流不仅为最小化成本提供可能,而且已经发展成为供应链管理中满足顾客订单的核心要素。

目前,市场竞争越来越激烈,许多公司为了寻求最具成本效益的供应商或更接近目标市场,常通过扩大其全球供应网络来再造他们的供应链。例如,麦当劳利用世界各地的供应商来为其核心产品——汉堡包提供原材料。而在沙特阿拉伯销售的"巨无霸"使用的莴苣来自荷兰,奶酪来自新西兰,牛肉来自西班牙,洋葱和泡菜来自美国,糖和油来自巴西,面包来自沙特阿拉伯,包装来自德国。麦当劳的全球供应链网络,其原材料由全球供应商提供,并运输到配送中心,然后装配为成品供应给顾客。这样一个根据质量控制、交货时间、数量规划和成本分析构成的物流网络是复杂而精细的。

1. 对市场经济的作用

物流是保证商流顺畅进行,实现商品价值和使用价值的基础,同时也是开拓市场的基础。它决定着市场的发展广度、规模和方向。供应链直接决定着社会生产力要素能否合理流动,以及社会资源的利用程度和利用水平,影响着社会资源的配置,因而在很大程度上决定着商品生产的发展和产品的商品化程度。

2. 对国民经济的作用

物流与供应链管理在国民经济中能够发挥带动和支持作用,能够成为国家或地区财政收入的主要来源,能提供大量就业机会,能成为科技进步的主要发源地和现代科技的应用领域。日本以流通立国,物流的支柱作用更是显而易见。

3. 对区域经济的作用

区域经济是一种聚集经济,是人流、商流、资本流等各种生产要素聚集在一起的规模化生产,以生产的批量化和连续性为特征。但是,聚集不是目的,要素的聚集是为了商品的扩散,如果没有发达的商业贸易作保障,生产的大量产品就会堆积在狭小的空间里,商品的价值和使用价值都难以实现,区域经济的基本运转就会中断。因此,在区域经济的发展进程中,合理的物流与供应链管理系统起着基础性的作用。

(1) 降低运行成本,改变区域经济增长方式

从市场运行成本的角度分析,物流业的突出作用是其对降低社会交易成本所做的贡献。其贡献可以从对交易过程和交易主体行为的考察中得到进一步的证实。一方面,从交易的全过程看,现代物流业的发展有助于物流合作伙伴之间在交易过程中减少相关交易费用。由于物流合作伙伴之间经常沟通与合作,可使搜寻交易对象信息方面的费用大为降低;提供个性化物流服务建立起来的相互信任和承诺,可以减少各种履约风险;即便在服务过程中产生冲突,也会因为合同时效的长期性而通过协商加以解决,从而避免仲裁、法律诉讼等行为所产生的费用。

另一方面,从交易主体行为看,现代物流业的发展将促使伙伴之间的"组织学习",从而提高双方对不确定性环境的认知能力,减少因交易主体的"有限理性"而产生的交易费用;物流联盟企业之间的长期合作将在很大程度上抑制交易双方之间的机会主义行为,从而将交易双方机会主义交易费用控制在最低限度。

(2) 形成新的产业形态,优化区域产业结构

现代物流的实现方法之一就是通过培育并集中物流企业,使其发挥整体优势和规模效益,促使区域物流业形成并向专业化、合理化的方向发展。现代物流产业的本质是第三产业,是现代经济分工和专业化高度发展的产物。

物流产业的发展将对第三产业的发展起到积极的促进作用。发达国家的实践还表明,现代物流业的发展,推动和促进了当地的经济发展,既解决了当地的就业问题,又增加了税收,促进了其他行业的发展。

现代物流还有利于对分散的物流进行集中处理,数量的集约必然要求利用现代化的物流设施、先进的信息网络进行协调和管理。相对于分散经营、功能单一、技术原始的储运业务,现代物流属于技术密集型和高附加值的高科技产业,具有资产结构高度化、技术结构高度化、劳动力高度化等特征。从这个角度来说,建立现代物流有利于区域产业结构向高度化方向发展。

(3) 促进以城市为中心的区域市场的形成和发展

现代物流对于以城市为中心的区域市场的形成和发展的促进作用表现为:促进以城市为中心的区域经济形成,促进以城市为中心的区域经济结构的合理布局和协调发展,有利于以城市为中心的经济区吸引外资,有利于以城市为中心的网络化的大区域市场体系的建立,有利于解决城市的交通问题,有利于城市的整体规划,有利于减少物流对城市环境的种种不利影响等。

4. 对企业经济的作用

物流与供应链管理的企业经济价值主要体现为降低企业物流成本。物流领域有非常大的降低成本空间,当企业有效地利用物流系统技术和现代物流管理方式之后,可有效地

减小原材料、能源、人力成本上扬的压力,从而使人们认识到"物流与供应链管理"还具备非常重要的降低成本的价值。

5. 对顾客经济的作用

物流与供应链管理的顾客经济价值一方面体现为顾客在其所希望的时间和地点拥有所希望的产品和服务,另一方面体现为顾客所支付的价格低于其所期望的价格,即顾客获得了消费者剩余。简言之,创造顾客价值和满意是顾客经济价值的核心所在。如果产品或服务不能在顾客所希望的时间、地点供给顾客,它就不具有价值。

当企业花费一定的费用将产品运到顾客处,或者保持一定时期的库存时,对顾客而言,就产生了以前不存在的价值。这一过程与提高产品质量或者降低产品价格一样能创造价值。

例如,联邦快递公司的顾客所获得的众多利益中,最显著的一个就是快速和可靠的包裹递送。顾客在决定是否采用联邦快递寄送包裹时,会将这一价值与使用这一服务所付出的金钱、精力进行权衡和比较。而且,他们还会对使用联邦快递公司与使用其他承运公司的价值进行比较,从而选择能给予其最大价值的那家公司。

第二节 物流与企业物流

一、物流概述

(一) 物流的定义

物流活动伴随着人类的发展走过了几千年的历史,直到20世纪初,人们才将长期以来积累的物流观念进行了总结和升华,提出了物流的概念。在物流概念产生一百多年后,世界各国分别根据自己国家的情况及物流实际,对于物流给出了不同的定义。

1. 美国的物流定义

美国物流管理协会2002年给出的定义是:物流是供应链运作的一部分,是以满足客户要求为目的,对货物、服务和相关信息在产出地和消费地之间实现高效且经济的正向和反向的流动和储存所进行的计划、执行和控制的过程。

2. 我国的物流定义

GB/T 18354—2006《中华人民共和国国家标准物流术语》中指出,物流是指物品从供应地向接收地的实体流动过程。根据实际需要,将运输、储存、装卸、搬运、包装、流通加工、配送、信息处理等基本功能进行有机结合。这个定义既参考了美国等其他国家的物流定义,又充分考虑了我国物流发展的现实。

拓展知识

物流的概念最初产生于西方发达国家。1935年，美国销售协会分析了实物分配（physical distribution，PD）的概念，表述为："物流是包含于销售之中的物质资料和服务从生产地到消费地流动过程中伴随的种种经济活动。"

在第二次世界大战中，美国根据战争供应的需要，建立了"后勤"理论，运用到战时的物资运输、补给、屯驻等管理活动中。此时的"后勤"主要是指将战时物资装备的生产、采购、运输、配给等一系列活动作为一个整体进行运作，以保证以最低的费用、最快的速度、最好的服务为作战部队提供最好的后勤保证，争取战争的最后胜利。

战后，后勤理论被引入社会经济活动领域，人们称之为"工业后勤"或"商业后勤"。这时，"后勤"包括了商品生产和流通过程的物流。此后，物流的概念在全世界被迅速推广并广泛使用。

20世纪50年代，日本从美国引进物流的概念，将译为"物的流通"。后来日本学者平原直又首次用"物流"取代"物的流通"，并发展完善了物流的科学研究和实践。中国最早引进"物流"名词是在1979年，当年6月中国物资经济学会代表团参加在日本举行的第三届国际物流会议，代表团回国后在《国外物流考察报告》中第一次把日本的"物流"名词引入中国。

（二）物流的基本内涵

1. 物流是物品实体的流动

物流的对象只能是可以移动的物品，即动产，而不可能是不动产。而商流的对象则包括动产和不动产。

2. 物流是物品由提供地向接收地的流动

物流不仅是物品实体的流动，而且只能是由提供地向接收地的定向流动。例如，汽车零部件由生产地（提供地）向汽车制造厂、修理厂和汽车配件商（接收地）流动，最终向顾客（最终消费者）流动，而绝不可能倒过来流动。即使是废弃物和退货的流动，也是由废弃物的提供者、退货的顾客（在这里他们是物品的提供者）向接收废弃物或退货的地方流动。换言之，物流的方向性是非常明显的，只能是由提供地向接收地流动。

3. 物流是若干活动的有机整体

物流包括包装、装卸、搬运、运输、仓储、保管、流通加工和物流信息处理等基本活动，并且是这些活动的有机构成。对此，可以用一个典型的例子来说明。

汽车是由大大小小的、各种各样的零部件组成的。但是，并不能把生产汽车零部件的厂商，如轮胎厂等说成是汽车厂；而汽车厂可能什么零部件都不生产，但却是汽车厂，因为它生产汽车。

4. 物流具有普遍性

物流具有普遍性是指物流存在于各种产品（包括服务）的生产到消费的全过程，或者说存在于社会经济生活的方方面面。

二、企业物流

物流概念揭示了物流的活动及其服务的实质。物流的产生是社会经济进步的结果，物流的发展同样随着社会经济的发展而不断深化。现代物流是一种重要的经济活动，其作用和影响已经渗透到社会生活的方方面面。

应该说作为物质资料流通活动组成部分的"物流"，其历史与商品经济的历史一样久远，也就是说从商品经济开始以来就有"物流"了。但是，将物流作为现代企业经营的基本职能之一，对物流活动实施系统化的科学管理则是20世纪50年代后才开始的。

（一）企业物流的作用

1. 可以加速物品周转，缩短流通时间，降低流通费用

社会再生产过程是生产过程与流通过程的统一。生产速度表现为再生产周期的长短，而再生产周期等于生产时间与流通时间之和。因此，物品流转速度的快慢会直接影响再生产的速度，从而影响整个国民经济的发展。

2. 对消除不合理运输有重要作用

物品运输的合理化是加速生产发展、缩短流通时间一个重要因素。研究物流经济学，有利于利用经济学的观点对运输合理化问题进行解决，从而降低运输成本。

3. 提高对需求的反应速度，提高顾客满意程度

利用物流经济学，可改善生产布局、优化生产流程、合理分配物品、理顺流通渠道、减少周转环节，协调好企业间的供需关系，从而通过协同计划、预测与补货（CPFR）来控制生产规模，提高企业服务的可靠性。

（二）与传统产业经济学的区别

传统的产业经济学认为，企业的竞争优势可以通过降低资源消耗、提高劳动生产率的成本优势来取得，而如今物流管理已被认为是企业获取竞争优势的"第三利润源"。作为以创造最大利润为终极目标的企业，追求的是产品成本最低。

这时可采用世界最先进的技术和管理理论，由此产生了资本的全球性流动和全球性采购。全球性采购必然是进行全球性大配套，这就意味着企业供应半径拉长、仓储时间增加、流通加工时间增多等。这说明提高企业利润不应只降低产品物耗和提高劳动生产率，也应包括降低物流管理过程产生的费用。

(三) 现代企业物流的经济学价值

一般而言,现代企业物流的经济学价值主要表现在以下 7 个方面。

1. 保值

任何产品从生产出来到最终消费,都必须经过一段时间、一段距离,在这个过程中,要经过运输、仓储、保管、包装、装卸搬运等多环节、多频次的物流活动。在这个过程中,产品可能会淋雨受潮、生锈、破损、丢失等。

物流的功能就是防止上述现象的发生,保证产品从生产者到消费者移动过程中的质量和数量,起到产品的保值作用,即保护产品的存在价值,使该产品在到达消费者手中时使用价值不变。

2. 节约

搞好物流,不仅能节约自然资源、人力资源和能源,同时也能节约费用。例如,集装箱化运输,可以简化商品包装,节省大量包装用纸和木材;实现机械化装卸作业,仓库保管自动化,能节省大量作业人员,大幅度降低人员开支。重视物流可节约费用的事例比比皆是,如海尔通过加强物流管理,一年时间将库存占压资金和采购资金从 15 亿元降至 7 亿元,节省了 8 亿元。

3. 缩短距离

例如,在郑州可以买到世界各地的新鲜水果;邮政部门改善了物流,大大缩短了投递信件的时间,全国快递两天内就可送达。美国联邦快能做到隔天送达亚洲 15 个城市;日本的配送中心可以做到上午 10 点前订货,当天到达。这种物流速度将人们之间的地理距离和时间距离拉近了。随着物流现代化的不断推进,国际运输能力大大加强,极大地促进了国际贸易的发展,使人们逐渐感到这个地球变小了,各大洲的距离更近了。

城市的居民也享受到了物流进步的成果。例如,南方产的香蕉在全国各大城市一年四季都能买到;新疆的哈密瓜、宁夏的白兰瓜、东北大米、天津小站米等都不分季节地供应市场。近年来中国的纺织品、玩具、日用品等大量进入美国市场,除了中国的劳动力价格低廉等原因外,也有国际运输业发达、国际运费降低的缘故。

4. 增强企业竞争力

在市场经济环境下,制造企业间的竞争主要表现在价格、质量、功能、款式和售后服务等方面,像彩电、空调、冰箱等这类家电产品在工业科技如此发达的今天,各企业的生产水平已经没有太大的差别,唯一可比的就是价格。

在物资短缺年代,企业可以靠扩大产量、降低制造成本去攫取第一利润。在物资丰富的年代,企业又可以通过扩大销售攫取第二利润。可是在新世纪和新经济社会,"第一利润源"和"第二利润源"已基本到了极限,目前剩下的"第三利润源"就是物流。

国外的制造企业很早就认识到了物流是企业竞争力的法宝,搞好物流可以实现零库存、零距离和零流动资金占用,是提高客户服务水平、构筑企业供应链、增强企业核心竞争力的重要途径。

5. 加快商品流通

以配送中心为例,配送中心的设立为连锁经营提供了广阔的发展空间。利用计算机网络,将超市、配送中心和供应商、生产商连接,能够以配送中心为枢纽形成一个商业、物流业和制造业的有效组合。

有了计算机网络迅速及时的信息传递和分析,通过配送中心的高效率作业、及时配送,并将信息反馈给供应商和生产商,可以形成一个高效率、高可靠性的商品流通网络,为企业管理决策提供重要依据。同时,还可大大加快商品流通的速度,降低商品的零售价格,提高消费者的购买欲望和满意度,从而促进国民经济的发展。

6. 创造社会效益

实现装卸搬运作业机械化、自动化,不仅能提高劳动生产率,而且能解放生产力。例如,日本多年前的"宅急便""宅配便",国内近年来开展的"宅急送",都是为消费者服务的新行业,它们的出现使居民生活更舒适、更方便。

例如,当你去滑雪时,对于那些沉重的滑雪用具,不必自己扛、自己搬、自己运,只需给"宅急便"打个电话就有人来取。结果是:人还没到滑雪场,你的滑雪板等用具已经先到了。再如,去超市购物,那里不单商品便宜、环境好,而且可为你提供手推车,使你可以轻松购物。手推车是搬运工具,这一个小小的服务,就能给消费者带来诸多方便,同时也创造了社会效益。

7. 追求附加价值

关于物流创造附加值,主要表现在流通加工方面,如把钢卷剪切成钢板,把原木加工成板材,把粮食加工成食品,把水果加工成罐头。另外,名烟、名酒、名著、名画都可以通过流通中的加工,使装帧更加精美,从而大大提高商品的欣赏性和附加价值。

第三节 供应链与供应链管理

一、供应链

(一) 供应链的概念

供应链(supply chain, SC)的思想源于物流,原指军方的后勤补给活动。随着商业的发展,逐渐推广到商业活动中。物流系统的最终目的在于满足消费者,将物流所涉及的范围扩大,把企业上下游成员进行整合,就发展成了供应链。

例如,一个顾客去零售店购买果汁,供应链始于顾客对果汁的需求,零售店的果汁存货由成品仓库或者分销商用卡车通过第三方供应。果汁厂为分销商供货,果汁厂从各种供应商那里购进原材料,这些供应商可能由更低层的供应商供货。这一供应链如图1-1所示,图中箭头反映了实体产品流动的方向。

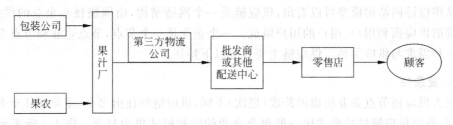

图1-1　果汁的供应链

供应链的概念经历了一个发展过程。早期的观点认为供应链是制造企业的一个内部过程,是指将采购的原材料和收到的零部件,通过生产的转换与销售等过程传递到企业用户的一个过程。传统的供应链概念局限于企业的内部操作,注重企业的自身利益。

随着企业经营的进一步发展,供应链的概念范围扩大到了与其他企业的联系,扩大到供应链的外部环境,偏向于定义它为一个通过链中不同企业的制造、组装、分销、零售等过程将原材料转换成产品送到最终用户的转换过程,它是更大范围、更为系统的概念。

第一次提出供应链概念的是 John B. Houlihan(1985),他指出供应链是一个涉及多个企业的整体系统,从而引起了人们对上下游企业之间的合作与协调问题的关注。现代供应链的概念更加注重围绕核心企业的网链关系。如核心企业与供应商、供应商的供应商乃至一切前向的关系,与用户、用户的用户及一切后向的关系。此时供应链的概念形成一个网链的概念。

美国供应链协会认为:供应链是目前国际上广泛使用的一个术语,涉及从供应商的供应商到顾客的顾客,从原材料到半成品再到最终产品生产与交付的一切努力。供应链管理包括贯穿于整个渠道来管理供应与需求、原材料与零部件采购、制造与装配、仓储与存货跟踪、订单录入与管理、分销以及向顾客交货。

我国《物流术语》(GB/T 18354—2006)中对供应链的定义是:供应链是生产及流通过程中,将产品或服务提供给最终用户的上游与下游组织所形成的网链结构。

通过上述分析,可以给供应链下一个比较确切的定义:供应链是围绕核心企业,通过对信息流、物流、资金流的控制,从采购原材料开始,制成中间产品以及最终产品,最后由销售网络把产品送到消费者手中的将供应商、制造商、分销商、零售商直到最终用户连成一个整体的网链结构和模式。它是一个范围更广的企业结构模式,包含所有加盟的节点企业,从原材料的供应开始,经过链中不同企业的制造加工、组装、分销等过程直到最终用户。

这个概念强调了供应链的战略伙伴关系,从形式上看,客户在购买商品,但实际上客户是在购买能带来效益的价值。各种物料在供应链上移动,是一个不断采用高新技术增加其技术含量或附加值的增值过程。

(二) 供应链的特征

从供应链的结构模型可以看出,供应链是一个网链结构,由围绕核心企业的供应商、供应商的供应商和用户、用户的用户组成。一个企业是一个节点,节点企业和节点企业之间是一种需求与供应关系。供应链主要具有以下特征。

1. 复杂性

因为供应链节点企业组成的跨度(层次)不同,供应链往往由多个、多类型甚至多国企业构成,所以供应链结构模式比一般单个企业的结构模式更为复杂。图1-2所表示的供应链涵盖了整个物流(从供应商到最终用户的采购、制造、分销、零售等职能)过程。各企业在法律上都是独立的,它们之间形成了基于供应、生产和销售的多级复杂交易关系,在经济利益上不可避免地存在着冲突和矛盾。

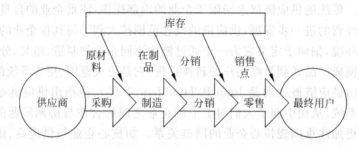

图1-2 供应链管理的结构

2. 动态性

供应链管理因企业战略和适应市场需求变化的需要,其中节点企业需要动态地更新,这就使得供应链具有明显的动态性。同时,供应链节点企业之间的关系是合作与竞争,一旦节点企业经济实力发生改变,其在网络中的地位也会随之变化,从而造成节点企业间关系的动态变化。

例如,当某种物料或产品供应短缺同时价格上涨时,一家公司就会发现与这样的供应商建立联盟比较有利,可以保证短缺物品的持续供应。这种联盟对双方都有利,对供应商来说,他们得到了新的市场并赢得了新的、未来产品的销售机会;对采购方来说,他们得到了长期的供货及稳定的价格。

此后,当新的竞争者生产这种短缺的产品或者需求下降时,供应商对采购方来说就不再有价值。采购方反而会发现与其他潜在的供应商磋商会带来更大的利益,这时他会决定与原有供应商取消联盟关系。由此可以看出，供应链是经常变动的，因此会给有效管理带来很多问题。

3. 面向用户需求

供应链的形成、存在、重构，都是基于一定的市场需求而发生的，并且在供应链的运作过程中，用户的需求拉动是供应链中信息流、产品/服务流、资金流运作的驱动源，因此供应链也称为需求链。

4. 交叉性

节点企业可以是这个供应链的成员，同时又是另一个供应链的成员，众多的供应链形成交叉结构，增加了协调管理的难度。

5. 层次性

各企业在供应链中的地位不同，其作用也不相同。按照企业在供应链中地位的重要性的不同，各节点企业可以分为核心主体企业、非核心主体企业和非主体企业。主体企业一般是行业中实力较强的企业，它拥有决定性资源，在供应链管理中起主导作用，它的进入和退出直接影响供应链的存在状态。

在一个供应链中，居于中心位置的是核心主体企业，它是供应链业务运作的关键，它不仅可推动整个供应链运作，为客户提供最大化的附加值，而且能够帮助供应链上的其他企业参与到新的市场中。

供应链是一个范围更广泛的企业结构模式，它包含所有加盟的节点企业，从原材料的供应开始，经过链中各企业的加工制造、组装、分销等过程直到最终用户。它不仅是一条连接供应商到用户的物料链、信息链、资金链，而且是一条增值链，物料在供应链上因加工、包装、运输等过程而增加了价值，从而给供应链上相关企业带来效益。

二、供应链管理

（一）供应链管理的概念

供应链管理（supply chain management，SCM）是一种全新的管理思想，于20世纪80年代末被提出。供应链管理就是企业对供应链的流程进行计划、组织、协调和控制，以优化整条供应链，目的是将客户需要的产品通过物流送达客户，整个过程要尽量降低供应链的成本。

供应链管理对企业资源管理的影响，可以说是一种资源配置的创新。供应链中的每一个节点企业在网络中扮演着不同的角色，它们既相互合作，谋求共同的收益，同时在经济利益上又相互独立，存在一定的冲突。处于同一供应链中的企业在分工基础上相互依赖，通过资源共享、优势互补，结成伙伴关系或战略联盟，谋求整体利益最大化，而在利益分割时又存在矛盾和冲突。

供应链管理体现的是集成的系统管理思想和方法。供应链管理把供应链上的各个节点企业作为一个不可分割的整体,通过对节点企业的相关运营活动进行同步化、集成化管理,整合它们的竞争能力和资源,从而形成较强的竞争力,为客户提供最大价值。

(二) 供应链管理的目标

供应链管理的目标是使供应链整体价值最大化。供应链管理所产生的价值是最终产品对顾客的价值与顾客需求满足所付出的供应链成本之间的差额。供应链管理使节点企业在分工基础上密切合作,通过外包非核心业务、资源共享和协调整个供应链,不仅可以降低成本,减少社会库存,使企业竞争力增强,而且通过信息网络、组织网络实现生产与销售的有效连接和物流、信息流、资金流的合理流动,使社会资源得到优化配置。

供应链管理的整体目标是使整个供应链的资源得到最佳配置,为供应链企业赢得竞争优势和提高收益率,为客户创造价值。供应链管理强调以客户为中心,即做到将适当的产品或服务(right product or service)按照合适的状态与包装(right condition and packaging),以准确的数量(right quantity)和合理的成本(right cost),在恰当的时间(right time)送到指定地方(right place)的确定客户(right customer)手中。

因此,最好的供应链管理不是将财务指标作为最重要的考核标准,而是密切注视产品进入市场的时间、库存水平和市场份额这些情况。以客户满意为目标的供应链管理必将带来供应链中各环节的改革和优化,因此,供应链管理的作用就是在提高客户满意度的同时实现销售的增长(市场份额的增加)、成本的降低以及固定资产和流动资产更加有效的运用,从而全面提高企业的市场竞争力。

(三) 供应链管理的特征

1. 以满足客户需求为根本出发点

创建任何一个供应链的目的都是为了满足客户的需求,并在满足顾客需求的过程中为自己创造利润。在供应链管理中,以顾客满意为最高目标。供应链管理必须以最终客户需求为中心,把客户服务作为管理的出发点,并贯穿供应链的全过程,把改善客户服务质量、实现客户满意作为实现利润、创造竞争优势的根本手段。

2. 以共同的价值观为战略基础

供应链管理首先解决的是供应链伙伴之间信息的可靠性问题。如何管理和分配信息取决于供应链节点企业之间对业务过程一体化的共识程度。供应链管理是在供应链节点企业间形成一种相互信任、相互依赖、互惠互利和共同发展的价值观和依赖关系。供应链战略需要供应链上的企业从整个供应链系统出发,实现供应链信息的共享,加快供应链信息传递,减少相关操作,简化相关环节,提高供应链的效率,降低供应链成本,在保证合作伙伴合理利润的基础上,提升企业竞争能力和赢利能力,实现合作伙伴间的双赢。

3. 以提升供应链竞争能力为主要竞争方式

在供应链中,企业不能仅仅依靠自己的资源来参与市场竞争,而要通过与供应链参与方进行跨部门、跨职能和跨企业的合作,建立共同利益的合作伙伴关系,实现多赢。供应链管理是跨企业的贸易伙伴之间密切合作、共享利益和共担风险;同时,信息时代的到来使信息资源的获得更具有开放性,这就迫使企业间打破原有界限,寻求建立一种超越企业界限的、新的合作关系。

因此,加强企业间的合作已成必然趋势,供应链管理的出现迎合了这种趋势,顺应了新的竞争环境的需要,改变了企业的竞争方式,将企业之间的竞争转变为供应链之间的竞争。

4. 以广泛应用信息技术为主要手段

信息流的管理对提高供应链的效益与效率可起到一个关键作用。信息技术在供应链管理中的广泛应用,可大大减少供应链运行中的不增值活动,提高供应链的运作绩效。供应链管理应用网络技术和信息技术,重新组织和安排业务流程,进行集成化管理,实现信息共享。只有通过集成化管理,供应链才能实现动态平衡,才能进行协调、同步、和谐运作。

5. 以物流的一体化管理为突破口

供应链管理把从供应商开始到最终消费者的物流活动作为一个整体进行统一管理,始终从整体和全局上把握物流的各项活动,使整个供应链的库存水平最低,从而实现供应链整体物流最优化。

物流一体化管理能最大限度地发挥企业能力,降低库存水平,从而降低供应链的总成本。因此要实现供应链管理的整体目标,为客户创造价值,为供应链企业赢得竞争优势和提高收益率,供应链管理必须以物流的一体化为突破口。

6. 以非核心业务外包为主要经营策略

供应链管理是在自己的"核心业务"基础上,通过协作的方式来整合外部资源以获得最佳的总体运营效益。除了核心业务以外,几乎每项业务都可能是"外源的",即从公司外部进行资源整合。企业通过将非核心业务外包可以优化各种资源,这样既可提高企业的核心竞争能力,又可参与供应链。同时依靠建立完善的供应链管理体系,充分发挥供应链上合作伙伴的资源优势。

知识拓展

制约物流发展的关键是什么？如何改善中国的物流绩效？在当前和今后一个时期，要在创新体制机制、推广应用先进技术和管理手段、完善落实物流管理支持政策上下功夫，构筑起面向未来的物流和供应链服务体系。

1. 单一物流业态向综合物流转变

在经济新常态下，作为供需对接的"最后一棒"，物流对供给侧结构性改革发挥着双重作用，是实现低端供需平衡向高端供需平衡有序转变的重要力量。近年来，随着物流行业的升级和电商的迅速成长，我国的物流质量和效率逐步提升。但总体来看，我国物流大而不强、成本高、质量效益不佳的粗放特征明显，物流绩效尚待提升。

"十三五"及未来更长时期，我国的工业化、信息化、城镇化、绿色化、农业现代化进程将深入推进，物流业发展的需求、技术供给、制度、资源环境约束以及国际环境等条件会发生重大变化。

工业化全方位、立体式推进，将驱动以往单一方式各自发展的物流业态向各类资源联接、联合、联动、共利、共赢、共享的综合物流和一体化物流转变；新科技革命推动着中国从消费者互联网大国向产业互联网大国迈进，"互联网＋"形态下的物流方式将会迎来重大变革，电子商务物流、协同物流、共享物流、数字物流、智能物流、平台型物流、快递、配送、仓配、末端物流将会快速发展。

此外，随着市场体制的逐渐完善与政府职能转变，市场将在更广领域内配置物流资源。同时全面建成小康社会要求加快发展服务于民、方便于民、受益于民的普惠物流；我国正推动东西方互动的全球化，全球物流和供应链服务体系将提上议事日程；市场充分竞争会推动物流产业组织调整，提高产业集中度；人力成本上涨，土地、资源环境、安全约束加强，要求加快发展绿色物流。

2. 物流业与各次产业协同发展

全面改善物流绩效，推动物流业朝着自动化、信息化、数字化、网络化、智能化、精细化、绿色化、全球化等方向发展，对于促进国民经济运行效率和国家竞争力的提高、推动经济结构调整和发展方式的转型、扩大内需等，都具有重大而深远的意义。当前和今后一个时期，我国物流业需要实施"七大战略"。

（1）网络化战略。根据经济社会发展要求，完善和优化物流基础设施网络、组织网络、运营网络和信息网络，构筑统筹国际国内、沿海和内地、城市与农村、省市县乡、社会化与自营的不同层级、不同功能、有效衔接的现代物流服务体系。

（2）精细化战略。满足不断分层化、分散化和细化的市场，针对用户体验、产业升级和消费升级需求，实施物流服务精准定位、精细服务、精细管理。

（3）智能化战略。把握新科技革命和新产业革命的重大机遇，抢占物流业未来发展的制高点。应用信息化、数字化、智能化技术,实现物流资源的连接和安全、高效、灵敏、实时、可控、人性的智能物流服务。

(4) 联动战略。着眼于物流业服务生产、流通和消费的内在要求,加强物流资源和供应链整合,提升物流服务和供应链管理能力,推动物流业与各次产业、地区经济协同和互动发展,充分发挥物流业在国民经济中的桥梁、助推器、总调度等作用。

(5) 全球化战略。把握全球化和国际格局变化的新特点,深化国际合作,打造全球物流和供应链体系,主动参与国际大分工,提升在全球价值链中的地位,实现我国物流业的全球连接、全球网络、全球服务、全球解决方案。

(6) 可持续战略。着眼于生态文明、环境友好、资源节约和安全等,实现土地、能源、资源的集约和节约,减少污染、降低排放,最大限度地减少物流活动的负面影响。

(7) 创新战略。通过理念、制度、服务模式、商业模式、组织、流程、管理和技术等创新,推动物流业创造更多价值来满足经济社会发展的需要。

3. 构建国家及全球物流体系

全面改善物流绩效是一项复杂的系统工程,需实施好三大任务。

一是构建强大、智能、绿色的国家物流系统。国家物流系统是从国家总体、长远和可持续发展角度出发,按照物流活动各环节之间的内在联系和逻辑,合理布局和配置物流资源,形成涵盖交通运输、仓储、包装、装卸搬运、流通加工、配送、邮政、快递、货运代理、信息等在内的跨行业、跨地区、多层次的综合物流系统。

国家物流系统由物流基础设施网络、物流信息网络和物流组织运营调度网络组成。国家物流系统的信息网络收集处理各物流活动主体、各环节及物流资源的信息,所有信息通过云计算平台,进行高效综合、数据挖掘、信息处理,优化物流资源配置和运行控制。国家物流系统的组织运营调度网络由各类物流企业、辅助企业及利益相关主体有机构成,实施优化后的物流服务。强大、智能、绿色的国家物流系统将彻底打破"孤岛"效应,实现互联互通和社会协同,提供"适时、适地、适人、适物、适性"的物流服务,降低社会物流成本,为客户创造价值,为企业提供盈利机会,为社会节约资源。

二是打造中国连接世界的全球物流体系。紧紧围绕着中国全球化战略和全球生产、流通、贸易网络,以"一带一路"建设为突破口,逐步建设起一个"连接世界各大洲、各大洋,通达主要目标市场"的全球物流体系。全球物流体系由"四梁八柱"构成,"四梁"即全球物流信息系统、全球物流标准体系、全球物流政策体系和全球物流运营体系;"八柱"即我国的国际铁路运输网络、国际公路运输网络、国际航空货运网络、国际海运网络、国际管道网络、国际快递网络、国际仓储网络和国际配送网络。"四梁八柱"服务于我国的全球生产网络和贸易网络的发展。

三是推动物流现代化。构建强大、智能、绿色的国家物流系统和打造连接世界的全球物流体系的过程,也是推动物流现代化的过程。物流现代化是从传统物流向现代物流的转变过程,是物流业持续升级的过程。物流现代化包括物流理念和模式现代化、物流基础设施现代化、物流组织运营现代化、物流市场现代化、物流要素与技术装备现代化、物流管理体制机制现代化和物流可持续发展等维度。

总之,我国物流现代化程度还较低,国家物流系统有待构建,全球物流体系才刚起步,全面改善物流绩效的任务具有长期性和艰巨性,中国物流业发展任重而道远。

资料来源：http://www.sohu.com/a/165720082_310399.

复习思考

1. 物流与供应链管理有哪些作用？
2. 简述传统的"纵向一体化"管理模式的弊端。
3. 什么是供应链？试画出供应链的分层结构模型。
4. 供应链管理的基本特征有哪些？

第二章

供应链运输管理

【学习目的与要求】
- 了解各种运输方式；
- 理解不合理运输的形式；
- 掌握运输中介的类型。

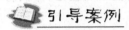 引导案例

我国城乡运输一体化加快推进 物流业降本增效成效明显

党的十八大以来，交通运输业以发展"四个交通"为主题，以改进提升综合运输服务为主线，全力推进综合运输服务体系建设，加快推进运输服务行业转型升级，对国家三大战略和经济社会发展的支撑能力不断增强，为全面建成小康社会提供了有力保障。

近年来，交通运输服务国家战略能力显著增强，综合运输服务能力持续提升，行业重点领域改革全面深化，城乡运输一体化加快推进，物流业降本增效成效明显，车辆装备技术不断进步，安全生产形势基本平稳。

到 2016 年年底，我国公路总里程达到 469.6 万千米，公路网总规模位居世界前列，高速公路里程更是位居世界第一；我国港口万吨级及以上泊位 2317 个，是 5 年前的 1.3 倍。

1. 服务国家战略能力显著增强

2017 年 9 月 2 日，在青岛海关下属威海海关的监管下，首列由中韩"桥头堡"威海始发的铁路集装箱国际货运班列缓缓驶出文登火车站。2011 年 3 月 19 日，首列中欧班列"渝新欧"正式开行，此后的 6 年内，武汉、成都、郑州、广州、苏州等地也纷纷推出了中欧班列，目前国内中欧班列总数已达十余条。

我国运输服务主动服务"一带一路"倡议，加快推进国际道路运输便利化，在 5 个重点开发开放试验区、61 个沿边国家级口岸、28 个边境城市和 17 个边境经济合作区开展了国际道路运输业务。

此外，运输服务业主动服务京津冀协同发展战略，深入推进京津冀城乡

客运一体化试点,142个二级以上客运站具备联网售票条件,"2+11"个城市初步实现交通一卡通互联互通。主动服务长江经济带战略,不断完善长江经济带综合运输集疏运体系,加快推进长江流域多式联运发展,渝新欧、汉新欧等中欧货运班列运输能力不断增强。

据了解,交通运输部等相关部门下一步将围绕新亚欧大陆桥、中蒙俄、中国—中南半岛、中巴等重要经济走廊,畅通瓶颈路段,同时建成一批集产品加工、包装、运输、报关、报检等功能于一体的国际道路运输枢纽和物流园区。

2. 物流总费用占比逐年下降

在过去4年多时间里,我国传统货运转型升级步伐明显加快,多式联运、甩挂运输、无车承运、城乡物流等取得较大进展,联合开展多式联运示范工程建设,稳步推进甩挂运输发展,积极开展无车承运人试点,切实加强农村物流网络节点体系建设,有序推进城市配送和冷链物流发展,加快推进货运车型标准化。

截至2017年年初,首批16个多式联运示范工程已开通多式联运线路39条,累计完成集装箱多式联运量超过60万标箱,多式联运价格平均比公路运输低35%左右,降低能耗约66万吨标准煤,减少碳排放约170万吨,综合效益初步显现。

近5年来,我国社会物流总费用占GDP比率逐年下降,2012年社会物流总费用为9.4万亿元,社会物流总费用与GDP的比率18%,2013年为18%,2014年为16.6%,2015年为16%,2016年降至14.9%,呈现逐年下降趋势。

中国物流与采购联合会副会长贺登才表示,我国公路货运量、铁路货运量、港口货物吞吐量、快递业务量均居世界第一位,物流市场规模稳步扩大,物流供给质量逐步提高,但仍存在"短板"。我国社会物流总费用占比连续5年下降,但继续降低仍有较大潜力。

日前,国务院办公厅印发《关于进一步推进物流降本增效促进实体经济发展的意见》,明确提出27条政策措施,进一步推进物流降本增效,着力营造物流业良好发展环境。

资料来源:http://www.ahglwl.com/Article.Asp?id=1020&pid=130。

思考:

1. 试分析"一带一路"背景下运输如何发展。
2. 如何实现运输一体化?

第一节 运输概述

一、运输的概念、地位和原则

(一)运输的概念

按照物流的概念,物流是"物"的物理性运动,这种运动不但改变了物的时间状态,也改变了物的空间状态,而运输承担了改变空间状态的主要任务,是改变空间状态的主要手段。中国《物流术语》国家标准中对运输的定义是:"用设备和工具,将物品从一地点向另一地点运送的物流活动。其中包括集货、搬运、中转、装入、卸下、分散等一系列操作。"

运输的功能主要是实现物品远距离的位置移动,创造物品的"空间效用"或称"场所效用"。通过运输活动,将物品从价值低的地方转移到价值高的地方,使物品的使用价值得到更好的实现,即创造物品的最佳效用价值。

(二) 运输的地位

从整个国民经济来讲,运输业是国民经济的重要经济部门;从物流系统来讲,运输和仓储是物流系统的两大支柱,运输活动及其载体所构筑的运输系统是物流管理系统中最重要的组成部分,只有通过运输活动,物流系统的各环节才能有机地连接起来,物流系统的目标才能得以实现。

运输是社会物质生产的必要条件之一,是国民经济的基础。马克思将运输称为"第四物质生产部门"就是将运输看作生产过程的继续。

1. 运输是物流活动的核心环节

运输是物流的主要职能之一,也是物流业务的核心内容。运输在物流中的任务主要是解决产品在空间和时间上的位移问题。应该说一切产品的移动,都离不开运输环节。目前人们把运输视为物流的代名词,是因为它不仅代表了传统物流的主要业务活动,而且是现代物流过程中最主要的组成部分,也是现代物流活动中的核心环节。

2. 运输费用在物流费用中的比重大

在物流活动过程中,会直接耗费人力劳动和物化劳动,它所支付的直接费用主要有运输费、保管费、包装费、装卸搬运费及运输损耗等。而其中运输费所占的比重最大,是影响物流费用的最主要因素,特别在目前我国交通运输不很发达的情况下更是如此。

(三) 运输的基本原则

运输是实现货物空间位移的手段,也是物流活动的核心环节。随着物流需求的高度化,多品种、小批量物流成为现代物流的重要特征,因此对货物运输的质量要求也越来越高。做好运输管理工作是保证高质量物流服务的重要环节。就物流而言,组织运输工作应贯彻"及时、准确、经济、安全"的基本原则。

(1) 及时——按照产、供、销的实际需要,及时把货物送达到指定的地点,尽量缩短物资在途时间。

(2) 准确——在货物运输过程中防止各种差错的发生,准确无误地将物资送到收货人手中。

(3) 经济——通过合理的运输手段和运输线路以及配货方案,提高运输效率,降低运输成本。

（4）安全——在货物运输前做好运输包装工作，保证在货物运输过程中不发生霉烂、碰撞、挤压、残损以及丢失现象。对于危险品要防止燃烧、爆炸等。

二、各种运输方式

（一）运输手段的种类

货物的运输手段一般有 5 种，即铁路、汽车、船舶、航空以及管道。每个国家的经济地理环境和工业化程度不同，运输手段的构成也不一样。比如在缺乏河流的内陆国家几乎没有船舶运输，在工业化比较落后的国家航空运输的比重也比较低。

就近代运输业发展的一般历史来看，船舶运输是较早使用的一种机械运输手段。

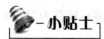

1807 年世界上第一艘轮船在北美哈德逊河下水，揭开了机械运输的新纪元。其后，各种新型机械运输形式相继出现。1825 年世界上第一条铁路正式通车，1861 年世界上第一条输油管道在美国铺设，1886 年世界上第一辆以汽油为动力的汽车在德国问世，到了 1903 年世界上第一架飞机在美国飞上蓝天。

历经整整一个世纪，5 种新型机械运输工具相继问世，逐渐奠定了铁路、公路、水路、航空以及管道运输方式构成的运输业的基本格局。

机械运输业的产生和发展，极大地推动了生产的发展，缩短了商品流通时间，减少了商品流通费用，开拓了新的商品市场。机械运输业的形成，最终确立了运输业作为一个独立产业部门的地位，成为现代运输业的基础，而现代运输业是现代物流业的核心部门。

1. 铁路运输

铁路运输在运输中占主导地位，主要承担远距离、大批量的货物运输。普通列车载运量为 3 000～4 000 吨，重载列车可达 1 万～1.25 万吨。铁路机车有蒸汽机车、内燃机车和电力机车。

铁路车辆有平车、敞车、棚车、罐车、漏斗车、保温及冷藏车、特种车、集装箱专列等。图 2-1 所示为铁路运输示意图。

2. 公路运输

随着汽车工业的发展，道路网建设以及货物结构的变化，汽车运输的比重逐渐提高。在发达国家，汽车运输由铁路运输的辅助方式发展成为重要的运输方式，进而成为主要的运输方式。

货运汽车的种类很多，主要有普通货车、轻型货车、中型货车、重型货车、厢式货车、专用车辆、自卸车、牵引车和挂车等。图 2-2 所示为几种货运汽车。

图 2-1 铁路运输示意图

厢式货车

冷藏车

自卸车

集装箱车

牵引车

挂车

图 2-2 几种货运汽车

3. 航空运输

航空运输因速度快而在近一二十年得到迅速发展，特别是大型运输机和喷气式飞机的出现使得航空运输的效率大大提高。图 2-3 所示分别为顺丰和 FedEx 两家物流企业的运输机。

图 2-3　货运飞机

4. 水路运输

水路运输是指用船舶在内河或海洋上运送货物，主要由船舶、航道、港口组成。其主要形式有内河运输、沿海运输、近海运输、远洋运输。

水路运输工具主要包括船、驳、舟、筏等。

物流领域使用的货船主要有集装箱船、散装船、油船、液化气船、滚装船、载驳船、冷藏船等。图 2-4 所示为散装船和集装箱船。

图 2-4　散装船和集装箱船

5. 管道运输

管道运输在石油、天然气等物资的运输方面具有独特的优势。在我国，随着天然气开发利用的加快和石油开采事业的发展，管道运输发挥着越来越大的作用。

"西气东输"就是利用管道将天然气从新疆的塔里木盆地途经 8 个城市输送到上海，管线全长 4 200 千米，每年可以提供 120 亿立方米天然气的输送，对于开发利用西部能源、改善城市燃料结构、优化城市环境有重要作用。图 2-5 所示为管道运输示意图。

图 2-5　管道运输示意图

（二）运输手段的选择

运输手段的选择是物流合理化的重要基础，因此，对于货物运输必须选择最合适的运输手段，这种选择不局限于单一的运输手段，而是通过运输手段的合理组合实现物流的合理化。

选择运输手段的标准主要包括如下要素：货物的性质、运输时间、交货时间的适应性、运输成本、批量的适应性、运输的机动性和便利性、运输的安全性和准确性等。对于货主来说，运输的安全性和准确性、运输费用的低廉性以及缩短运输总时间等因素是其关注的重点。

具体来说，在选择运输手段时要考虑以下几方面。

第一考虑运输物品的种类。物品的形状、单件重量容积、危险性、变质性等都成为选择运输手段的制约因素。

第二考虑运输量。在运量方面，一次运输的批量不同，选择的运输手段也会不同。一般来说，原材料等大批量的货物运输适合于铁路运输或水运。

第三考虑运输距离。货物运输距离的长短直接影响运输手段的选择，一般来说中短距离运输比较适合汽车运输。

第四考虑运输时间。货物运输时间长短与交货期有关，应根据交货期来选择适合的运输手段。

第五考虑运输费用。物品价格的高低关系到承担运费的能力，也成为选择运输手段的重要考虑因素。在考虑运输费用时,不能仅从运输费用本身出发,而必须从物流总成本的角度联系物流的其他费用综合考虑。运输费用与其他费用(包装费、保管费、库存费、装卸费、保险费)之间存在着相互作用的效益背反关系。

当然,在具体选择运输手段时,往往会受到运输环境的制约,而且也没有一个固定的标准。因此,必须根据运输货物的各种条件,通过综合判断来加以确定。

第二节 运输管理

一、运输的合理化

(一) 运输合理化的概念

合理运输是指选择运距短、运力省、速度快、运费低的货物运输方式。

由于运输是物流中最重要的功能要素之一,物流合理化在很大程度上依赖于运输合理化。影响运输合理化的因素很多,起决定性作用的主要有以下 5 个。

1. 运输距离

在运输过程中,运输时间、运输货损、运费、车辆或船舶周转等运输的若干技术经济指标,都与运距有一定的比例关系,运距长短是判断运输是否合理的一个最基本因素。缩短运输距离不论从宏观还是微观来看,都会带来好处。

2. 运输环节

每增加一次运输,不但会增加起运的运费和总运费,而且还会增加运输的附属活动,如装卸、包装等,各项技术经济指标也会因此下降。所以,减少运输环节,尤其是同类运输工具的环节,对合理运输有促进作用。

3. 运输工具

各种运输工具都有其优势领域,对运输工具进行优化选择,按运输工具特点进行装卸搬运作业,最大程度发挥所用运输工具的作用,是运输合理化的重要一环。

4. 运输时间

运输是物流过程中需要花费较多时间的环节,尤其是远程运输。在全部物流时间中,运输时间占绝大部分,因此缩短运输时间,对缩短整个物流时间有决定性的作用。此外,运输时间短,有利于运输工具的加速周转,充分发挥运力的作用,有利于客户资金的周转,以及运输线路通过能力的提高,对运输合理化有很大贡献。

5. 运输费用

在全部物流费中运费占很大比例,运费的高低在很大程度上可决定整个物流系统的竞争能力。实际上,无论对于客户企业还是物流经营企业,降低运输费用都是运输合理化的一个重要目标。运费的判断也是各种合理化措施是否行之有效的最终判断依据之一。

(二)不合理运输的表现

货物不合理运输是指在货物运输过程中,违反货物运输规律,不按经济区域和货物自然流向组织货物调运,忽视运输工具的充分利用和合理分工,装载量低,周转环节多,从而浪费运力和加大运输费用的现象。

货物不合理运输主要有以下几种类型。

1. 返程或起程空驶

空车或无货载行驶,可以说是不合理运输的最主要形式。在实际运输组织中,有时候必须调运空车,从管理上不能将其看作不合理运输。但是因调运不当、货源计划不周、不采用社会化运输而形成的空驶,则是不合理运输的表现。

造成空驶的不合理运输主要有以下几个原因。

(1)能利用社会化的运输体系而不利用,却依靠自备车送货,这往往会出现单程重车、单程空驶的不合理运输。

(2)由于工作失误或计划不周,造成货源不实,车辆空去空回,形成双程空驶。

(3)由于车辆过于专用,无法搭运回程货,只能单程实车、单程回空周转。

2. 对流运输

对流运输又称相向运输。凡属同种货物或可以相互代用的货物,在同一条运输线上或平行的两条运输路线上,采取相对方向的运输,即称对流运输。对流运输有两种类型:一种是明显的对流运输,即在同一路线上的对流运输,如图2-6所示;另一种是隐蔽的对流运输,即同一种货物在违反近产近销的情况下,沿着两条平行的路线朝相对的方向的运输,如图2-7所示。

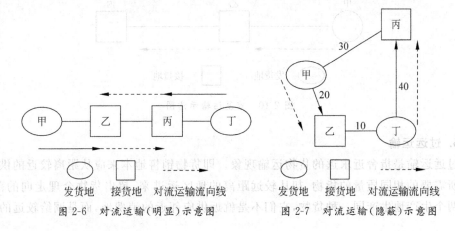

图2-6 对流运输(明显)示意图　　　图2-7 对流运输(隐蔽)示意图

3. 迂回运输

迂回运输是指货物绕道而行的运输现象，如图 2-8 所示。

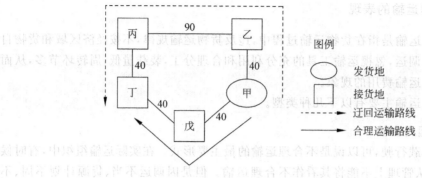

图 2-8　迂回运输示意图

4. 倒流运输

倒流运输是指货物从销地向产地或转运地回流的一种不合理运输现象。这种现象也常表现为对流运输或迂回运输，如图 2-9 中的虚线即为倒流运输线路。

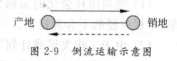

图 2-9　倒流运输示意图

5. 重复运输

重复运输是指一种货物本可直达目的地，但由于批发机构或商业仓库设置不当，或计划不周而在中途停卸、重复装运的不合理运输现象。

重复运输虽没有延长里程，但增加了中间装卸环节，延长了货物在途时间，增加了装卸搬运费用，而且降低了运输工具使用效率，影响了其他货物的运输。图 2-10 所示为重复运输示意图。

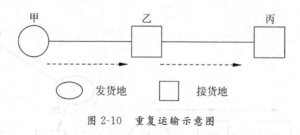

图 2-10　重复运输示意图

6. 过远运输

过远运输是指舍近求远的货物运输现象。即货物销售地本来应从距离较近的供应地购进所需要的相同质量的货物，却从较远距离的地区运进来，超出货物合理走向的范围，或者两个生产地生产同一种货物，它们不是就近供应邻近的消费地，而是调给较远的其他消费地。图 2-11 所示为过远运输示意图。

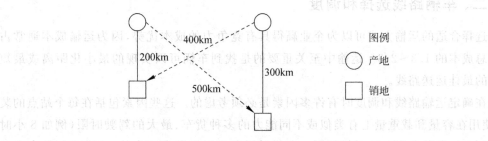

图 2-11 过远运输示意图

7. 运力选择不当

运力选择不当指没有发挥各种运输工具的优势,或不正确地使用运输工具,造成的不合理现象。有以下几种常见形式。

(1) 弃水走陆

在可以同时利用水运及陆运时,不利用成本较低的水运或水陆联运,而选择成本较高的铁路或汽车运输,使水运优势不能发挥。

(2) 铁路、大型船舶的过近运输

指不是铁路及大型船舶的经济运行里程,却利用这些运力进行运输的不合理做法。其不合理之处主要在于,过近距离中发挥不了运速快的优势,设备的准备及货物装卸时间长,机动灵活性不足。相反,由于货物装卸时间长,反而会延长运输时间。

(3) 运输工具承载能力选择不当

这是指不根据承运货物数量及重量选择相应的运输工具,而是盲目决定,造成过分超载,损坏车辆,或者货物不满载,浪费运力的现象。尤其是"大马拉小车"现象发生较多。

8. 托运方式选择不当

对于客户而言,是指可以选择最好的托运方式而没有选择,造成运力浪费及费用支出加大的一种不合理运输现象。例如应选择整车而没有选择,反而采取零担托运方式。

以上对于不合理运输的描述,主要是就形式本身而言,是从微观领域得出的结论。在实践中,必须将其放在物流系统中作综合判断,若不作系统分析和综合判断,则很可能出现"效益背反"现象。若单从一种情况来看,虽然避免了不合理,做到了合理,但它的合理却使其他部分出现不合理。只有从系统角度,综合进行判断才能有效避免"效益背反"现象,从而优化全系统。

货物运输不合理,势必导致货物迂回、倒流、重复等不合理运输现象,造成货物在途时间长、环节多、损耗大、费用高,从而浪费社会劳动力,影响生产和市场供应。

二、车辆路线选择和调度

选择合适的运输方式可以为企业赢得具有竞争力的成本优势,因为运输成本通常占物流总成本的 1/3~2/3。运输中至关重要的是找到车辆可以实现的最小化距离或最短时间的最佳运送路线。

在确定运输路线和调度时有许多因素是必须考虑的。这些因素包括在每个站点的装卸、使用在容量和载重量上有类似或不同能力的多种货车、最大的驾驶时限(例如 8 小时轮班制),以及装载和运送时使用同一交货时间窗口以避免交通高峰,或满足一天内企业最迫切需求的时间要求(如晚饭前给餐厅运送啤酒)。

在车辆运输管理中最重要的决策之一就是路线选择和配送调度。

当需要在现有道路的设施上指定到达时间时,这是一个调度问题;当没有指定到达时间时,这就是一个路线问题。当时间窗口和优先关系存在时,则同时履行路线选择和时间调度职能。

运输服务的目的是最小化路线选择成本、最小化固定和可变成本之和、提供最优质的服务。当一个运输承运商提供运输服务时,以下因素是必须考虑的。

(1) 需求。需求是稳定或不稳定的,而交货时间可以提前确定或不指定。

(2) 设施和设备。有各种各样的设施和设备可供选择。例如,可以有一个或几个枢纽;货车可以是相同型号的或不同型号的;车辆装载能力的限制可以在某段时间不变或一直不变;路线可以是直接的、间接的,甚至是混合的。

(3) 成本。在提供服务时会产生大量的成本,例如,购买或租赁车辆费用,终端费和机场费等固定运作成本,人工成本和燃料费用等在途相关成本,装卸费用等与数量相关的成本以及间接成本。

(4) 服务类型。所提供的服务类型有像 UPS 服务那样的只收取和只发送形式。另外,也可以有混合接送的服务形式,如邮局的邮递员取走我们放在发信邮箱的邮件,同时把邮件送进收信邮箱里。

影响托运方决策的因素有许多。例如,与运输相关的成本包括与运输方式相关的成本、与装载相关的库存成本、设施成本、订单处理成本和与服务水平有关的成本。

📖 拓展知识

随着世界经济全球化和自由贸易区的诞生,铁路货运服务在发展亚洲、欧洲和很多其他国家的现代交通网络方面发挥了重要作用。在太平洋沿岸国家采购的境外货物,更多地使用水路、铁路、公路联运服务。使用铁路服务的好处是,它提供了大容量、低价值货物的长距离、低成本运输。随着供应链管理的进步,铁路运输已将其运营范围扩大到了联运服务,导致装载量的不断增长。

铁路货运量测度的基本单位是车载量。因此,装载和路线选择是确保托运商获得可靠服务的两大运营问题。总体目标是最大限度地利用货运车辆和最小化运输距离。

在铁路运输服务中,通常有一个派发货运列车的起始站,一个完成货运列车运行的终点站,以及一些作为仓库、涵盖站内网络据点的转运站。来自普通站点或其他转运站的小批量货物将运到中转站进行整合和装卸。铁路运输大宗商品的能力已重新赢得了国际社会的重视。

货运装车通常使用一些优先权规则。装载优先权是一种与商品属性、交付到期日、交货时间窗口、交货优先日期、核心装运地位和商品重量有关的指标。

可能优先装载的商品种类包括生鲜商品、煤炭、化工及相关产品、农产品、汽车、仪器设备、军事物资、食品及同类产品、非金属矿物和其他商品。大量的化学品及有关产品被列为危险品。

核心装运是对大件商品的装运。铁路部门规定如果装运的货物超过5吨则属于核心装运。确定核心装运的目的是为了实现火车的多载少停。一个核心装运可能只包含一种商品,几个小批量的装运可以合并成一个核心装运。核心装运的商品将被运到同一个停车站点或中转站。利用核心装运优先方法,铁路仓储利用率和运输效率都将得到提高。

一般来讲,同一辆货运列车不会都装载重量重、体积小的货物,也不会都装载体积大、重量轻的货物。重量重而体积小的商品和重量轻而体积大的商品的混装能够更好地利用列车的空间。

当一列火车到达中转站时,一些货物需要卸载,同时有一些货物需要装载。在这种情况下,当前新装载的货物不能影响下一站的卸货操作。这就要确定哪些货物需要先装载,哪些货物后装载。当装载额外的商品时必须考虑货物装卸时移动的范围。

装载危险品是一项艰巨的工作,任何疏忽都将导致事故的发生。因此,装载危险品时要相当小心。

铁路网络是已经存在的。两个连续站之间的距离是固定的,两个车站之间的路程速度假定不变,每个货运列车的最佳路线确定了工作负荷和各车站铁路系统的总体整合战略。

安排货运装载和调度时需要的输入信息包括商品的属性、重量和体积、商品在铁路站场的天数、装载优先等级、邻里距离、转移范围(在转移范围内从一个中转站到每个车站的距离)和装运路径(即两个中转站之间的最短路径)等。货运列车调度的输出信息包括货运列车的商品装载顺序、主要路线、备选路线和每辆货运列车每天的载重利用率等。

第三节 运输中介

一、运输中介的类型

20世纪90年代中后期,提高核心竞争力的意识日益成为企业竞争文化的一部分。随着作业成本法(activity-based costing)和经济附加值(economic value-added)等更复杂的金融工具进入企业的主流活动,管理层开始考虑外包非核心职能并专注于核心竞争力和顾客。外包物流和运输这类非核心的职能,使公司拥有更加灵活的运作优势。例如,安海斯—布希公司(Anheuser-Busch)控制其供应链的主要功能,包括农产品供应、酿造和分销,但将仓储等物流功能外包给第三方供应商。

与此同时,承运商可能会发现在现货市场上的定价没有吸引力。然而,他们缺乏准确的需求预测、有效的信息系统和人员来把握这些市场动态。为了避免以大幅的折扣来销售承载能力,承运商寻求与第三方物流商在大型货运上的合作。大容量装载的费率可能会低于小容量装载,但大容量装载的要求更高,要求更少的员工、时间和信息技术。

因此,中介机构提供诸如装运整合、市场营销、信息收集以及匹配承运商和托运商的供需等功能。一般来说,中介机构作出运输决策是基于两个层面的考虑:买卖承载能力和运输服务。运输系统由大量的中介服务商提供支持,这些中间服务商包括货运代理、运动经纪人、托运商协会和多式联运营销公司等。据估计,超过60%的财富500强公司都借助不同的形式使用了第三方物流服务。

1. 货运代理

货运代理(freight forwarder)专门代表客户安排商品的提货、储存和运输。他们通常提供一系列完整的物流解决方案,包括准备运输和出口的文件、洽谈具有竞争力的运费、预订货仓、合并小批量货物、获取货物保险、申请保险索赔、仓储、跟踪国内运输、清关进口货物、提供物流服务咨询等。货运代理通常根据他们自己的提单装运货物。提单(bill of lading)是代表承运商签发的文件,是一种海上运输合同。该文件具有以下法律声明:①经正式授权人代表承运商签署的货物发票;②对其中所述货物的所有权文件;③双方同意的证据条款和运输条件。

2. 运输经纪人

运输经纪人(transportation broker)是合法授权的托运方或承运方的代理人。作为托运方和承运方的联络桥梁,运输经纪人是在保险、金融、合规等特殊领域持牌的专业人士。因此,运输经纪人在运输货物方面起到重要的作用,并为货物运输的托运方和承运方的联络提供专门的服务。运输经纪人利用他们在运输业的专业知识和技术资源来帮助托运双方实现他们的目标。由运输经纪人提供的物流服务能帮助托运方降低运输成本,提高运输效率和速度以及客户服务水平。

货运代理和货运经纪人在有些方面是相似的,例如整合较小的装载量和安排综合运输。两者之间的主要区别是,货运代理对被运送的物品拥有所有权,而货运经纪人绝不会拥有被运送物品的所有权。

3. 托运商协会

托运商协会(Shippers' Associations)通常是非营利的、所有权属于会员的组织,旨在向会员提供世界范围内日常用品运输的最低价格和最佳服务。例如,国际托运商协会(International Shippers' Association,ISA)是一个非营利性的协会,负责运送会员的货物和整合小批量的货物以获得数量折扣。国际托运商协会成员包括国际航运商、商业代理、军用和民用物品代理、托运行李代理和普通商品代理等。

同时也存在行业性的托运商协会。例如,北美食品托运商协会(Food Shippers Association of North America,FSANA)成立于1996年。北美食品托运商协会在1996年以冷藏及冷冻食品出口的公司为核心小组而组建,其目标就是帮助其成员保持其在全球市场的竞争力。北美食品托运商协会通过集中资源和群策群力,使其成员能够获得具有竞争性的海运费和其他服务。北美食品托运商协会与覆盖所有主要贸易通道的主要承运商都具有合同关系,并继续发展壮大。

4. 多式联运营销公司

多式联运营销公司(Inter-Modal Marketing Companies)作为联营铁路承运方和托运方之间的中介,结合铁路、公路和海运的能力与卡车运输的可得性来运送集装箱、挂车和其他货物。他们还处理私人拥有的集装箱,并安排所需的货车来运送货物。该行业所面临的主要挑战是协调问题和渠道领导权。提供合适的设备也是一个挑战,因为需要各种尺寸的集装箱、挂车及底盘。

二、零担货物运输

零担货物运输也称为小批量运输,是指当一批货物的重量或容积不够装一车的货物(不够整车运输条件)时,与其他几批甚至上百批货物共享一辆货车的运输方式。托运一批次货物数量较少时,装不足或者占用一节货车车皮(或一辆运输汽车)进行运输在经济上不合算,而由运输部门安排和其他托运货物拼装后进行运输,运输部门按托运货物的吨千米数和运价率计费。零担货运灵活机动、方便简捷,适合数量小、品种杂、批量多的货物运输,适应商品经济发展的需要。

当运输是一个企业的次要功能时,采用供出租的承运商或第三方物流来完成配送是一种常见的做法。管理小批量货物的战略是通过上门接载来整合小批量货物,然后利用第三方物流或供出租的承运商将货物运到像终端或仓库这样的运输设施,并共享承运商或第三方物流提供的服务。有效地管理小批量货物可以帮助企业降低成本和保持较高的顾客服务水平。

知识拓展

"2017年,美兰机场将继续借'21世纪海上丝绸之路'建设的东风,力争开通海口前往印尼、菲律宾、俄罗斯、澳大利亚等国家和地区的国际航线。"海航集团旗下海口美兰国际机场相关负责人透露,作为串起国内市场与东盟10国物流供应链的重要中转站,美兰机场正成为现代物流体系中东南亚海上丝绸之路的重要落脚点。

统计显示,目前,美兰机场运营国际航线21条、地区航线5条,国际通航城市20个、地区通航城市5个。在旅客吞吐量方面,2017年上半年,美兰机场国际及地区航空市场完成旅客吞吐量约41万人次,同比增长27%;预计2017年全年将实现旅客吞吐量80万人次,同比增长20.1%。在货运方面,2017年上半年,国际出港货物运输量约为10 790件,国际进港货物量约为4 0752件,国际航线货物运输总量同比增长15%。

"美兰机场多条国际航线的开通能够大大提升客货运输辐射能力,形成中国南部人流、物流网的集散地。同时,美兰临空产业园也有望成为海上丝绸之路的重要支点之一。"该负责人表示,美兰临空产业园将构建起东盟国家供应链服务体系。结合东南亚国家临空经济发展方向及产业布局,产业园拟在基础设施开发、园区招商运营与产业入驻等方面与相关机构和企业展开合作。

具体来说,在基础设施建设方面,美兰机场将积极参与东南亚国家相关临空经济区的基础设施开发,包括道路、综合管网及市政公用设施等;在园区招商运营方面,利用自身产业优势,组织航空维修、物流仓储、航食加工、跨境电商等产业入驻园区;进一步吸引上下游产业,构建园区产业生态链,促进临空产业园持续健康发展;利用自身成熟的园区管理经验,将物联网、移动互联网和云管理相关技术融入园区运营管理的各个环节,推动园区产业及人居的智慧化进程,实现园区生态管理和智慧运营。

同时,美兰机场积极对接跨境电子商务,拟通过个人物品直邮进口业务打开跨境电商业务通路,为国际航空货运量的增长找到新的突破口。按照相关计划,美兰机场将逐步完善国际业务的配套服务体系及基础产业,为其发展成为国际航空枢纽奠定基础。比如,美兰机场按海关171号令要求完成了快件监管中心一期建设,并获得海口海关审批,成为海南省首家可以开展个人物品快件通关业务的海关监管中心;拟建设5 000平方米的新快件监管中心和5 000平方米的国际货运一级库,规划建设4条快件查验流水线,预估年入境快件通关量可达7 680吨。

"未来真正的枢纽之争是平台的竞争和生态体系的竞争。要更好地把握'一带一路'建设和全球供应链快速变化带来的机遇,需要构建平台、生态,囊括货流、信息流、资金流、以更快速、更便捷的服务为相关企业带来更低的成本。"该负责人表示,目前美兰机场建立区域中转站的硬件条件已经具备,软件方面也迅速跟进,"未来的机场将不仅仅简单围绕旅客和货运提供服务,还要通过与临空产业园区的联动实现供应链的互联互通"。

根据规划,到 2020 年,美兰机场将以"立足海南、辐射东南亚地区的枢纽机场"为目标,做好 21 世纪海上丝绸之路"空中支点"的服务者,努力营建覆盖整个南半球的现代物流中心。

资料来源:http://www.chinawuliu.com.cn/zixun/201708/02/323545.shtml。

 复习思考

1. 运输方式主要有哪些?
2. 运输中介都有哪些类型?
3. 如何实施零担货物运输?

第三章 供应链仓储与配送管理

【学习目的与要求】
- 了解仓储和配送的合理化原则;
- 理解仓储和配送在物流管理中的地位;
- 掌握仓储和配送的概念、特点及功能。

引导案例

仓储业务持续增长 高效智能化仓库定义新生态

2016年中国网络零售交易额达5.16万亿元,同比增长26.2%,是同期中国社会消费品零售总额增速的两倍有余,预计未来网络零售还将保持较高的增速。

快速发展的网络零售推动了中国物流行业规模及快递业务持续增长。据前瞻产业研究院数据显示,物流总额近十年来持续增长,2016年物流总额达到229.7万亿元,同比增长6.10%,自2007年起复合增长率为13.20%。与此同时,快递业继续维持增长势头,2017年4月,全国快递服务企业业务量完成369.30亿元,同比增长22.73%。由于快递业随季节和时间呈周期性变化,预计下半年将会有进一步的快速增长。

大量电商的涌入,使原有保税区的基础设施无法应对突如其来的增长。线上电商节即将扎堆来袭,仓储物流的吞吐量逐渐增大,产业延续出十分强劲的增长态势。2016年电商网购狂欢节期间,仓储物流产业已达千亿规模,同比增长率超过50%,运输压力可想而知。

而与此相对,传统建仓周期长、审批慢、投资大,一时难以满足快速增长需求;另外在"用户体验"已然成为电商们博弈过程中的核心竞争力的市场环境中,也同样迫使电商提速物流。

仓储运输是快递物流体系中的重要关卡之一,仓储运输的效率、是否实现精细化的系统管理、是否有效提升周转效率等问题起着至关重要的作用。

面对规模如此庞大的仓储管理体系,商家如何快速实现绿色化、减量化的系统管理,如何建立可循环化、高效率的供应链,是眼下亟须解决的仓储物流产业问题。

在多重的竞争与压力下,京东、国美、唯品会等电商巨头纷纷试水一种新的仓储设施类型,广泛布局于跨境、农村以及传统的物流节点城市。电商巨头们在提升物流能力的同时,正努力探索一种新的动态仓储网络平衡系统来解决复杂的政策与市场变化。这种新的尝试背后,映射出各类电商在面对资本寒冬、增速放缓和竞争加剧的市场格局下,积极寻求管理与经营的变革,创新性突破现有格局的一种积极表现。

工厂内部的物流仓储自动化,是物流自动化的重要组成部分,智慧工厂的渗透率提升,也将带动物流设备需求的快速增长,许多传统企业已经着手开始将传统的仓库改造成"穿梭车+立库"或者"堆垛机+立库"的高效智能化仓库。

业内人士表示,2016年第四季度,包括新松机器人、音飞储存、无锡中鼎在内的多家物流系统集成商订单均出现大幅增长,预计2017年这一趋势还将继续。在一个供大于求的需求经济时代,企业成功的关键在于,是否能够在需求尚未形成之时就牢牢地锁定并捕捉到它。而在物流大潮中,能否抓住这一趋势,利用好这一机遇,就是电商巨头抢占市场的关键。

资料来源:http://www.chinawuliu.com.cn/zixun/201709/25/324994.shtml。

思考:
1. 仓储的智能化有哪些表现?
2. 如何提高仓储管理的效率和质量?

第一节 仓 储

一、仓储概述

仓储和运输被称为物流的主要功能,也是最主要的两大作业活动,因为它们在整个物流活动中起着十分重要的作用。

(一) 仓储的概念

仓储作为物流过程中的一种作业方式,内容包括对商品的检验、整理、保管、加工、集散等多种作业。仓储解决了供需之间和不同运输方式之间的矛盾,为商品提供场所价值和时间效益。在物流系统中起到缓冲、调节和平衡的作用,是物流活动的一个主要功能要素。

随着现代科学技术与生产力的进步和发展,仓储的概念已不再是单纯的储存、保管商品,还包括挑选、配货、检验、分类等业务在内的配送功能及附加标签、重新包装等流通加工功能。

(二) 仓储的基本功能

1. 调节功能

在物流中仓储起着"蓄水池"的作用,一方面,可以调节生产与消费的关系,如销售与消费的关系,使它们在时间和空间上得到协调,保证社会再生产的顺利进行;另一方面,还可以实现对运输的调节。

因为产品从生产地向销售地流转,主要依靠运输完成,但不同的运输方式在运向、运程、运量及运输线路和运输时间上存在着差距,一种运输方式一般不能直达目的地,需要在中途改变运输方式、运输线路、运输规模、运输方法和运输工具,以及为协调运输时间而对产品进行倒装、转运、分装、集装等物流作业,还需要在产品运输的中途停留,即仓储。

2. 检验功能

在物流过程中,为了保障商品的数量和质量准确无误,分清责任事故,维护各方面的经济利益,要求必须对商品及有关事项进行检验,以满足生产、运输、销售以及用户的要求。仓储为组织检验提供了场地和条件。

3. 集散功能

仓储把生产单位的产品汇集起来,形成规模,然后根据需要分散发送到消费地。通过一集一散,衔接产需,均衡运输,提高物流速度。

4. 配送功能

根据用户的需要,对商品进行分拣、组配、包装和配发等作业,并将配好的商品送货上门。配送功能是仓储保管功能的外延,可提高仓储的社会服务效能。

(三) 仓储的作用

1. 平衡商品的时间需求

通过仓储可以调节商品的时间需求,进而消除商品的价格波动。一般商品的生产和消费不可能是完全同步的,为了弥补这种不同步所带来的损失,就需要仓储来消除这种时间性的需求波动。

2. 降低货物运输成本

通过仓储可以降低运输成本,提高运输效率。通过商品的仓储,将运往同一地点的小批量的商品聚集成较大的批量,然后再将其运输,到达目的地后,再分成小批量送到客户手中,这样虽然产生了仓储的成本,但是可以更大限度地降低运输成本,提高运输效率。

3. 提高消费者满意度

通过商品在消费地的存储,可以达到更好的客户满意度。对于企业来说,如果在商品生产出来之后,能够尽快地把商品运到目标消费区域的仓库中去,那么目标消费区域的消费者在对商品产生需求的时候,就能够尽快地得到这种商品,这样消费者的满意度就会提高,而且能够创造更佳的企业形象,为企业以后的发展打下良好的基础。

4. 满足消费者个性需求

通过仓储,可以更好地满足消费者的个性化消费需求。随着时代的发展,消费者的消费行为越来越向个性化的方向发展,为了更好地满足消费者的这种个性化消费要求,可以利用商品的存储对商品进行二次加工。

小贴士

2016年我国社会物流总费用为11.1万亿元,其中:运输费用6.0万亿元,比上年增长3.3%,提高0.2个百分点;保管费用3.7万亿元,比上年增长1.3%,回落0.3个百分点;管理费用1.4万亿元,比上年增长5.6%,提高0.6个百分点。保管费用和管理费用占到整个物流总费用的45.9%左右。

同时,在快递公司的转运中心,分拣的成本最高,占到了物流总成本的40%,其次才是配送成本。对比国外的物流成本结构来看,近二十年来,美国物流中的运输成本在GDP中的比例大体保持不变,而库存费用比例降低是导致美国物流总成本比例下降的最主要原因。这一比例由过去的接近5%下降到不足4%。由此可见,降低库存费用、加快资金周转速度是美国现代物流发展的突出成绩。

20世纪90年代亚马逊的"仓储物流执行成本"(包括运输、订单处理、仓储、收发货和退换货等成本)也一度占到总成本的20%,目前下降到10%左右。亚马逊当初之所以能扭亏为盈,其关键因素也是仓储物流成本的降低。从利润数据来看,亚马逊从1995年成立到2002年实现盈利,这期间,"运输成本的下降"贡献了3.5%的毛利润率,推动毛利润率上升了7个百分点;同时,"订单执行成本"的下降,也贡献了5%的利润率;再加上商誉等无形资产摊销和重组成本等非经营性成本的大幅降低,使亚马逊的营业利润率从一30%上升到0,扭转了亏损状态。

对于不少电商企业来说,仓储方面的投入需要大量的资金,自建仓储依旧是发展中的瓶颈,但对于那些能够掌控仓储环节的电商来说,反而成为其实现跨越式发展的优势。

(四) 仓储的逆作用

仓储是一种必要活动,但其特点又决定了一些逆作用,具体表现在以下几个方面。

(1) 固定费用支出。库存会引起仓库的建设、仓库的管理、仓库员工福利等费用开支的增加。

(2) 机会损失。仓储货物占用资金必须支付利息,以及这部分资金如果用于其他项目可能会有更高的收益。

(3) 陈旧损坏与跌价损失。货物在库存期间可能会发生各种物理、化学变化,或者错过有利的销售期,引起贬值或跌价。

(4) 保险费支出。仓储物资所缴纳的保险费用也是一笔不小的开支。

(5) 进货、验收、保管、发货、搬运等可变工作费。

(6) 仓储增加企业经营风险。库存产品不能够及时进入流通领域转化为流通资金,一方面占用了流通资金,另一方面可能形成无形损耗,比如电脑的更新换代所带来的贬值。

二、现代仓库的设施与设备

(一) 货架

货架是用支架、隔板或托架组成的立体仓储货物的设施。在物流及仓库中货架占有非常重要的地位。随着现代工业的迅猛发展,物流量的大幅度增加,为实现仓库管理的现代化管理,改善仓库的功能,不仅要求货架的数量多,而且要求具有多功能,并能满足机械化、自动化要求。

1. 货架的作用

(1) 可充分利用空间,提高库容利用率,扩大仓库仓储能力。

(2) 保证仓储货物的安全,减少货物的损失。由于货架隔板的承托作用,存入货架的货物,互不挤压,物资损耗小。

(3) 可提高存取、分拣作业的效率。存入货架的物资,由于有货架层格的分隔,易于定位,便于清点及计量,并可做到先进先出。

(4) 有利于实现机械化、自动化管理。新型货架系统是进一步实现仓储作业机械化、自动化的基本措施,它为减少人力消耗、降低成本、提高效率奠定了基础。

2. 货架的种类

(1) 按层架存放货物的重量等级划分为重型货架、中型货架和轻型货架,如图 3-1 和图 3-2 所示。

(2) 按层架结构可以划分为层格式货架、抽屉式货架、托盘式货架、悬臂式货架、阁楼式货架、高层货架等,如图 3-3～图 3-7 所示。

图 3-1 重、中型货架

图 3-2 轻型货架

图 3-3 层格式货架、抽屉式货架

图 3-4 托盘式货架

图 3-5 悬臂式货架

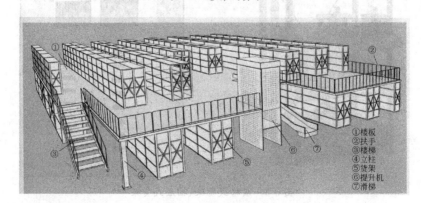

①楼板
②扶手
③楼梯
④立柱
⑤货架
⑥提升机
⑦滑梯

图 3-6 阁楼式货架

图 3-7　高层货架

(二) 叉车

叉车是仓库装卸搬运机械中应用最广泛的一种机械,主要用于仓库内货物的装卸搬运。叉车能够减轻装卸工人繁重的体力劳动,提高效率,缩短车辆停留时间,降低装卸成本(如图 3-8 所示)。

图 3-8　叉车

叉车的特点与用途:机械化程度高;机动灵活性好;能提高仓库容积的利用率;有利于开展托盘成组运输和集装箱运输;成本低、投资少,能获得较好的经济效果;可以

"一机多用"。

(三) 托盘

1. 托盘的概念

托盘是用于集装、堆放、搬运和运输的放置作为单元负荷的货物和制品的水平平台装置。

托盘的特点与用途：台面下有供叉车从下部插入并将台板托起的插入口；便于机械化操作，减少货物堆码作业次数，提高运输效率，减小劳动强度；以托盘为单位，货运件数变少，便于点数和理货交接，减少货损货差。

2. 托盘的种类

托盘的种类很多，目前常见的托盘如图 3-9 所示。

图 3-9 木制托盘、塑料托盘、金属托盘

(四) 巷道式堆垛机

巷道式堆垛机(如图 3-10 所示)的特点及用途：巷道式堆垛机配合高层立体货架使用；自动化程度高；行走速度快，一般为 4～120 米/分钟；额定载重量高，一般为 0.5 吨；提升高度一般为 12～30 米，最高达 48 米；适用于自动化仓库。

图 3-10 巷道式堆垛机

三、仓储的合理化

仓储的合理化就是在保证仓储功能实现的前提下,用各种办法实现仓储的经济性。要保持一定的合理仓储,在物流系统管理中,必须予以充分重视。

以生产物流为例,工厂需要仓储一定数量的原材料,否则,原材料供应不上,生产就中断了。反之,如果原材料仓储过多,就会造成积压,占用库房,浪费资金,影响企业的经济效益。

而从销售物流来看,批发企业或物流中心必须保持一定的合理库存量,不然,商品仓储过多,会造成积压,占压资金;而仓储过少,又会脱销,并失去销售机会,影响企业的经济效益。

(一) 仓储合理化的标志

1. 质量标志

仓储最重要的就是要保证在仓储期间,商品的质量不会降低,只有这样,商品才能够销售出去。所以质量标志是仓储合理化中最为重要的标志。

2. 时间标志

在保证商品质量的前提下,必须寻求一个合理的仓储时间。销售商品的速度越慢,则仓储的时间必然越长;反之亦然。因此,仓储必须有一个合理的时间范围。

3. 结构标志

不同的被仓储的商品之间总是存在一定的相互关系,特别是对于那些相关性很强的商品来说,它们之间必须保证一定的比例。

4. 分布标志

企业不同的市场区域对于商品的需求也是不同的,所以,不同地区仓储商品的数量也应该是不同的。

5. 费用标志

根据仓储费、维护费、保管费、损失费及资金占用利息支出等财务指标,从实际费用上判断仓储合理与否。

(二) 仓储合理化的含义

仓储的合理化主要包括以下几个方面。

1. 选址点合理

仓库设置的位置,对于商品流通速度的快慢和流通费用的大小有直接的影响。仓库的布局要与工农业生产布局相适应,应尽可能地与供货单位靠近,这就是所谓"近厂近储"

的原则。否则,就会造成工厂远距离送货的矛盾。供应外地的商品,仓库选址要考虑邻近的交通运输条件,力求接近车站、码头以利于商品发运,这就是所谓"近运近储"的原则。仓储的商品主要供应本地区,仓库则宜建于中心地,与各销售单位呈辐射状。

总之,在仓库布局时应掌握物流距离最短的原则,尽可能避免商品运输的迂回倒流;选择建设大型仓库的地理位置时,最好能具备铺设铁路专用线或兴建水运码头的条件;考虑到集装箱运输的发展,仓库还应具有大型集装箱运输车进出的条件,附近的道路和桥梁要有相应的通过能力。

2. 仓储量合理

仓储量合理是指商品仓储要有合理的数量。在新的产品运到之前,有一个正常的、能保证供应的库存量。影响合理量的因素很多,首先决定于社会需求量,社会需求量越大,库存储备量就越多;其次是运输条件,运输条件好,运输时间短,则仓储数量可以相应减少;最后是物流管理水平和技术装备条件,如进货渠道、中间环节、仓库技术作业等,都将直接或间接地影响商品库存量的水平。

3. 仓储结构合理

仓储结构合理就是指对不同品种、规格、型号的商品,根据消费的要求,在库存数量上确定彼此之间合理的比例关系,它反映了库存商品的齐备性、配套性、全面性和供应的保证性。仓储结构主要是根据消费的需要和市场的需求变化等因素确定。

4. 仓储时间合理

仓储时间合理就是指每类商品要有恰当的储备保管天数。储备天数不能太长也不能太短,储备天数过长就会延长资金占用;储备天数过短,就不能保证供应。仓储时间主要根据流通销售速度来确定,其他如运输时间、验收时间等也是应考虑的因素。此外,某些商品的仓储时间,还由该商品的性质和特点决定。如仓储时间过长,产品就会发生物理、化学和生物变化,造成其变质或损坏。

(三)实现仓储合理化的措施

(1)在自建仓库和租用公共仓库之间做出合理选择,找到最优的解决方案。
(2)注重应用合同仓储,也就是第三方仓储的应用。
(3)进行仓物资的 ABC 分类,并在 ABC 分类的基础上实施重点管理。

小贴士

ABC 分类管理方法就是将库存物资按重要程度分为特别重要的库存 A 类、一般重要的库存 B 类和不重要的库存 C 类三个等级,然后针对不同等级进行管理和控制。

（4）加速总的周转，提高单位产出。仓储现代化的重要目标是将静态仓储变为动态仓储，周转速度加快，会带来一系列的好处：资金周转快、资本效益高、货损小、仓库吞吐能力增加、成本下降等。

（5）采用有效的"先进先出"方式。保证每个仓储物品的仓储期不至于过长，"先进先出"是一种有效的方式，也是仓储管理的准则之一。

（6）提高仓储密度及仓库利用率。主要目的是减少仓储设施的投资，提高单位存储面积的利用率，以降低成本、减少土地占用。

（7）采用有效的仓储定位系统。如果定位系统有效，能大大节约寻找、存放、取出的时间，节约不少物化劳动及活劳动，而且能防止差错，便于清点及实行订货点等管理方式。

（8）采用有效的监测清点方式。

（9）根据商品的特性，采用现代化仓储保养技术，保证仓储商品的质量。

（10）采用集装箱、集装袋、托盘等储运装备一体化的方式。

第二节 仓储管理

仓储作业流程是按一定顺序相互连接的，物品从入库到出库需要顺序地经过卸车、检验、整理、保管、拣出和集中、装车、发运等作业环节，仓储管理是对上述过程的管理。各个作业环节之间并不是孤立的，它们既相互联系，又相互制约。

一、入库业务管理

物品入库作业，按照工作顺序，大体可以划分为两个阶段：入库前的准备阶段和确定物资入库的操作阶段。

1. 编制仓库物品入库计划

物品入库计划是仓库业务计划的重要组成部分。物品入库计划主要包括各类物资的入库时间、品种、规格、数量等。

2. 入库前具体的准备工作

（1）组织人力、物力。

（2）安排仓位。核算占用仓位的面积，进行必要的腾仓、清场、打扫、消毒、准备好验收场地等。

（3）备足苫垫用品，确定堆码形式。

3. 物品入库的操作程序

（1）物品接运。在完成物品接运过程的同时，每一步骤应有详细的记录。接运记录单要详细列明接运物品到达、接运、交接等各个环节的情况（如表3-1所示）。

表 3-1 接运记录单

序号	到达记录								接运记录					交接记录			
	通知到达时间	运输方式	发货站	发货人	运单号	车号	货物名称	件数	重量	日期	件数	重量	缺损情况	接货人	日期	接货通知单编号	附件	收货人

(2) 核对凭证。

(3) 大数点收。大数点收是按照物品的大件包装(运输包装)进行数量清点。

(4) 检查包装。在大数点收的同时,对每件物品的包装和标志进行认真查看。

(5) 办理交接手续。入库物品经过上述工序,就可以与接货人员办理物品交接手续。

(6) 物品验收。在办完交接手续后,仓库要对入库的物品做全面而细致的验收,包括开箱、拆包、检验物品的质量和数量。

(7) 办理物品入库手续。物品验收后,由保管或收货人根据验收结果,在物品入库单上签收。物品入库手续包括登账、立卡、建档。物品保管卡的基本形式如表 3-2 所示。

表 3-2 物品保管卡 No:

来源			年 月 日					名称		
到货通知单	到货日期		名称				验收情况	型号		
	合同号		型号					规格		
	车号		规格					单位		
	运单号		件数	单位	数量	单价	交货	技术条件		
	运输号							存放地点		
年		凭证号	摘要	收入		付出		结存		备料
月	日			件数	数量	金额	件数	数量	金额	件数	数量	金额	厂名	件数	数量	结存

二、保管业务管理

物品在入库后出库之前处于保管阶段,现代物品保管工作是伴随着物品储运全过程的技术性措施,是保证储运物品安全的重要环节。它是一个活动过程,贯穿于整个物流活动的各个环节。

物品保管的任务主要是根据物品的性能和特点,提供适宜的保管环境和保管条件,保证库存物品数量正确、质量完好,并充分利用现有仓储设施,为经济合理地组织物品供应打下良好的基础。

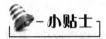

物品保管的原则是:质量第一原则、科学合理原则、效率原则、预防为主原则。

1. 保管作业流程

仓库保管阶段按作业内容分为三个阶段:物品入库阶段,主要业务为接运、验收和办理入库手续等;物品仓储保管阶段,这一阶段是物品在整个仓储期间,为保持物品的原有使用价值,仓库需要采取一系列保管措施,如货物的堆码苫垫、物品的维护保养、物品的检查盘点等;物品出库阶段,主要业务是备料、复核、装车等。

保管作业流程的详细内容如表3-3所示。

表3-3 仓库保管作业活动内容

业务阶段	业务活动	作业内容
入库阶段	接运	1. 车站、码头、机场提货 2. 短途运输 3. 现场交接
	验收	4. 验收准备 5. 实物验收、验收记录 6. 登账建卡
储存保管阶段	仓储保管	7. 分类整理 8. 上架、堆垛 9. 倒垛 10. 仓储经济管理(定额、财产处理) 11. 安全管理
	维护保养	12. 温度、湿度控制 13. 维护保养 14. 检查、盘点
出库阶段	出库	15. 核对凭证 16. 审核、划价 17. 备料、包装 18. 改卡、记账
	发运代运	19. 领料或送料 20. 代办托运

2. 分拣配货作业

现代保管应该是作为流通领域的保管,因此其作业在很大程度上说是分拣配货作业。常见的分拣配货方式有摘果式、播种式、分拣式以及自动分拣式四种。

(1) 摘果式配货作业

拣选式配货作业是指拣选人员或拣选工具巡回于各个仓储点,将所需物资取出,完成货物配备的方式。其基本作业流程是:货物相对固定,拣选人员或拣选工具相对运动,也称为摘取式拣选。拣选式配货作业流程如图 3-11 所示。

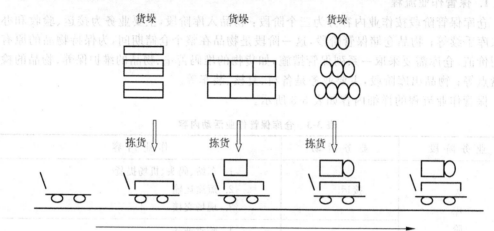

图 3-11 摘果式配货作业流程

(2) 播种式配货作业

播种式配货作业是分货人员或分货工具从仓储点集中取出各个用户共同需要的货物,然后巡回于各个用户的货位之间,将这一货物按用户需求分放,然后再集中取出第二种,如此反复,直到作业完成。其特点是:用户的分货位固定,分货人员或分货工具相对运动。

这种作业的计划性较强,也容易发生错误,采用时要注意综合考虑、统筹安排,利用规模效益。播种式配货作业流程如图 3-12 所示。

(3) 分拣式配货作业

分拣式配货作业是分货式和拣选式的一体化配货方式,是一种中间方式。分拣人员或分拣工具从仓储点拣选出各个用户共同或不同需要的多种货物,然后巡回在各个用户的货位之间,按用户需要放入货位,直到这次取出的货物放完。

这种方式特别适用于小型仓储配送使用,主要用在邮局、快递公司等领域。

(4) 自动分拣式配货作业

自动分拣式配货作业建立在信息化基础上,其核心是机电一体化。配送作业是自动

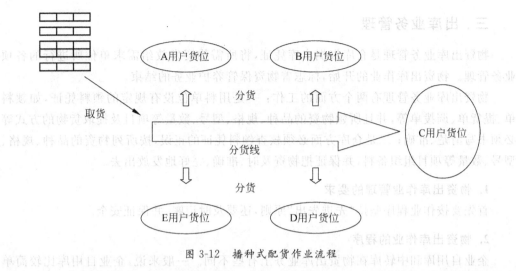

图 3-12 播种式配货作业流程

化的,能够扩大作业能力、提高劳动效率、减少作业差错。自动分拣式配货作业的重要特点是分拣作业大部分无人操作,误差较小,可以连续作业,并且单位时间内分拣的数量多。适用于业务量大、物资包装严格、有投资支持的企业。自动化分拣设备如图 3-13 所示。

图 3-13 自动化分拣设备

三、出库业务管理

物资出库业务管理是仓库根据出库凭证,将所需物资发放给需求单位所进行的各项业务管理。物资出库作业的开始,标志着物资保管养护业务的结束。

物资出库业务管理有两个方面的工作:一是用料单位设有规定的领料凭证,如领料单、提货单、调拨单等,并且所领物资的品种、规格、型号、数量等项目及提取货物的方式等必须书写清楚、准确;二是仓库方面必须核查领料凭证的正误,按所列物资的品种、规格、型号、数量等项目组织备料,并保证把物资及时、准确、完好地发放出去。

1. 物资出库作业管理的要求

首先要按作业程序坚持"先进先出"原则,还要及时记账,并保证安全。

2. 物资出库作业的程序

企业自用库和中转库在物资出库业务上有些不同。一般来说,企业自用库比较简单些,对于中转库,它的物资出库程序是:物资出库前准备→核对出库凭证→备料→复核→点交清理单等。

第三节 配送和配送中心管理

一、配送概述

(一) 配送的定义

中华人民共和国国家标准《物流术语》将配送定义为:在经济合理区域范围内,根据用户的要求,对物品进行拣选、加工、包装、分割、组配等作业,并按时送达指定地点的物流活动。

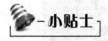

配送与一般送货的区别

送货主要体现为生产企业和商品经营企业的一种推销手段,通过送货达到多销售产品的目的。而配送则是社会化大生产、高度专业化分工的产物,是商品流通社会化的发展趋势。

送货方式对用户而言,只能满足其部分需求,这是因为送货人有什么送什么。而配送则将用户的要求作为目标,具体体现为用户要求什么送什么,希望什么时候送便什么时候送。

送货通常是送货单位的附带性工作，也就是说送货单位的主要业务并非送货。而配送则表现为配送部门的专职，通常表现为专门进行配送服务的配送中心。

送货在商品流通中只能是一种服务方式。而配送不仅是一种物流手段，更是一种物流体制。

由配送企业进行集中库存，保证向企业内部的各生产单位进行物资供应，可以取代原来分散在各个企业为保证生产持续进行而设立的库存，这样使企业实现零库存成为可能。

对配送的理解可以从以下几个方面来认识。

（1）配送发挥了资源配置作用，而且是"最终配置"，即配送是最接近用户的物流阶段。

（2）配送的主要经济活动是送货，但应是现代送货，是和当代科技相结合的，是"配"和"送"的有机结合。

（3）配送以用户的需要为出发点，但应该以最合理的方式满足用户需求。

（4）配送是有一定合理的区域范围的。

（5）配送已逐步成为企业发展的重要战略手段。

（二）配送的特征

1. 具有多重任务

配送业务中，除了送货，在活动内容中还有"拣选""分货""包装""分割""组配""配货"等工作，这些工作难度很大，必须具有发达的商品经济和现代经营水平才能做好。在商品经济不发达的国家及历史阶段，很难按用户要求实现配货，要实现广泛的、高效率的配货就更加困难。因此，一般意义的送货和配送存在时代的差别。

2. 各种业务的有机结合体

配送是送货、分货、配货等许多业务活动有机结合的整体，同时还与订货系统紧密联系。要实现这一点，就必须依赖现代情报信息，建立和完善整个大系统，使其成为一种现代化的作业系统。这也是以往的送货形式无法比拟的。

3. 现代化技术手段必不可少

配送的全过程要有现代化技术手段作为基础。现代化技术和装备的采用，使配送在规模、水平、效率、速度、质量等方面远远超过以往的送货形式。在配送活动中，由于大量采用各种传输设备及识码、拣选等机电装备，使得整个配送作业像工业生产中广泛应用的流水线，实现了流通工作的一部分工厂化。因此配送也是科学技术进步的产物。

4. 专业化分工

配送是一种专业化的分工方式。配送为客户提供定制化的服务，根据客户的订货要求准确、及时地为其提供物资供应保证,在提高服务质量的同时,可以通过专业化的规模经营获得单独送货无法得到的低成本。

（三）配送的发展阶段

配送和其他新生事物一样,伴随着生产力的发展而发展起来。配送的发展大体上经历了三个阶段。

1. 萌芽阶段的配送

20世纪60年代初,初期的配送只是一种粗放型、单一性的活动,其活动范围小,规模不大,企业开展配送的目的只是促进产品销售和提高市场占有率。

2. 发育阶段的配送

20世纪60年代中期,随着竞争的加剧,欧美一些国家相继组建和设立了配送中心,普遍开展了货物装配、配载及送货上门活动。不但货物种类增多,而且范围不断扩大,并出现了共同配送。

3. 成熟阶段的配送

20世纪80年代以后,配送有了长足的发展,主要表现在以下几个方面:

（1）配送区域进一步扩大:从发达国家到发展中国家,从国内到国际;

（2）劳动手段日益先进:自动分拣、光电识别、条形码;

（3）配送的集约化程度明显提高:竞争与兼并,配送企业在减少,但总体实力与规模却与日俱增;

（4）配送方式日益多样化:除独立配送、直达配送外,出现了共同配送、即时配送、交货代理配送等。

（四）现阶段我国配送发展存在的问题

1. 配送的整体功能难以发挥

现阶段配送仍以单兵作战的分散性配送为主,配送中心未有效发挥组织、协调、平衡和管理作用。

2. "配"与"送"未能形成有机的结合

合理的配送,既应包括送货,也应包括分拣、配货、配载、配装等功能,是"配"与"送"的有机结合体。目前的物资配送,因其大都脱胎于送货上门,又因配送设备设施、配送资源等方面的限制,往往造成"配"与"送"的相互脱节。一方面,大部分的物资配送只是以送为主,而考虑分货、配货、配载、配装的则很少;另一方面,有的虽然做到了分货、配货,但又因缺乏必要的运输车辆而无法做到送货上门。

3. 加工型配送发展缓慢

流通加工能力太弱,将流通加工和物资配送相结合的配送实践则更少。流通加工是实现合理配送的重要手段。没有这一重要手段,以合理配置物资资源、满足用户多样化需求为目标的物资配送则难以实现。

4. 配送的集约化程度低

配送用户较少且分散,配送率(指物资配送量与消耗总量的比率)较低。因此,既无法优化配送路线,节省配送费用,也形成不了规模效益。

5. 尚未实现社会库存的集中调度

没有调动社会库存、实现分散库存向集中库存的转化。优化库存结构,变分散库存为流通部门集中库存,实现整个社会库存总量的降低,是配送最突出的优势,也是配送的主要目的。目前的物资配送已使配送用户的库存有所降低,还出现了工业企业账面零库存。但是生产企业仍普遍拥有较高的库存,且无法调动;物资企业也没有实现最合理库存,因而导致整个社会库存仍居高不下。

6. 对物资配送的认识有待提高

现阶段,有不少部门或企业对物资配送的意义和作用缺乏认识,对开展或接受物资配送犹豫不决。如有的物资企业认为开展物资配送得不偿失,不仅要大幅度增加工作环节和工作量,而且本身的经济效益可能还会相对下降。另外,目前许多物资企业资产负债率较高,经营困难,本来就为正常的经营资金不足而发愁,如果再搞配送,周转资金问题就更突出。生产企业对物资配送也不无担忧,其中最担心的莫过于配送资源能否得到保证,物资配送能否长期坚持下去。

二、配送的类型

按组织方式、对象特性不同等进行分类,配送包括以下一些形式。

(一) 按配送组织者不同分类

按配送组织者的不同,可以将配送分为以下几种形式。

1. 配送中心配送

这种配送的组织者是专职配送中心,规模比较大,专业性比较强,与用户之间存在固定的配送关系。一般情况下配送中心都实行计划配送,需要配送的商品有一定的库存量,很少超越自己的经营范围。

2. 仓库配送

这种配送形式是以一般仓库为据点进行配送。它可以是把仓库完全改造成配送中心,也可以是在保持仓库原功能的前提下,以仓库原功能为主,再增加一部分配送职能。

由于仓库不是按配送中心要求专门设计和建立的,所以一般来讲,仓库配送的规模较小,配送的专业化比较差。但是因为可以利用原仓库的储存设施及能力、收发货场地、交通运输线路等,所以既是开展中等规模的配送可以选择的形式,也是较为容易利用现有条件而不需大量投资、上马较快的形式。

3. 生产企业配送

这种配送形式的组织者是生产企业,尤其是进行多品种生产的企业。这些企业可以直接从本企业开始进行配送,而不需要再将产品发运到配送中心进行配送。

由于避免了一次物流的中转,所以生产企业配送具有一定优势。但是生产企业,尤其是现代生产企业,往往实行大批量低成本生产,品种较为单一,因此无法像配送中心那样依靠产品凑整运输取得优势。一般来说,生产企业配送不是配送的主体,它只是在地方性较强的产品生产企业中应用较多,如就地生产、就地消费的食品、饮料、百货等。

4. 商店配送

这种配送形式的组织者是商业或物资的门市网点,这些网点主要承担商品的零售,一般来讲规模不大,但经营品种比较齐全。除日常经营的零售业务外,这种配送方式还可根据用户的要求,将商店经营的品种配齐,或代用户外订外购一部分本商店平时不经营的商品,与商店经营的品种一起配齐运送给用户。

这种配送组织者实力有限,往往只是零星商品的小量配送,所配送的商品种类繁多,用户需用量不大,甚至有些商品只是偶尔需要,但是由于配送半径较小,所以比较灵活机动,可承担生产企业非主要生产物资的配送以及对消费者个人的配送。可以说,这种配送是配送中心配送的辅助及补充形式。

(二) 按配送商品种类及数量不同分类

按照配送商品种类及数量的不同,可以将配送分为以下几种形式。

1. 单(少)品种大批量配送

一般来讲,对于工业企业需要量较大的商品,由于单独一个品种或几个品种就可达到较大输送量,可以实行整车运输。这种情况下就可以由专业性很强的配送中心实行配送,往往不需要再与其他商品进行搭配。

由于配送量大,可使车辆满载并使用大吨位车辆。同时,由于配送中心的内部设置、组织、计划等工作也较为简单,因此配送成本较低。如果可以从生产企业将这种商品直接运抵用户,同时又不至于使用户库存效益下降,采用直送方式则效果更好一些。

2. 多品种、少批量配送

多品种、少批量配送是根据用户的要求，将所需的各种物品（每种物品需要量不大）配备齐全，凑整装车后由配送据点送达用户。这种配送作业水平要求高，配送中心设备要求复杂，配货送货计划难度大，因此需要有高水平的组织工作保证和配合。另外在实际中，多品种、少批量配送往往伴随多用户、多批次的特点，配送频度往往较高。

配送的特殊作用主要反映在多品种、少批量的配送中，因此这种配送方式在所有配送方式中是一种高水平、高技术的方式。这种配送能满足物资品种多样化的需求，符合市场环境的主流需要，也是配送中最典型的形式。

3. 配套成套配送

这种配送方式是指根据企业的生产需要，尤其是装配型企业的生产需要，把生产每一台件所需要的全部零部件配齐，按照生产节奏定时送达生产企业，生产企业随即可将此成套零部件送入生产线以装配产品。

在这种配送方式中，配送企业承担了生产企业大部分的供应工作，使生产企业可以专注于生产，与多品种、少批量的配送效果相同。

（三）按配送时间及数量分类

1. 定时配送

定时配送是指按规定时间间隔进行配送，比如数天或数小时一次。每次配送的品种及数量可以根据计划执行，也可以在配送之前以商定的联络方式（比如电话、计算机终端输入等）通知配送的品种及数量。

由于这种配送方式时间固定、易于安排工作计划、易于计划使用车辆，因此，对于用户来讲，也易于安排接货的力量（如人员、设备等）。

（1）日配

日配是定时配送中施行较为广泛的方式，尤其在城市内的配送中，日配占了绝大多数比例。日配的时间要求大体上是上午的订货下午可送达，或者下午的订货第二天早上送达，即实现送达时间在订货的 24 小时之内；或者是用户下午的需要保证上午送到，上午的需要保证前一天下午送到，即实现在实际投入使用前 24 小时之内送达。

广泛而稳定地开展日配方式，使用户基本上无须保持库存，以配送的日配方式代替传统库存方式来实现生产或销售经营的保证。日配方式对下述情况特别适合。

第一，消费者追求新鲜的各种食品，如水果、点心、肉类、蛋类、蔬菜等。

第二，用户是多个小型商店，它们追求周转快，随进随售，因而需要采取日配形式实现快速周转。

第三，由于用户的条件限制，不可能保持较长时期的库存，比如已经采用零库存方式的生产企业、位于"黄金宝地"的商店以及那些缺乏储存设施(比如冷冻设备等)的用户。

第四,临时出现的需求。

(2) 准时—看板方式

准时—看板方式是实现配送供货与生产企业生产保持同步的一种配送方式。与日配方式和一般定时方式相比,这种方式更为精细和准确。其配送每天至少一次,甚至几次,以保证企业生产的不间断。这种配送方式的目的是实现供货时间恰好是用户生产之时,从而保证货物不需要在用户的仓库中停留,便可直接运往生产场地。这样,与日配方式比较,连"暂存"这种方式也可取消,可以绝对地实现零库存。

准时—看板方式要求依靠很高水平的配送系统来实施,由于这种方式要求迅速反应,因而对多用户进行周密的共同配送计划是不大可能的。该方式适合于装配型、重复、大量生产的用户,这种用户所需配送的物资是重复、大量而且没有大变化的,因而往往是一对一的配送。

2. 定量配送

定量配送是指按照规定的批量,在一个指定的时间范围内进行配送。这种配送方式数量固定,备货工作较为简单,可以根据托盘、集装箱及车辆的装载能力规定配送的定量,能够有效利用托盘、集装箱等集装方式,也可做到整车配送,配送效率较高。由于时间不严格限定,因此可以将不同用户所需的物品凑成整车后配送,运力利用也较好。对于用户来讲,每次接货都处理同等数量的货物,有利于人力、物力的准备工作。

3. 定时定量配送

定时定量配送是指按照所规定的配送时间和配送数量进行配送。这种方式兼有定时、定量两种方式的优点,但是其特殊性强,计划难度大,因此适合采用的对象不多,不是一种普遍的方式。

4. 定时、定路线配送

定时、定路线配送是指在规定的运行路线上,制定到达时间表,按运行时间表进行配送,用户则可以按规定的路线站及规定的时间接货,以及提出配送要求。

采用这种方式有利于计划安排车辆及驾驶人员。在配送用户较多的地区,可以免去复杂的配送要求所造成的配送组织工作及车辆安排的困难。对于用户来讲,既可以在一定路线、一定时间进行选择,又可以有计划地安排接货力量。但这种方式应用领域是有限的。

5. 即时配送

即时配送是指完全按照用户提出的时间、数量方面的配送要求,随即进行配送的配送形式。这是一种灵活性很高的、应急的方式,它考验的是配送企业的快速反应能力。

(四) 按经营形式不同分类

根据经营形式的不同,可以将配送分为以下几种形式。

1. 销售配送

在这种配送方式下,配送企业是销售性企业,或者销售企业作为销售战略一环进行的促销型配送。一般来讲,这种配送的配送对象是不固定的,用户也往往是不固定的,配送对象和用户往往根据对市场的占有情况而定,其配送的经营状况也取决于市场状况,因此,这种形式的配送随机性较强、计划性较差。各种类型的商店配送一般属于销售配送。

用配送方式进行销售是扩大销售数量、扩大市场占有率、获得更多销售收益的重要方式。由于是在送货服务前提下进行的活动,所以一般来讲也受到用户的欢迎。

2. 供应配送

供应配送是指用户为了自己的供应需要所采取的配送形式。在这种配送形式下,一般来讲是由用户或用户集团组建配送据点,集中组织大批量进货(以便取得批量折扣),然后向本企业配送或向本企业集团若干企业配送。

在大型企业、企业集团或联合公司中,常常采用这种配送形式组织对本企业的供应,例如连锁商店就常常采用这种方式。用配送方式进行供应,是保证供应水平、提高供应能力、降低供应成本的重要方式。

3. 协同配送

协同配送就是将过去按不同货主、不同商品分别进行的配送,改为不区分货主和商品集中运货的"货物及配送的集约化",也就是把货物都装入在同一条路线运行的车辆上为更多的顾客运货。

协同配送的目的在于最大限度地提高人员、物资、金钱、时间等物流资源的效率(降低成本),取得最大效益(提高服务)。还可以避免交叉运输,并取得缓解交通、保护环境等社会效益。

三、配送的合理化

(一) 配送合理化的判断标志

1. 库存标志

库存是判断配送合理与否的重要标志。具体指标有以下两个。

(1) 库存总量

库存总量是指在一个配送系统中,将分散于各个用户的库存转移给配送中心,形成配送中心库存数量,这个库存量之和应低于实行配送前各用户库存量之和。

此外，从各个用户角度判断，各用户在实行配送前后的库存量比较，也是判断合理与否的标准。

库存总量是一个动态的量，上述比较应当是在一定的经营水平下进行的。在用户生产有发展之后，库存总量的上升则反映了经营的发展，必须扣除这一因素，才能对总量是否下降做出正确判断。

(2) 库存周转

由于配送企业的调剂作用，以低库存保持高的供应能力，库存周转一般快于原来各企业库存周转。此外，从各个用户角度进行判断，各用户在实行配送前后的库存周转比较，也是判断合理与否的标志。

> **小贴士**
>
> 为取得共同比较基准，库存标志以库存储备资金计算，而不以实际物资数量计算。

2. 资金标志

总的来讲，实行配送应有利于降低资金占用及资金运用的科学化。具体判断标志有以下三个。

(1) 资金总量

资金总量是指用于资源筹措所占用流动资金总量，随储备总量的下降及供应方式的改变，必然有一个较大的降低。

(2) 资金周转

从资金运用角度来讲，由于整个节奏加快，资金充分发挥作用，同样数量资金，过去需要较长时期才能满足一定供应要求，实施配送之后，在较短时期内就能达此目的。所以资金周转是否加快是衡量配送合理与否的标志。

(3) 资金投向的改变

资金分散投入还是集中投入，是资金调控能力的重要反映。实行配送后，资金应当从分散投入改为集中投入，以增加调控作用。

3. 成本和效益

总效益、宏观效益、微观效益、资源筹措成本都是判断配送合理化的重要标志。对于不同的配送方式，可以有不同的判断侧重点。

例如，配送企业、用户都是各自独立的，以利润为中心的企业，不但要看配送的总效益，还要看对社会的宏观效益及两个企业的微观效益，不顾及任何一方，都会出现不合理现象。

又如，如果配送是由用户集团自己组织的，配送主要强调保证能力和服务性，那么，效益主要从总效益、宏观效益和用户集团企业的微观效益来判断,不必过多顾及配送企业的微观效益。

由于总效益及宏观效益难以计量,在实际判断时,常以按国家政策进行经营,完成国家税收及配送企业及用户的微观效益来判断。对于配送企业而言(投入确定的情况下),则企业利润反映配送合理化程度;对于用户企业而言,在保证供应水平或提高供应水平(产出一定)前提下,供应成本的降低,反映了配送的合理化程度。

4. 供应保证标志

实行配送后,各用户的最大担心是供应保证程度降低,这既是个心态问题,也是承担风险的实际问题。配送的重要一点是必须提高而不是降低对用户的供应保证能力,才算实现了合理。供应保证能力可从以下几个方面判断。

(1) 缺货次数

实行配送后,对各用户来讲,缺货次数是指应该到货而未到货会影响用户生产及经营的次数,因此,缺货次数必须下降才算合理。

(2) 配送企业集中库存量

对每一个用户来讲,其数量所形成的保证供应能力高于配送前单个企业保证程度,从供应保证来看才算合理。

(3) 即时配送的能力及速度

这是用户出现特殊情况的特殊供应保障方式,这一能力必须高于未实行配送前用户紧急进货能力及速度才算合理。特别需要强调一点,配送企业的供应保障能力是一个科学的、合理的概念,而不是无限的概念。具体来讲,如果供应保障能力过高,超过了实际的需要,属于不合理,所以追求供应保障能力的合理化也是有限度的。

5. 社会运力节约标志

末端运输是目前运能、运力使用不合理、浪费较大的领域,因而人们寄希望于配送来解决这个问题,这也成了配送合理化的重要标志。运力使用的合理化是依靠送货运力的规划和整个配送系统的合理流程及与社会运输系统合理衔接实现的。

送货运力的规划是任何配送中心都需要努力解决的问题,而其他问题有赖于配送及物流系统的合理化,判断起来比较复杂。

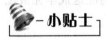

社会运力节约标志的简化判断

(1) 社会车辆总数减少,而承运量增加为合理。

(2) 社会车辆空驶减少为合理。

(3) 一家一户自提自运减少,社会化运输增加为合理。

6. 人力物力节约标志

配送的重要观念是以配送代劳用户,因此,实行配送后,各用户库存量、仓库面积、仓库管理人员减少才为合理;用于订货、接货的人员减少才为合理。真正解除了用户的后顾之忧,配送才是合理的。

7. 物流合理化标志

物流合理化的问题是配送要解决的大问题,也是衡量配送本身的重要标志。配送必须有利于物流合理。这可以从以下几个方面判断。

(1) 是否降低了物流费用。
(2) 是否减少了物流损失。
(3) 是否加快了物流速度。
(4) 是否发挥了各种物流方式的最优效果。
(5) 是否有效衔接了干线运输和末端运输。
(6) 是否不增加实际的物流中转次数。
(7) 是否采用了先进的技术手段。

(二) 配送合理化可采取的做法

1. 推行一定综合程度的专业化配送

通过采用专业设备、设施及操作程序,取得较好的配送效果,并降低配送的复杂程度及难度,从而追求配送合理化。

2. 推行加工配送

通过加工和配送结合,充分利用本来应有的这次中转,而不增加新的中转以取得配送合理化。同时,加工借助于配送,加工目的更明确,与用户联系更紧密,避免了盲目性。这两者有机结合,投入不增加太多却可取得两个优势、两个效益,是配送合理化的重要体现。

3. 推行共同配送

通过共同配送(在核心企业的统筹安排和统一调度下,各个配送企业分工协作,联合行动,共同对某一地区或某些用户进行配送),从而以最近的路程、最低的配送成本完成配送,追求合理化。

4. 实行送取结合

配送企业与用户建立稳定、密切的协作关系,配送企业不仅成了用户的供应代理人,而且承担用户储存据点,甚至成为产品代销人。在配送时,将用户所需的物资送到,再将该用户生产的产品用同一车运回,这种产品也成了配送中心的配送产品之一,或者作为代存代储,免去了生产企业库存包袱。这种送取结合,使运力充分利用,也使配送企业功能有更大的发挥,从而追求合理化。

5. 推行准时配送系统

准时配送是配送合理化的重要内容。配送做到了准时,用户可以放心地实施低库存或零库存,可以有效地安排接货的人力、物力,以追求最高效率的工作。另外,保证供应能力也取决于准时供应。从国外的经验看,准时供应配送系统是现在许多配送企业追求配送合理化的重要手段。

6. 推行即时配送

即时配送是最终解决用户企业担心断供之忧、大幅度提高供应保证能力的重要手段。即时配送是配送企业快速反应能力的具体化,是配送企业能力的体现。

即时配送成本虽然较高,但它是整个配送合理化的重要途径。此外,对于用户实行零库存,即时配送也是重要的保证手段之一。

四、配送中心

(一) 配送中心的基本含义

中华人民共和国国家标准《物流术语》中关于配送中心是这样定义的:从事配送业务的物流场所或组织,应基本符合下列要求。

(1) 主要为特定的用户服务。
(2) 配送功能健全。
(3) 完善的信息网络。
(4) 辐射范围小。
(5) 多品种、小批量。
(6) 以配送为主,储存为辅。

配送中心是集多种流通功能(商品分拣、加工、配装、运送等)于一体的物流组织,是利用先进的物流技术和物流设备开展业务活动的大型物流基地。

传统企业在没有配送中心的情况下,物流通路混杂,如图 3-14 所示。在建立配送中心以后,尤其是大批量、社会化、专业化配送中心建立以后,物流配送的局面就显得非常合理和有序,物流通路简洁,如图 3-15 所示。

(二) 配送中心的类型

随着社会生产的发展、商品流通规模的不断扩大,配送中心数量也在不断增加。在众多的配送中心中,由于各自的服务对象、组织形式和服务功能不尽相同,因此形成了不同类别的配送中心。按照不同的分类标准,可以将配送中心分为不同类型。

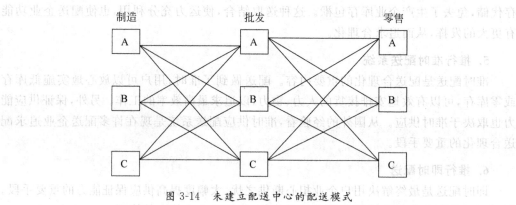

图 3-14　未建立配送中心的配送模式

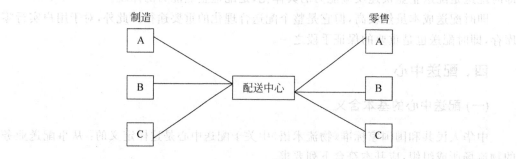

图 3-15　建立配送中心后的物流配送模式

1. 按配送中心的经济功能分类

（1）供应型配送中心

供应型配送中心是专门向某个或某些用户供应货物，充当供应商角色的配送中心。

在实际工作中，有很多从事货物配送活动的经济实体，其服务对象主要是生产企业和大型商业组织（超级市场或联营商店），所配送的货物主要有原料、元器件、半成品和其他商品，客观上起到了供应商的作用。这些配送中心类似于用户的后勤保障部门，故属于供应型配送中心。

例如，为大型连锁超级市场组织供应的配送中心；代替零件加工厂送货的零件配送中心，使零件加工厂对装配厂的供应合理化。又如：上海六家造船厂共同组建的钢板配送中心，也属于供应型配送中心。

（2）销售型配送中心

销售型配送中心是指以销售商品为主要目的、以开展配送活动为手段而组建的配送中心。

这类配送中心完全是围绕着市场营销活动来开展配送业务的。在市场竞争中，为了不断扩大自己的市场份额，提高市场占有率，商品生产者和经营者采取了多种降低流通成本和完善其服务的办法和措施,同时改造和完善了物流设施,组建了专门从事配送活动的配送中心,因此销售型配送中心属于商流、物流一体化的配送模式,国内外普遍存在。

(3) 储存型配送中心

储存型配送中心是强化商品的储备和储存功能,在充分发挥储存作用的基础上开展配送活动的配送中心。一般来讲,在买方市场下,企业商品销售需要有较大库存来支持,其配送中心可能有较强储存功能;在卖方市场下,生产企业原材料、零部件供应,也需要有较大库存,也可能是储存型配送中心。实践证明,储存一定数量的物质是生产和流通得以正常进行的基本保障。国内外储存型配送中心多起源于传统的仓储企业。

案例

1998年亚马逊最早开启了仓储运营的自动化尝试,通过自主研发软件系统,推出了自动化一体操作,原本人工需要四步才能完成扫描、标签、称重、核准,而自动仓储只需几秒钟,大大加速了商品发货。

如今,亚马逊还启用了多种自动化技术,包括摇臂机器人、仓储机器人、智能运算推荐包装、智能包裹分拣等。其中仅仓储机器人,亚马逊已在全球部署了10万台用于存储和拣货,经历几代技术更迭和优化后,新一代仓储机器人的机身更低,托举空间更大,行进速度也更稳定。

在亚马逊运营中心,同一片区域内数千台仓储机器人有序避让,并能在准确的时间将商品精准无误地送到拣货人身边。机器人在仓库内的移动轨迹实时反映了用户浏览和商品销售的动态变化,比如存储热销商品信息的机器人会优先移动到距离拣货更近的地方。这背后是亚马逊智能运营系统,它通过数据分析和算法优化"指挥"着成千上万台机器人协同作战。

基于这一智能运营系统,亚马逊打破了单一库房运营的传统方式,使全球上百个运营中心联动运行,系统连接起全球14大海外站点、140多个运营中心,跨国配送到185个国家和地区,形成了全球化智能运营网络。

资料来源:http://www.chinawuliu.com.cn/zixun/201709/07/324576.shtml。

(4) 加工型配送中心

加工型配送中心的主要功能是对商品进行清洗、下料、分解、集装等加工活动,以流通加工为核心开展配送活动。在生活资料和生产资料配送活动中有许多加工型配送中心。如深圳市菜篮子配送中心,就是以肉类加工为核心开展配送业务的加工型配送中心。另外,对水泥等建筑材料以及煤炭等商品的加工配送也属于加工型配送中心。

2. 按运营主体的不同分类

(1) 以制造商为主体的配送中心

这种配送中心里的商品都是由自己生产制造的,这样可以降低流通费用,提高售后服务质量,及时地将预先配齐的成组元器件运送到规定的加工和装配工位。从商品制造到条码和包装的配合等多方面都较易控制,所以按照现代化、自动化的配送中心设计比较容易,但不具备社会化的要求。

(2) 以批发商为主体的配送中心

商品从制造者到消费者手中,传统的流通过程中要经过批发环节。一般是按部门或商品种类的不同,把每个制造厂的商品集中起来,然后以单一品种或搭配形式向消费地的零售商进行配送。这种配送中心的商品来自各个制造商,它所进行的一项重要的活动便是对商品进行汇总和再销售,而它的全部进货和出货都是由社会配送的,社会化程度高。

(3) 以零售商为主体的配送中心

零售商发展到一定规模后,就可以考虑建立自己的配送中心,为专业商品零售店、超级市场、百货商店、商场、粮油食品商店、宾馆饭店等服务。其社会化程度介于前两者之间。

(4) 以物流企业为主体的配送中心

这种配送中心最强的是运输配送能力,而且地理位置优越,如港口、铁路和公路枢纽等,可迅速将到达的货物配送给用户。它提供仓储货位给制造商或供应商,而配送中心的货物仍属于制造商或供应商所有,配送中心只是提供仓储管理和运输配送服务。这种配送中心的现代化程度往往较高。

(三) 配送中心的功能

配送中心一方面集成了物流和商流活动,另一方面集成了物流活动的所有功能,可以看作物流活动的缩影,具体有以下功能:

1. 备货功能

备货功能是配送的准备工作或基础工作,备货工作包括筹集货源、订货或购货、集货、进货及有关的质量检查、结算、交接等。配送的优势之一,就是可以集中用户的需求进行一定规模的备货。备货是决定配送成败的初期工作,如果备货成本太高,会大大降低配送的效益。

2. 储存功能

配送储备是按一定时期的配送经营要求,形成的对配送的资源保证。这种类型的储备数量较大,储备结构也较完善,视货源及到货情况,可以有计划地确定周转储备及保险储备结构及数量。配送的储备保证有时在配送中心附近单独设库解决。

另一种储存形态是暂存,是具体执行日配送时,按分拣配货要求,在理货场地所做的少量储存准备。还有另一种形式的暂存,即分拣、配货之后,形成的发送货载的暂存,这个暂存主要是调节配货与送货的节奏,暂存时间不长。

3. 分拣和配货功能

分拣和配货功能是配送不同于其他物流形式的特有的功能要素,也是配送成败的一项重要支持性工作。分拣及配货是完善送货、支持送货的准备性工作,是不同配送企业在送货时进行竞争和提高自身经济效益的必然延伸,也可以说是送货向高级形式发展的必然要求。有了分拣及配货就会大大提高送货服务水平,所以,分拣及配货是决定整个配送系统水平的关键要素。

4. 配装功能

在单个用户配送数量不能达到车辆的有效载运负荷时,就存在如何集中不同用户的配送货物,进行搭配装载以充分利用运能、运力的问题,这就需要配装;和一般送货不同之处在于,通过配装送货可以大大提高送货水平及降低送货成本,所以,配装也是配送系统中有现代特点的功能要素,也是现代配送不同于以往送货的重要区别之处。

5. 配送运输功能

配送运输属于运输中的末端运输、支线运输,和一般运输形态主要区别在于:配送运输是较短距离、较小规模、额度较高的运输形式,一般使用汽车做运输工具。与干线运输的另一个区别是,配送运输的路线选择问题是一般干线运输所没有的,干线运输的干线是唯一的运输线,而配送运输由于配送用户多,一般城市交通路线又较复杂,如何组合成最佳路线,如何使配装和路线有效搭配等,是配送运输的特点,也是难度较大的工作。

6. 送达服务功能

配好的货运输到用户还不算配送工作的完结,这是因为送达货和用户接货往往还会出现不协调,使配送前功尽弃。因此,要圆满地实现运到之货的移交,并有效地、方便地处理相关手续并完成结算,还应讲究卸货地点、卸货方式等。送达服务也是配送独具的特殊性。

7. 配送加工功能

在配送中,配送加工这一功能要素不具有普遍性,但是往往是有重要作用的功能要素。主要原因是通过配送加工,可以大大提高用户的满意度。配送加工是流通加工的一种,但配送加工有其不同于一般流通加工的特点,即配送加工一般只取决于用户要求,其加工的目的较为单一。

知识拓展

仓库这种存储设施通常是一次性的。当物流业、制造业需要重新进行业务调整的时候,抑或是需要进行场地迁移的时候,原本搭建起来的仓库就会被拆除,等到新址后,重新投入资金,购买建材,建造仓库。

这种传统的仓库建造方式不仅造成了资源的浪费,而且让很多企业在仓库的建造上投入了太多的成本。无法循环运营的、陈旧式的仓库已经成为制约当下很多企业发展的瓶颈,如何借助新的思路和手段,改变这种低级、低效、低能的仓库建造方式成为很多企业转型升级的一个主要突破口。

装配式仓库的出现恰恰解决了这样一个问题,它将传统意义上的不动产仓库进行了本质的改造和提升,将无法变动的仓库变成了可拆解、可拼装、可重新应用的仓库。这种全新的仓库建造方式俨然已成为一种可以流动和反复经营的仓储设备,不仅使企业的运转更加快速和高效,而且能够解决当下很多企业成本过高、运营较为死板的问题,通过在仓库上的改变,打开一条全新的循环经济发展新路子。

全新的装配式仓库正迎合了这样一种发展思路,真正从装配式入手,试图通过新型的技术手段和循环经济的理念来改变传统的仓库建造方式。这种装配式的仓库建造方式不仅能够解决传统的不动产仓库仅仅能够使用一次、用完就需要推倒重做的问题,而且能够让企业对仓库的建造、使用有一个全新的认识。

很多情况下,企业建造仓库是用来作为临时使用的、过渡性的设施,这种仓库建造方式需要及时响应,快速完成、随叫随到、随到随建。雅上篷房恰恰能够满足企业在这个阶段的战略性需求,以及企业对仓储系统经营及功能的调节需求。

从表面上看,雅上篷房只是将仓库的搭建方式进行了简单的改造而已,其实,雅上篷房在装配式仓库的基本模块、生产方式、管理系统等各个方面都进行了改变,通过将新型的仓库建造方式加入到装配式仓库的日常生产之中,不仅能够实现装配式仓库的生产方式,而且能够通过将这些构件进行拆解、重塑,实现仓库建造材料的可循环应用,真正促进循环经济的发展。

在循环经济日益成为众多企业发展共识的当下,雅上篷房的这种新型的仓库建造方式能够被更多的企业所接受。通过对仓库进行可拆卸、可拼装、可装配式的改造,雅上篷房完成了装配式仓库与循环经济发展的和谐统一。可以预见,雅上篷房这种可循环式的仓库建造方式将会成为越来越多企业的新选择。

除了装配式仓库的生产模式改变之外,雅上篷房还实现了仓库建造的数字化控制、信息化管理。这种仓库材料的新型生产方式让传统的仓库建造需要过多地借助人力的弊端从根本上得到了改变,通过加入新的技术,不仅能够减少人工生产的诸多问题,而且能够让仓库的生产过程更加科学化、智能化。

雅上篷房这种新型的仓库建造方式促进了招商与地产项目的合作,通过这种快速可移动新型仓储设施可有效促进物流园招商,同时还提供了一种在物流地产领域的项目投资合作机会。

以循环经济的理念为缘起的、可拆解的装配式仓库为破解当下的物流业、制造业仓库建造难题提供了解决方案。在国家经济转型升级的大背景下,雅上篷房所提出的这种新型的仓库建造理念无疑将会成为很多企业改变传统仓库建造方式、重塑循环经济观念的一个全新突破口。随着未来更多企业将目标转移到可循环经济上，雅上篷房的这种装配式仓库解决方案将会成为他们的全新选择。

资料来源：http://www.cn156.com/article-84163-1.html.

复习思考

1. 仓储的功能有哪些？
2. 简述配送中心的类型。
3. 请实际调查某企业的配送中心，分析配送的合理性及运用了哪些先进的配送设施与设备。

第四章

物流其他功能性活动管理

【学习目的与要求】
- 了解包装、装卸搬运、流通加工的种类和概念;
- 掌握包装、装卸搬运、流通加工的作用及合理化的表现;
- 熟悉物流辅助作业活动在物流系统的地位。

引导案例

快递产生的包装垃圾,国外是怎么处理的

快递和外卖,可谓改变中国人生活方式的两大产业,但它们不仅带来了便利,也带来了垃圾。

从2012到2016年,中国的快递业务量已经从56亿件飙升至312亿件,相当于每个中国人一年都要收发24个快递。换句话说,以2015年的快递量为例,如果每个包裹使用的胶带长度是1米,那么2015年中国快递行业使用的胶带长达169亿米,可以绕赤道425圈。大部分胶带都是塑料材质的,这也意味着需要上百年才能在大自然中被完全降解。

外卖行业的塑料垃圾制造量也不在少数,仅美团外卖一家的日订单量已经达到1 200万单。按每单外卖用1个塑料袋,每个塑料袋0.06平方米计算,每天所用的塑料袋达到惊人的72万平方米,刚好能铺满整个北京故宫。

因为每单外卖通常不只使用一个外卖餐盒。根据一家公益环保组织采集的100个订单样本测算,平均每单要消耗3.27个塑料餐盒或杯子。按照上述数据估算,外卖平台一天消耗的塑料制品要超过6 000万个。

这些天量的快递和外卖垃圾都是如何处理的呢?电商平台、物流公司、外卖平台有没有相应的回收机制呢?大多数企业在被问到相关问题时都选择沉默应对,毕竟回收会增加成本,在这个利益至上的行业竞争中,他们无暇顾及是否会给环境带来影响。但行业发展的背后,每天都有巨量的垃圾产生,早已超出城市垃圾的处理能力,"不能等到我们尝到了苦果才开始解

决"。下面来看看发达国家在这方面是怎么做的。

1. 美国：回收包装企业可减税

美国从20世纪90年代便开始关注绿色包装。为了提高企业回收包装的积极性，美国各州政府根据企业包装回收利用率的高低，适当免除企业相关的税收。同时，美国还在《资源保护与回收利用法》中规定："减少包装材料的消耗量，并对包装废弃物进行回收再利用。"国际上著名纸箱生产商利乐包、艾罗派克、唯绿包装、康美包等已经建立了纸箱理事会，以促进纸箱在美国的循环利用。目前，美国已在包装废弃物回收利用方面形成产业化运作，不仅改善了环境、提高了资源利用率，而且提供了大量就业机会。

除了包装设计，在包装材料技术上一些美国企业也进行了积极探索，如一些酒类包装物是用秸秆制成的，强度高，便于物流运输，而且环保。

2. 日本：鼓励包装再生利用

在亚洲地区，日本在包装绿色化方面的表现非常突出。日本不仅制定并实施了《包装再生利用法》，还致力于回收体系的建设，鼓励在境内建立大量的回收站，消费者将包装废弃物进行分类后，日本的收运系统将分类完的包装废弃物通过定时回收、集合中转等方式，运输至专门的处理中心进行再循环、再制造处理。

3. 德国：立法立标强制回收

在法律法规中明确各方责任，以有利于废弃物循环和追责，德国在此方面的做法十分突出。20世纪90年代，德国出台了《包装废弃物管理办法》，提出包装废弃物管理应按照"减量化、再利用、再循环、最终处置"的顺序进行，并设定了不同包装废弃物的回收目标和时限，强制性要求包装生产商、销售商对包装回收共同负责。该办法还制定了包装废弃物从收集到最终处置的量化标准，比如规定80%的包装废弃物和100%的运输包装必须回收利用，使包装处理的每个环节都有具体标准可依。德国还出台了《包装回收再生利用法》，要求除了包装生产商外，从事运输、代理、批发、零售的企业也必须负责回收包装物。

4. 法国：回收系统责任分工明确

法国在1994年出台的《包装废弃物运输法》中明确规定，消费者有义务将废弃的包装物主动交给生产商或者零售商回收处理。

此外，法国还组建了废弃物回收机构，回收机构均由生产及制造厂商作为其股东，法国在此机制中另外引入了保证人，这样能够保证回收机构有完备的监督机制以及公允性。在回收系统中，各个环节紧密相扣，各级之间都签订了协议书及约定书，责任分工明确，所以这些回收系统都具有很好的内部控制效果，为相关行业所产生的包装废弃物的高度回收提供了很好的保证。

5. 比利时：税收助力回收利用

比利时制定了一种"生态税"，规定凡用纸包装的食品和使用回收复用的包装可以免税，其他材料则要交税，对于使用可回收复用的包装必须出具已被重复使用的证明。

6. 荷兰：合同明确规定资源回收

荷兰包装界代表与政府签订了一份合同，该合同内容包含了荷兰市场上流通的外国产品。合同明确自1997年1月1日起65％的包装材料必须可重复使用，其中45％的包装材料必须回收，20％则要求利用焚化法去生产能源。

资料来源：http://www.chinawuliu.com.cn/zixun/201709/30/325177.shtml.

思考：

1. 对比中国和其他国家对包装的处理，谈谈你对物流包装的认识。
2. 如何提高物流企业的社会责任？

第一节 包 装

一、包装概述

（一）包装的定义

包装是为在流通过程中保护产品、方便储运、促进销售，按一定技术方法而采用的容器、材料及辅助物等的总体名称，也指为了达到上述目的而采用容器、材料和辅助物的过程中施加一定技术方法等的操作活动。

现代包装业已成为世界许多国家国民经济中一个独立的工业体系，如美国的包装工业在整个国民经济中占第五位，仅次于钢铁、汽车、石油和建筑工业；日本、德国、英国每年的包装工业产值，占国民总产值的20％。我国在改革开放以后，包装业发展很快，包装工业产值年平均递增近10％，包装业总产值占国民生产总值的比重也在不断上升，我国包装工业已形成比较完整的工业体系。

（二）包装和物流的关系

包装作为物流系统的构成要素之一，它既是生产的终点，又是物流的始点，与运输、仓储、搬运、流通加工等均有十分密切的关系，合理的包装能提高服务水平、降低费用、改善物料搬运和储运的效率。物流系统的所有构成因素均与包装有关，同时也受包装的制约。

（三）包装的主要功能

包装应使用适当的材料、容器和技术，使物品安全到达目的地，即在物品运送过程的每一阶段，不论遇到何种外在影响，都能保证产品完好，而且不影响物品价值。

在物流中包装主要有以下几种功能。

1. 保护功能

包装的第一项功能便是对物品的保护作用。如避免搬运过程中的脱落，运输过程中的振动或冲击，保管过程中由于承受物重所造成的破损，避免异物的混入和污染，防湿、防水、防锈、防光，防止因为化学或细菌的污染而出现的腐烂变质，防霉变、防虫害等。

2. 定量功能

按单位定量，形成基本单件或与此目的相适应的单件，即为了物品搬运或运输的需要而将物品整理成适合搬动、运输的单元，如适合使用托盘、集装箱、货架或载重汽车、货运列车等运载的单元，从而缩短作业时间、减轻劳动强度、提高机械化作业的效率。

3. 标识功能

利用包装物使产品容易识别和计量。

4. 跟踪功能

良好的货物包装能使物流系统在收货、储存、取货、出运的各个过程中，跟踪商品，如将印有时间、品种、货号、编组号等信息的条形码标签贴在物品上供电子仪器识别，能使生产厂家、批发商和仓储企业迅速准确地采集、处理和交换有关信息，加强了对货物的控制，减少了物品在流通过程中的货损货差，提高了跟踪管理的能力和效率。

5. 便利功能

良好的包装有利于物流各个环节的处理。如对运输环节来说，包装尺寸、重量和形状，最好能配合运输、搬运设备的尺寸、重量，以便于搬运和保管；对仓储环节来说，包装则应方便保管、移动，标志鲜明、容易识别、具备充分的强度。

二、包装的分类

(一) 按其在物流过程中的作用不同划分

1. 商业包装（又称销售包装或小包装或内包装）

它是以促进销售为主要目的的包装，这种包装的特点是外形美观，有必要的装潢，包装单位适于顾客的购买量以及商店陈设的要求。在物流过程中，商品越接近顾客，越要求包装能起促进销售的作用。

2. 运输包装（又称大包装或外包装）

它是以强化输送、保护产品为目的的包装。运输包装的特点，以在满足物流要求的基础上使包装费用越低越好，并应在包装费用和物流损失之间寻找最佳的结合点。

(二) 按包装的大小不同划分

1. 单件运输包装

单件运输包装指在物流过程中作为一个计件单位的包装。常见的有以下几种：①箱，如纸箱、木箱、条板箱、夹板箱、金属箱等；②桶，如木桶、铁桶、塑料桶、纸桶；③袋，如纸袋、草袋、麻袋、布袋、纤维编织袋等；④包，如帆布包、植物纤维合成树脂纤维编织包；⑤此外还有篓、筐、罐、捆、玻璃瓶、陶缸、瓷坛等。

2. 集合运输包装（又称成组化运输包装）

集合运输包装指将若干单件运输包装，组成一件大包装。

(1) 集装袋或集装包。集装袋是指用塑料重叠丝编织成圆形大口袋，集装包也是用同样材料编成的抽口式方形包。

(2) 托盘。指用木材、金属或塑料(纤维板)制成的托板。托盘的底部有插口，供铲车装卸用。

(3) 集装箱。它具有坚固、密封、容量大、可反复使用等特点。

3. 按在国际贸易中有无特殊要求划分

(1) 一般包装。也就是普通包装，货主对包装无任何特殊的要求。

(2) 中性包装和定牌包装。中性包装是指在商品内外包装上不注明生产国别、产地、厂名、商标和牌号，定牌包装是指在商品的内外包装上不注明生产国别、产地、厂名，但要注明买方指定商标或牌号。

4. 按对包装的保护技术不同划分

(1) 防潮包装。

(2) 防锈包装。

(3) 防虫包装。

(4) 防腐包装。

(5) 防震包装。

(6) 危险品包装。

5. 按包装使用的次数划分

(1) 一次性包装。包装随商品的销售而消耗、损坏，不能重复再用。

(2) 重复使用包装。包装材料比较牢固，可以回收，并反复使用。

6. 按包装的耐压程度划分

(1) 硬质包装。包装材料的质地坚硬，能承受较大的挤压，如木箱、铁箱等。

(2) 半硬质包装。包装材料能承受一定的挤压，如纸箱等。

(3) 软质包装。包装材料是软质的,受压后会变形,如麻袋、布袋等。

7. 按包装的材料划分

(1) 纸制品包装。经过处理,具有韧性、抗压性、弹性和防潮性等特点。
(2) 纺织品包装。常用于存放小颗粒、粉状的货物。
(3) 木制品包装。具有较强的抗挤压和冲击的能力,使用较广。
(4) 金属制品包装。包装强度大,密闭性好,适合于盛装液体货物或较贵重的货物。

三、包装材料

包装材料是构成包装实体的主要物质,包装材料的选择对保护产品有着非常重要的作用。随着科学技术的发展,新型包装材料和包装技术不断出现,包装材料的性能将会更加完善。包装材料主要有以下几种类型。

1. 金属包装材料

将金属压成薄片制成容器用作物品的包装,一般指钢铁和铝材。通常制成罐、桶、箱、网、笼等,用量最大的材料是马口铁和金属箔,如图4-1所示。

图 4-1 几种金属包装

金属罐用于食品、化学药品、牛奶、油质类物品,而桶则主要用于以石油为主的、非腐蚀性的半流体及粉末、固体的包装。

金属材料用于包装,具有牢固、易于加工、不透气、防潮、避光、能再生等优点。但金属作为包装材料受到成本高、在流通中易变形、易锈蚀等缺点的限制。

2. 纸质包装材料

在包装材料中,纸的应用最广,耗量最大。因为纸具有价格低、质地细腻均匀、耐摩擦、耐冲击、容易粘合、不受温度影响、适于包装生产的机械化等优点。

纸质材料的弱点有防潮性能不好,受潮后强度下降,密闭性、透明性差。

纸质材料一般有纸袋、纸箱等,如图4-2所示。运输用大型纸袋一般可用3~6层牛皮纸多层叠合而成。纸箱的原料是各种规格的白纸板和瓦楞纸板,但要求其强度和耐压能力必须达到一定指标。

图 4-2　几种纸质包装

3. 木质包装材料

木质材料一般用作外包装，更能显示其抗震、抗压等优点，包括木桶、木箱、木框等，如图 4-3 所示。为了增加强度也可加铁箍，对于重物包装，常在底部加木质垫板。

图 4-3　木制包装

但是，木材存在易于吸收水分、易于变形开裂、易腐、易受白蚁侵害等缺点，再加上资源有限，限制了木质材料在包装中的应用。

4. 塑料包装材料

塑料包装材料在包装中的应用日益广泛，塑料箱、塑料袋、塑料瓶、塑料盘、塑料膜等，在现代包装中处于越来越重要的地位，如图 4-4 所示。塑料材料不仅可用于包装固体物品，还可用于包装液体物品，代替传统的玻璃、金属、木制品。

塑料材料用于包装具有许多优点，有一定的强度、弹性、耐折叠、耐摩擦、抗震动、防潮、气密性好、耐腐蚀、易于加工等。但也有不少缺点，易老化、有异味、废弃物难处理、易产生公害等。

图 4-4　塑料包装

5. 复合包装材料

复合包装材料是将两种或两种以上具有不同特性的材料,通过各种方法复合在一起,以改进单一包装材料的性能。常见的复合包装材料有三四十种,使用最广泛的是塑料与玻璃复合材料、塑料与金属箔复合材料、塑料与纸张复合材料等。

四、包装的标识

包装商品时,会在外部印刷、粘贴或书写标识,其内容包括商品名称、牌号、规格、等级、计量单位、数量、重量、体积、收货单位、发货单位、指示装卸、搬运、存放注意事项、图案和特定的代号等。

包装标识是判别商品特征、组织商品流转和维护商品质量的依据,对保障商品储运安全、加速流转、防止差错有着重要作用。

商品包装的标识通常分为两种,一是商品包装的标记,二是商品包装的标志。

(一) 商品包装的标记

商品包装的标记是指根据商品的特征和商品收发事项,在外包装上用文字和数字表明的规定记号。它包括以下几种。

1. 商品标记

这是注明包装内的商品特征的文字记号,反映的内容主要是商品名称、规格、型号、计量单位、数量等。

2. 重量、体积标记

这是注明整体包装的重量和体积的文字记号,反映的内容主要是毛重、净重、皮重和长、宽、高的尺寸。

3. 收发货地点和单位标记

这是注明商品起运、到达地点和收发货单位的文字记号,反映的内容是收发货的具体地点和收发货单位的全称。例如,国外进口商品在外包装表面刷上标记,标明订货年度、进口单位和订货单位的代号、商品类别代号、合同号码、贸易国代号以及进口港的地名等。

(二) 商品包装的标志

包装标志是为了便于货物交接、防止错发错运,便于识别,便于运输、仓储和海关等有关部门进行查验等工作,也便于收货人提取货物,在进出口货物的外包装上标明的记号。包装标志有以下几种类型。

1. 运输标志

运输标志即唛头。这是贸易合同、发货单据中有关标志事项的基本部分。它一般由一个简单的几何图形以及字母、数字等组成。唛头的内容包括:目的地名称或代号,收货人或发货人的代用简字或代号、件号(每件标明该批货物的总件数)、体积(长×宽×高),重量(毛重、净重、皮重)以及生产国家或地区等。

2. 指示性标志

指示性标志是按照商品的特点,对于易碎、需防湿、防颠倒等商品,在包装上用醒目的图形或文字,标明"小心轻放""防潮湿""此端向上"等标志。具体如表4-1所示。

表 4-1 指示性包装标志的名称及含义

包装标志	名 称	含 义
	易碎物品	运输包装件内装易碎品,因此搬运时应小心轻放
	禁用手钩	搬运运输包装时禁用手钩
	此端向上	表明运输包装件的正确位置是竖直向上
	怕晒	表明运输包装件不能直接照射

续表

包装标志	名 称	含 义
 (伞雨滴图示)	怕雨	包装件怕雨淋
 (辐射符号图示)	怕辐射	包装物品一旦受辐射便会完全变质或损坏
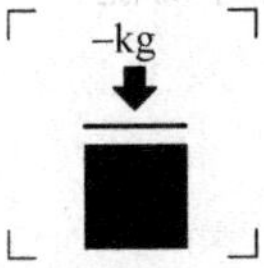 (-kg 向下箭头方块图示)	堆码重量极限	表明该运输包装件所能承受的最大重量极限
 (方块上打叉图示)	禁止堆码	该包装件不能堆码并且其上也不能放置其他负载
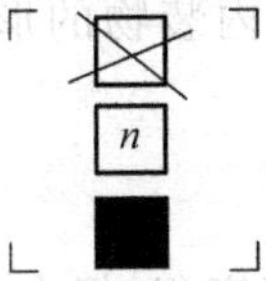 (n 方块上打叉图示)	堆码层数极限	相同包装的最大堆码层数，n 表示层数极限
 (手推车禁用图示)	此面禁用手推车	搬运货物时此面禁用手推车

3. 警告性标志

对于危险物品，例如易燃品、有毒品或易爆炸物品等，在外包装上必须醒目标明，以示警告。

五、包装合理化

包装有效地保护了商品，方便了储运，在一定程度上增加了产品的价值，但也不可避免地要增加产品的体积和重量，使产品的成本上升，合理的包装总是尽量利用包装的优点，减少包装的缺点，更加有利于物流。

(一) 包装合理化的要点

包装合理化一方面指包装总体的合理化,这种合理化往往用整体物流效益与微观包装效益统一来衡量;另一方面也包括包装材料、包装技术、包装方式的合理组合及运用。

从多个角度来考查,包装合理化应满足多方面的要求。因此,包装合理化应注意以下几个方面的问题。

1. 包装应妥善保护内装商品

要制定相应的适宜标准,使包装物的强度恰到好处地保护商品质量免受损伤。除了要在运输装卸时经得住冲击、震动之外,还要具有防潮、防水、防霉、防锈等功能。

2. 包装材料和包装容器应当安全无害

包装材料要避免有害物质,要避免包装容器的形状对人造成伤害。

3. 包装质量要便于装卸

不同的装卸方式决定着包装的容量。例如,采用人工操作的装卸方式的情况下,包装的质量必须限制在手工装卸的允许能力下,包装的外形及尺寸也应适合于人工操作。

4. 对包装容器的内装物要有明确的标志或说明

商品包装物上关于商品质量、规格的标志或说明,要能贴切地表示内装物的形状,尽可能采用条形码,便于出入库管理、保管期间盘点及销售统计。

5. 包装内商品外围空闲容积不应过大

为了保护内装商品,难免会使内装商品的外围产生某种程度的空闲容积,但合理包装要求空闲容积减少到最低限度。一般情况下,空闲容积最好降低到20%以下。

6. 包装费用要与内装商品相适应

包装费用应包括包装本身的费用和包装作业的费用。包装费用必须与内装商品相适应,但不同商品对包装要求也不同,所以包装费用占商品价格的比率是不相同的。一般来说,普通商品的包装费用应低于商品售价的15%,这只是一个平均比率。

7. 包装要符合环保要求

包装应设法减少其废弃物数量,在制造和销售商品时,应注意包装容器的回收利用或成为废弃物后的治理工作。近年来广泛采用一次性使用的包装和轻型塑料包装材料,从方便生活和节约人力角度来看,是现代包装的发展方向,但同时又产生了大量难以处理的垃圾,带来了环境污染及资源浪费等社会问题。

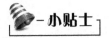

小贴士

常见的包装安全隐患

1. 纸箱多次重复使用，以致运输过程中失去保护作用，导致货物损坏。

提示：避免使用不具保护力的纸箱，及时更换新的包装箱。

2. 包装与货物的重量或体积不相匹配，在运输过程中包装易变形、破裂、内物松动或漏出散失。

提示：根据货物的重量或体积选择包装，包装货物时一定要密封、加固。

3. 随意简单包装，而不根据货物类别特点选择包装，导致货物的破损、丢失、潮湿等。

提示：

(1) 液体胶状物运输时因摇晃易飞溅、渗漏，在包装时应密封好，再用胶带加固，在包装盒外多加一层包装，同时在包装内添加填充物以减少碰撞。

(2) 服装等软性货物和小五金等货物除用纸箱包装之外，必须在外面加上纤维袋包装，有防水功能最佳。

(3) 小件货物零散包装，因体积太小，容易导致丢失，通常使用纤袋包装。

(4) 贵重品、精密产品、易碎品、流质品、机械零件、仪器、金属制品、高比重物品以及散落容易丢失的物品等，除用普通纸箱包装外，必须添加木架包装，加固又防挤压，保障货物安全。

(5) 小件电子产品在包装时应添加防震填充物（泡沫等材料），以减少碰撞。

(6) 未采用木架包装的较重货物必须用打包带加固。

资料来源：https://www.deppon.com/help/delivery.html.

(二) 包装合理化的发展趋势

1. 包装的轻薄化

由于包装只是起保护作用，对产品使用价值没有任何意义，因此在强度、寿命、成本相同的条件下，更轻、更薄、更短、更小的包装，可以提高装卸搬运的效率，而且轻薄短小的包装一般价格比较便宜，如果是一次性包装也可以减少废弃包装材料的重量。

2. 包装的单纯化

为了提高包装作业的效率，包装材料及规格应力求单纯化，包装规格还应标准化，包装形状和种类也应单纯化。

3. 包装的标准化

包装的规格和托盘、集装箱关系密切，也应考虑与运输车辆、搬运机械的匹配，从系的观点制定包装的尺寸标准。

4. 包装的机械化

为了提高作业效率和包装现代化水平,各种包装机械的开发和应用是很重要的。

5. 包装的绿色化

绿色包装是指无害少污染的符合环保要求的各类包装物品。主要包括纸包装、可降解塑料包装、生物包装和可食性包装等,它们是包装未来发展的主流。

第二节 装卸搬运

在整个物流过程中,装卸搬运是不断出现和反复进行的活动,它出现的频率高于其他各种物流活动,同时每次装卸搬运都要占用很多的时间和消耗很多的劳动,因此,装卸搬运不仅成为决定物流速度的关键,而且是影响物流费用高低的重要因素。

开展装卸搬运的研究,实现装卸搬运合理化,对物流系统整体功能的发挥、降低物流费用和提高物流速度都具有极其重要的意义。

一、装卸搬运概述

(一) 装卸搬运的定义

装卸搬运是指同一地域范围内进行的、以改变物品的存放状态和空间位置为主要内容和目的的活动。

小贴士

现代物流主要包含七大活动,分别为运输、仓储、配送、包装、流通加工、装卸搬运、物流信息处理,其中出现频率最高,但是最没有被重视的就是装卸搬运。装卸搬运是其他物流活动开始以及结束时必然发生的活动,其他物流活动互相过渡时都是以装卸搬运来衔接。装卸搬运对其他物流活动有一定的决定性作用,会影响其他物流活动的质量和速度。

一般情况下,物品存放的状态和空间位置是密切相连、不可分割的,因此,人们常常用"装卸"或"搬运"来代替装卸搬运的完整意义。例如,在流通领域里,把装卸搬运活动称为"货物装卸",而在生产领域则称为"物料搬运"。

在整个物流活动中,如果强调存放状态改变,一般用"装卸"一词反映;如果强调空间位置改变,常用"搬运"一词反映。

装卸搬运活动在整个物流过程中占有很重要的位置。一方面,物流过程各环节之间的衔接,以及同一环节的不同活动之间的联系,都是通过装卸搬运把它们有机地结合起来,从而使物品在各环节、各种活动中处于连续运动或所谓流动状态;另一方面,各种不同的运输方式之所以能联合运输,也是通过装卸搬运作业才能实现。

在生产领域中,装卸搬运作业已成为生产过程中不可缺少的组成部分,成为直接生产的保障系统,从而形成装卸搬运系统。

(二) 装卸搬运的特点

1. 附属性、伴生性

装卸搬运是物流每一项活动开始及结束时必然发生的活动,因而有时常被人忽视,有时被看作其他操作不可缺少的组成部分。例如,一般而言的"汽车运输",就实际包含了相随的装卸搬运。仓库中泛指的保管活动,也含有装卸搬运活动。

2. 支持、保障性

装卸搬运的附属性不能理解成被动的,实际上,装卸搬运对其他物流活动有一定决定性。装卸搬运会影响其他物流活动的质量和速度。例如,装车不当,会引起运输过程中的损失;卸放不当,会引起货物转换成下一步运动的困难。许多物流活动在有效的装卸搬运支持下,才能实现高水平。

3. 衔接性

在任何其他物流活动互相过渡时,都是以装卸搬运来衔接的,因而,装卸搬运往往成为整个物流的"瓶颈",是物流各功能之间能否形成有机联系和紧密衔接的关键,而这又是一个系统的关键。建立一个有效的物流系统,关键看这一衔接是否有效。比较先进的系统物流方式——联合运输方式能有效解决这种衔接。

(三) 装卸搬运的意义和作用

1. 装卸搬运的意义

装卸搬运活动的作业量大,方式复杂,作业不均衡,对安全性的要求高。但它是物流活动中不可缺少的环节,对物流发展和增加效益意义重大。

(1) 装卸搬运在物流活动中起着承上启下的作用。物流的各环节和同一环节不同阶段之间,都必须进行装卸搬运作业,正是装卸活动把物流各个阶段连接起来,使之成为连续的、流动的过程。在生产企业物流中,装卸搬运成为各生产工序间连接的纽带,它是从原材料设备等装卸搬运开始到产品装卸搬运为止的连续作业过程。

(2) 装卸搬运在物流成本中占有重要地位。在物流活动中,装卸活动是不断出现和反复进行的,它出现的频率高于其他物流活动。而且每次装卸活动都要浪费很长时间,所以往往成为决定物流速度的关键。装卸活动所消耗的人力活动也很多,所以装卸费用在物流成本中所占的比重也较高。

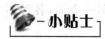

装卸搬运活动是影响物流效率、决定物流技术经济效果的重要环节。

我国火车货运以500公里为分界点,运距超过500公里,运输在途时间多于起止的装卸时间;运距低于500公里,装卸时间则超过实际运输时间。

我国铁路运输的始发和到达的装卸作业费大致占运费的20%左右,船运占40%左右。美国与日本之间的远洋船运,一个往返需25天,其中运输时间13天,装卸时间12天。我国对生产物流的统计,机械工厂每生产1吨成品,需进行252吨次的装卸搬运,其成本为加工成本的15.5%。

此外,进行装卸操作时往往需要接触货物,因此,这是在物流过程中造成货物破损、散失、损耗、混合等损失的主要环节。例如袋装水泥纸袋破损和水泥散失主要发生在装卸过程中,玻璃、机械、器皿、煤炭等产品在装卸时最容易造成损失。

由于装卸搬运是伴随着物流过程其他各环节的一项活动,因而往往引不起人们的足够重视。可是,一旦忽视了装卸搬运,生产和流通领域轻则发生混乱,重则造成停顿。

例如,我国铁路运输曾由于忽视装卸搬运,出现过"跑在中间、窝在两头"的现象;我国港口由于装卸设备、设施不足以及装卸搬运组织管理等原因,曾多次出现过压船、压港、港口堵塞的现象。所以,装卸搬运在流通和生产领域具有"闸门"和"咽喉"的特点,制约着物流过程各环节的活动。

2. 装卸搬运的作用

装卸搬运活动在整个物流过程中占有很重要的位置。一方面,物流过程各环节之间以及同一环节不同活动之间,都是以装卸作业有机结合起来的,从而使物品在各环节、各种活动中处于连续运动或所谓流动;另一方面,各种不同的运输方式之所以能联合运输,也是由于装卸搬运才使其形成。在生产领域中,装卸搬运作业已成为生产过程中不可缺少的组成部分,成为直接生产的保障系统,从而形成装卸搬运系统。由此可见,装卸搬运是物流活动得以进行的必要条件,在全部物流活动中占有重要地位,发挥重要作用。

(1) 影响物流质量

因为装卸搬运是使货物产生垂直和水平方向上的位移,货物在移动过程中受到各种外力作用,如振动、撞击、挤压等,容易使货物包装和货物本身受损,如损坏、变形、破碎、散失、流溢等,装卸搬运损失在物流费用中占有一定的比重。

(2) 影响物流效率

物流效率主要表现为运输效率和仓储效率。在货物运输过程中,完成一次运输循环所需的时间,在发运地的装车时间和在目的地的卸车时间占有不小的比重,特别是在短途运输中,装卸车时间所占比重更大,有时甚至超过运输工具运行时间,所以缩短装卸搬运时间,对加速车船和货物周转具有重要作用;在仓储活动中,装卸搬运效率对货物的收发速度和货物周转速度产生直接影响。

(3) 影响物流安全

由于物流活动是物的实体的流动,在物流活动中确保劳动者、劳动手段和劳动对象安全非常重要。装卸搬运特别是装卸作业,货物要发生垂直位移,不安全因素比较多。实践表明物流活动中发生的各种货物破失事故、设备损坏事故、人身伤亡事故等,相当一部分是装卸过程中发生的。特别是一些危险品,在装卸过程中如违反操作规程进行野蛮装卸,很容易造成燃烧、爆炸等重大事故。

(4) 影响物流成本

装卸搬运是劳动力借助于劳动手段作用于劳动对象的生产活动。为了进行此项活动,必须配备足够的装卸搬运人员和装卸搬运设备。由于装卸搬运作业量较大,它往往是货物运量和库存量的若干倍,所以所需装卸搬运人员和设备数量亦比较大,即要有较多的活动和物化劳动的投入,这些劳动消耗要记入物流成本,如能减少用于装卸搬运的劳动消耗,就可以降低物流成本。

由此可见,改善装卸搬运作业,提高装卸搬运合理化程度对加速车船周转,发挥港、站、库功能,加快物流速度,减少流动资金占用,降低物流费用,提高物流服务质量,发挥物流系统整体功能等具有重要意义。

二、装卸搬运作业方式分类

(一) 按装卸搬运施行的物流设施、设备对象分类

以此可分为仓库装卸、铁路装卸、港口装卸、汽车装卸等。

1. 仓库装卸

仓库装卸是配合出库、入库、维护保养等活动进行,以堆垛、上架、取货等操作为主的装卸活动。

2. 铁路装卸

铁路装卸是对火车车皮的装进及卸出,特点是一次作业就实现一车皮的装进或卸出,很少出现仓库装卸时整装零卸或零装整卸的情况。

3. 港口装卸

港口装卸包括码头前沿的装船,也包括后方的支持性装卸,有的港口装卸还采用小船在码头与大船之间"过驳"的办法,因而其装卸的流程较为复杂,往往经过几次的装卸及搬

运作业才能最后实现船与陆地之间货物过渡的目的。

4. 汽车装卸

汽车装卸一般一次装卸批量不大,由于汽车的灵活性,可以减少或完全不用搬运活动,而直接、单纯利用装卸作业达到车与物流设施之间货物过渡的目的。

(二) 按装卸搬运的机械及机械作业方式分类

以此可分成吊车的"吊上吊下"方式,使用叉车的"叉上叉下"方式,使用半挂车或叉车的"滚上滚下"方式、"移上移下"方式及"散装散卸"方式等。

1. "吊上吊下"方式

采用各种起重机械从货物上部起吊,依靠起吊装置的垂直移动实现装卸,并在吊车运行或回转的范围内实现搬运或依靠搬运车辆实现搬运。由于吊起及放下属于垂直运动,这种装卸方式属垂直装卸。

2. "叉上叉下"方式

采用叉车从货物底部托起货物,并依靠叉车的运动进行货物位移,搬运完全靠叉车本身,货物可以不经中途落地直接放置到目的地。这种方式垂直运动不多而主要是水平运动,属水平装卸方式。

3. "滚上滚下"方式

主要指港口装卸的一种水平装卸方式。利用叉车或半挂车、汽车承载货物,连同车辆一起开上船,到达目的地后再从船上开下。

利用叉车的滚上滚下方式,在船上卸货后,叉车必须离船;利用半挂车、平车或汽车,则拖车将半挂车、平车拖拉至船上后,拖车离船,而载货车辆连同货物一起运到目的地,再原车开下或拖车上船拖拉半挂车、平车离开。滚上滚下方式需要有专门的船舶,这种专门的船舶称"滚装船",对码头也有不同要求。

4. "移上移下"方式

"移上移下"方式是在两车之间(如火车及汽车)进行靠接,然后利用各种方式,不使货物垂直运动,而靠水平移动从一个车辆上推移到另一车辆上。

移上移下方式需要使两种车辆水平靠接,因此,需对站台或车辆货台进行改造,并配合移动工具实现这种装卸。

5. "散装散卸"方式

"散装散卸"方式主要是对散装物进行装卸。一般从装点直到卸点,中间不再落地,这是集装卸与搬运于一体的装卸方式。

(三) 按被装物的主要运动形式分类

以此可分为垂直装卸和水平装卸两种形式。

(四) 按装卸搬运对象分类

以此可分成散装货的装卸、单件货物装卸、集装货物装卸等。

(五) 按装卸搬运的作业特点分类

以此可分成连续作业与间歇作业两类。连续作业主要是同种大批量散装或小件杂货通过连续输送机械，连续不断地进行作业，中间无停顿。在货物量较大、对象固定、货物对象不易形成大包装的情况下适于采取这一方式。

间歇装卸有较强的机动性，装卸地点可在较大范围内变动，主要适用于不固定的各种货物，尤其适用于包装货物、大件货物，散粒货物也可采取此种方式。

(六) 按运输方式分类

按运输方式分类，有公路、铁路、水运、航空等装卸搬运。

(七) 按货物的包装形式、形状、式样分类

(1) 个别搬运：将包装货物一个一个地单个搬运。

(2) 单元货载搬运：将货物装上托盘或装进集装箱搬运。

(3) 散货搬运：对于类似于石油的液体货物或小麦的颗粒状货物的搬运。

(八) 以搬运机械进行分类

以搬运机械分类，可以分为输送机搬运、起重机搬运、叉车搬运和装料器、输入器搬运等。

小贴士

货车尾板又称货车升降尾板，它是安装于货车尾部和各种车辆上的一种以车载蓄电池为动力的液压起重装卸设备。它是货车自带的卸货装置，可避免依赖叉车等其他搬运工具，能做到随时随地、方便、快捷地装卸货物，有效保证卡车的工作效率不会因装卸货问题而降低。

汽车尾板广泛用于邮政、金融、石化、商业、食品、物流和制造等行业，是现代化物流运

输的必备设备之一。

货车尾板主要有以下几种。

（1）悬臂式尾板。带有五支油缸的悬式支架，吊装固定于汽车大梁尾端。通过电控操作，控制尾板板面由垂直状向后翻板→板面水平→垂直下降至地面→尾板前端向下倾斜至与地面贴合。此时可打开车厢门，进行卡车的装卸货物作业，全部过程可由一人操作，安全、便捷。这种尾板的特点是载重量大，故障率低，适用于各种箱式货车、敞车、邮政、银行等特种运输车辆，是最为广泛应用的一种结构形式。

（2）垂直式尾板。这种尾板结构简单、安装简便、载重量较小。适用于各种车型，主要用于机场配餐车和气瓶运输车等。

（3）摇臂式尾板。这种尾板结构相对较为简单，自重较轻，载重量较小，安装简便。适用于轻型货车，主要用于气瓶、桶、罐类运输。

三、装卸搬运的合理化原则

如何使装卸搬运合理化是物流企业为提高效率、降低成本、改善服务和提高经济效益应认真研究的问题。装卸搬运合理化是一项复杂的系统工程，涉及诸多方面。一般而言，应遵循以下原则。

1. 提高机械化水平的原则

对于劳动强度大、工作条件差、搬运装卸频繁、动作重复的环节，应尽可能采用有效的机械化作业方式。如采用自动化立体仓库可以将人力作业降到最低程度，而机械化、自动化水平得到很大提高。

2. 减少无效作业的原则

当按一定的操作过程完成货物的装卸搬运时，要完成许多作业。作业即产生费用，因此，应避免无效作业。可采取多种措施，如减少作业数、使搬运距离尽可能缩短等。

3. 扩大产品单元的原则

为了提高装卸搬运和堆存效率，提高机械化、自动化程度和管理水平，应根据设备能力，尽可能扩大货物的物流单元，如采用托盘、货箱等。目前发展较快的集装箱单元就是一种标准化的大单元装载货物的容器。

4. 提高搬运灵活性的原则

物资装卸搬运的灵活性是指在装卸作业中的物资进行装卸作业的难易程度。所以，在堆放货物时要考虑到物资装卸作业的方便性。

搬运活性指数如表4-2所示。

表4-2 搬运活性指数

物品状态	作业说明	作业种类				还需要作业数目	已不需要的作业数目	搬运活性指数
		集中	搬起	升起	运走			
散放在地上	集中、搬起、升起、运走	要	要	要	要	4	0	0
集装在箱中	搬起、升起、运走（已集中）	否	要	要	要	3	1	1
托盘上	升起、运走（已搬起）	否	否	要	要	2	2	2
车中	运走（不用升起）	否	否	否	要	1	3	3
运动着的输送机	不停（保持运动）	否	否	否	否	0	4	4

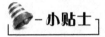
小贴士

物资装卸搬运的灵活性，即物资装卸搬运的难易程度。根据物资所处的状态，可分为不同的级别，通常用活性指数0、1、2、3、4来表示，指数越高表明搬运的方便程度越高，越易于搬运。根据平均活性指数的大小，可以采用以下不同的改进方法。

低于0.5：有效利用集装器具、手推车；0.5～1.3：有效利用动力搬运车、叉车、卡车；1.3～2.3：有效利用传送带、自动导引车；2.3以上：从设备、方法方面进一步减少搬运工序数。

总之，活性指数越高，所需人工越少，但设备投入越多。在进行搬运系统设计时，不应机械地认为活性指数越高越好，而应综合考虑。

5. 利用重力和减少附加重量的原则

在货物搬运、装卸和堆存时，应尽可能利用货物的自重，以节省能量和投资。如利用地形差进行装货，采用重力式货架堆货等。在保证货物搬运、装卸和堆存安全的前提下，应尽可能减少附加工具的自重和货物的包装物重量。

6. 各环节均衡、协调的原则

装卸搬运作业是各作业环节的有机组成，只有各环节相互协调，才能使整条作业线产生预期的效果。应使装卸搬运各环节的生产率协调一致，相互适应，因为个别薄弱环节的生产能力决定了整个装卸搬运作业的综合能力，因此，要针对薄弱环节，采取措施，提高能力，使装卸搬运系统的综合效率最高。

7. 系统效率最大化原则

在货物的流通过程中，应力求改善包装、装卸、运输、保管等各物流要素的效率，由于各物流要素间存在效益背反的关系,如果分别独自进行,则物流系统总体效率不一定能够提高,因此,要从物流全局的观点来研究问题。

第三节 流通加工

流通加工是现代物流的主要环节和重要功能之一。一般认为,流通加工是在物品进入流通领域后,到达最终消费者或使用者之前,对物品所进行的物理性或化学性的加工。流通加工可以保护物品的质量、促进市场销售、提高物流速度和物品的利用率。

一、流通加工概述

(一) 流通加工的定义、性质及其与生产加工的区别

1. 流通加工的定义

《国家标准物流术语》关于流通加工的定义为:物品在从生产地到使用地的过程中,根据需要施加包装、分割、计量、分拣、组装、价格贴付、标签贴付、商品检验等简单作业的总称。

2. 流通加工的性质

流通加工在现代物流系统中担负的主要任务是提高物流系统对于用户的服务水平,有提高物流效率和使物流活动增值的作用。

(1) 流通加工的出现与现代生产方式有关

生产的集中化进一步引起产需之间的分离,生产与消费之间存在着一定的空间差、时间差。少品种、大批量、专业化产品往往不能与消费者需要密切衔接,弥补这一分离的方法就是流通加工。

(2) 流通加工的出现还与现代社会消费的个性化有关

随着经济的增长、国民收入的增加,消费者的需求出现多样化和个性化,生产过程的加工制造常常满足不了消费的需求,于是加工活动开始向流通领域转移,在发达国家的物流中心里存在大量的流通加工业务。

3. 流通加工与生产加工的区别

流通加工是在流通领域进行的简单生产活动,具有生产制造活动的一般性质。但是,从根本上说二者之间有着明显的区别。生产加工改变的是加工对象的基本形态和功能,是一种创造新的使用价值的活动。而流通加工并不改变商品的基本形态和功能,是一种完善商品使用功能、提高商品附加价值的活动。二者之间的区别如表 4-3 所示。

表 4-3 流通加工与生产加工的区别

项　目	流通加工	生产加工
加工对象	进入流通过程的商品	原材料、半成品、零配件
所处环节	流通过程	生产过程
加工难度	简单	复杂
价值	完善或提高价值	创造价值及使用价值
加工单位	流通企业	生产企业
目的	促进销售、维护产品质量、实现物流高效率	消费

(二) 流通加工产生的原因

流通加工之所以产生,并且成为物流领域的一个主要环节和重要的功能活动的根本原因,就在于它可以促进物流效率化的提高和满足消费者多样化的需求,同时也可以给流通业带来效益。具体而言,流通加工产生的原因有以下几个方面。

1. 弥补生产加工的不足

生产环节的加工往往不能完全满足消费者的需求。原因如下。

第一,生产资料的品种众多、规格多样、型号复杂,但仍然不可能满足生产需求的多样性。

第二,商品生产企业数量众多、分布面广、技术水平不一,产生供给与消费之间的差距。

第三,社会需求日趋复杂多样,生产企业不可能完全满足消费者对品种、花色、单位包装量和规格型号等的需要。

合理有效的流通加工可以有效地弥补上述不足,满足消费者的多样化需求。

2. 方便客户的使用

在流通加工未产生之前,满足客户生产或消费需求的活动,如混凝土加工、钢板预处理等,一般由使用者或销售者承担。这不仅会增加下一生产环节的用时,还会因为设备投资大、利用率低和加工质量低而影响企业的经济效益,造成资源的浪费。这样的加工环节由流通环节来完成,可以根据使用部门的具体要求,将物品加工成可以直接投入消费者使用用的形式。

3. 增加流通企业的效益

通常情况下,物流环节不能直接创造价值。物流企业的利润,一般只能通过向货主企业提供物流服务的途径而从生产企业的利润中转移过来。对于物流企业来说,发展流通加工就成为创造价值、增加收益的一项理想的选择。

物流企业不仅可以通过运输、保管、配送等物流功能获得一部分从生产企业转移过来的价值,还能通过流通加工创造新的价值,从而获得更大的利润,这正是流通加工产生和发展的根本动力。

4. 创造更加方便的配送条件

配送是指流通加工、整理、拣选、分类、配货、末端运输等一系列活动的总和。配送中心的服务能力,在很大程度上受流通加工设备的种类、数量、技术先进程度等形成的加工能力的制约。

因此,流通加工就成为配送中心发展的前提,对配送中心业务的开展具有重要的影响。设备完善、技术先进的流通加工,可以为配送创造更加方便的条件,提升配送的效率,增加配送企业的经济效益。

(三)流通加工的目的

1. 适应多样化需要

生产部门为了实现高效率、大批量的生产,其产品往往不能完全满足用户的要求。这样,为了满足用户对产品多样化的需要,同时又要保证高效率的大生产,可将生产出来的单一化、标准化的产品进行多样化的改制加工。例如,对钢材卷板的舒展、剪切加工;平板玻璃按需要规格的开片加工;木材改制成枕木、板材、方材等的加工。

2. 方便消费、省力

根据下游生产的需要将商品加工成生产直接可用的状态。例如,根据需要将钢材定尺、定型,按要求下料;将木材制成可直接投入使用的各种型材;将水泥制成混凝土拌合料,使用时只需稍加搅拌即可等。

3. 保护产品

在物流过程中,为了保护商品的使用价值,延长商品在生产和使用期间的寿命,防止商品在运输、储存、装卸搬运、包装等过程中遭受损失,可以采取稳固、改装、保鲜、冷冻、涂油等方式。例如,水产品、肉类、蛋类的保鲜保质的冷冻加工和防腐加工等;丝、麻、棉织品的防虫、防霉加工等。还有,如为防止金属材料的锈蚀而进行的喷漆、涂防锈油等措施;运用手工、机械或化学方法除锈;木材的防腐朽、防干裂加工;煤炭的防高温自燃加工;水泥的防潮、防湿加工等。

4. 弥补生产加工不足

由于受到各种因素的限制,许多产品在生产领域的加工只能到一定程度,而不能完全实现终极的加工。例如,木材如果在产地完成成材加工或制成木制品的话,就会给运输带来极大的困难,所以,在生产领域只能加工到圆木、板、方材这个程度,进一步的下料、切裁、处理等加工则由流通加工完成;钢铁厂大规模的生产只能按规格生产,以使产品有较强的通用性,从而使生产能有较高的效率,取得较好的效益。

5. 促进销售

流通加工也可以起到促进销售的作用。比如,将过大包装或散装物分装成适合依次销售的小包装的分装加工;将以保护商品为主的运输包装改换成以促进销售为主的销售包装,以起到吸引消费者、促进销售的作用;将蔬菜、肉类洗净切块以满足消费者要求等。

6. 提高加工效率

许多生产企业的初级加工由于数量有限,加工效率不高。而流通加工以集中加工的形式,解决了单个企业加工效率不高的弊病。它以一家流通加工企业的集中加工代替了若干家生产企业的初级加工。

7. 提高物流效率

有些商品本身的形态使之难以进行物流操作,而且商品在运输、装卸搬运过程中极易受损,因此需要进行适当的流通加工加以弥补,从而使物流各环节易于操作,提高物流效率,降低物流损失。例如,造纸用的木材磨成木屑的流通加工,可以极大提高运输工具的装载效率;自行车在消费地区的装配加工可以提高运输效率,降低损失;石油气的液化加工,使很难输送的气态物转变为容易输送的液态物,也可以提高物流效率。

8. 衔接不同运输方式

在干线运输和支线运输的结点设置流通加工环节,可以有效解决大批量、低成本、长距离的干线运输与多品种、少批量、多批次的末端运输和集货运输之间的衔接问题。在流通加工点与大生产企业间形成大批量、定点运输的渠道,以流通加工中心为核心,组织对多个用户的配送,也可以在流通加工点将运输包装转换为销售包装,从而有效衔接不同目的的运输方式。比如,散装水泥中转仓库把散装水泥装袋、将大规模散装水泥转化为小规模散装水泥的流通加工,就衔接了水泥厂大批量运输和工地小批量装运的需要。

9. 实施配送

这种流通加工形式是配送中心为了实现配送活动,满足客户的需要而对物资进行的加工。例如,混凝土搅拌车可以根据客户的要求,把沙子、水泥、石子、水等各种不同材料按比例要求装入可旋转的罐中。在配送路途中,汽车边行驶边搅拌,到达施工现场后,混凝土已经均匀搅拌好,可以直接投入使用。

二、流通加工的类型

采用不同的标准,可以将流通加工划分为不同的类型。

(一) 按照流通加工的目的划分

按照流通加工目的的不同,可以将流通加工划分为以下几种类型。

1. 弥补性加工

弥补性加工是指对产品的规格大小(如钢板、玻璃等)、存在形状(如钢板卷材、原木等)以及单位包装量等所进行的流通加工,以弥补生产环节的不足,满足不同客户的需求。

2. 服务性加工

服务性加工是指对以散件形式运输和保管的产品,在到达消费者时所进行的组装等形式的流通加工。如自行车在销售时进行装配,拼装式家具在到达消费者时的组装等,都属于这类流通加工。

3. 保护性加工

保护性加工是指对新鲜度要求比较高的食品类商品,如水产品、禽蛋产品和肉类产品等,以及易生锈的钢材、易腐烂的木材等生产资料等,为了克服时间隔离而采取的保鲜、冷冻或防锈、防腐等措施。

4. 销售性加工

销售性加工是指通过提高商品的附加值,方便消费者,同时可以促进销售的流通加工活动。如将蔬菜等原料加工成半成品等。

5. 物流性加工

物流性加工是指能直接提高物流效率而对某些特殊的产品所作的流通加工,如造纸用的木材磨成木屑的加工,"集中煅烧熟料,分散磨制水泥"的加工,以及石油气的液化加工等,都可以极大地提高运输的效率。

(二) 按照流通加工的对象化划分

按照流通加工对象的不同,可以将流通加工划分为以下几种类型。

1. 生产资料的流通加工

(1) 钢材的流通加工

钢材流通加工主要是指为了方便客户使用,对板材、线材所进行的集中下料加工,以及线材的冷拉加工等。

（2）水泥的流通加工

水泥的流通加工是指利用水泥加工机械和水泥搅拌运输车加工、运输混凝土。这种方式既可以节省现场作业空间，又可以降低成本。

（3）木材的流通加工

木材的流通加工包括磨制木屑压缩运输和集中开木下料两种主要的方式。前者主要适用于造纸木浆的原料——木屑的运输，后者则是将原木开裁成各种规格的锯材，以方便运输和适应客户的不同需要，还可以充分利用碎木屑加工成合成板。

另外，平板玻璃、铝材等也可进行类似的流通加工。

2．消费资料的流通加工

消费资料的流通加工包括纤维制品的缝制、熨烫和加贴标签，以及家具的组装等。这种流通加工可以提高服务水平，同时也可以提高物流效率。

3．食品的流通加工

食品的流通加工的类型多样。既有为了保鲜而进行的流通加工，也有为了提高物流效率的流通加工，还有半成品、快餐食品的流通加工。

（1）冷冻加工

冷冻加工是指利用低温冷冻的方式，解决鲜肉、鲜鱼在流通中的保鲜和搬运装卸问题所进行的加工。

（2）分选加工

分选加工是指对农副产品等利用人工或机械的方式所进行的分选，以获得一定规格的产品的流通加工。

（3）精致加工

精致加工是指在产地或销售地设置加工点，对农副产品进行的择选、切分、洗净、分装等提高产品附加值的流通加工。

（4）分装加工

分装加工是指为了满足消费者对不同包装量的需求，对大包装量的货物改为小包装量的流通加工。

三、流通加工合理化

流通加工属于在流通领域进行的简单生产活动，具有辅助加工的性质。从这个层面上来看，流通加工可以看作生产过程的"延续"，也是生产本身或生产工艺在流通领域的"延续"。流通加工可以维护产品质量，促进销售，提高物流效益，但是，流通加工不合理就会适得其反，产生负面的影响。

(一) 流通加工不合理的形式

1. 流通加工地点设置的不合理

流通加工地点设置即布局状况是否合理,是影响整个流通加工效益的重要因素。

(1) 衔接单品种大批量生产与多样化需求的流通加工地点设置不合理。为了衔接单品种大批量化生产与多样化需求的流通加工地点一般应设置在靠近需求的地区,这样才有可能实现大批量的干线运输与多品种需求末端配送的物流优化。

如果将流通加工地点设置在生产地区,其不合理之处主要是:第一,多样化需求要求的多品种、小批量由产地向需求地的运输,将因距离太长而出现不合理;第二,在产地增加了一个加工环节,增加了短途运输、装卸、搬运等一系列物流活动,从而增加了物流成本。

(2) 方便物流的流通加工地点设置不合理。一般来说,方便物流的流通加工应该设置在产地。如果将其设置在需求地,即不能解决方便物流的问题,反而在流通过程增加了一个中转环节,也是不合理的。

(3) 小范围地域内流通加工的地点设置不合理。即使在产地或需求地设置流通加工的选址是合理的,如果小范围内选址不正确,仍然有可能出现地点设置不合理的问题。这种不合理的表现主要有:道路设施落后,交通不便;流通加工与生产企业或客户之间距离较远;投资过高(如地价过高);环境不适宜(如扰民)等。

2. 流通加工方式选择不合理

流通加工的方式涉及对象、工艺、技术以及加工程度等因素。流通加工方式的确定实际上是流通加工与生产加工的合理分工问题。

流通加工是生产加工过程的延续,但绝不是对生产加工的替代,应该也只能是对生产加工的补充和完善。因此,如果工艺复杂,技术装备要求较高,或者是加工可以由生产过程延续或容易解决的,都不应该再设置流通加工。

另外,从宏观上考虑,流通企业不能因为市场一时的压力迫使生产者变成初级加工或前期加工,而流通企业完成装配或最终形成产品的加工,与生产企业争夺效益较高的最终生产环节。总而言之,如果流通加工方式选择不合理,就会出现与生产夺利的现象,甚至有可能造成生产企业和流通企业两败俱伤的局面。

3. 流通加工效能不合理

如果流通加工过于简单,或者对生产、流通和消费者来说作用都不大,甚至盲目加工,不仅未能解决品种、规格、质量、包装等问题,反而增加了不必要的环节,是流通加工不合理的表现。

4. 流通加工成本不合理

流通加工不仅可以维护产品的质量、促进销售、降低物流成本,还可以增加物流企业的收益。但是,如果流通加工成本过高,投入多产出少,流通加工就不可能存在,更谈不上发展了。流通加工的积极作用也就无从谈起了。

(二) 流通加工合理化的途径

要实现流通加工的合理化,就要避免上述不合理的流通加工现象,综合考虑流通加工与配送、运输、商流等之间的关系,使相关的各要素实现有机的、最优化的配置,最大限度地发挥流通加工的积极作用。

实现流通加工合理化,主要应该从以下五个方面加以考虑。

1. 加工与配送相结合

加工与配送相结合是指将加工设置在配送地点(如配送中心),这样既可以按照配送的需要及时进行加工,又可以使加工成为配送活动流程中与分货、拣货、配货密切相连的一环,保证经过加工的产品直接投入配货作业。

将流通加工与配送有机地结合,提高配送的服务水平,这种方式是流通加工合理化的重要方式之一,广泛应用于煤炭、水泥等产品的流通活动中。

2. 加工与配套相结合

加工与配套相结合是指在对配套要求较高,而生产者不能完成全部配套的产品,由物流企业在流通过程中完成最后的产品配套工作的流通加工形式。这种形式可以有效地促进配套工作,从而提高流通作为连接生产与消费的桥梁与纽带作用。

3. 加工与运输相结合

加工与运输相结合是指利用流通加工,实现干线运输与支线运输的有效衔接的流通加工形式。根据运输合理的要求,通过适当的流通加工,减少或避免干线运输转支线运输,或支线运输转干线运输过程中的停顿,可以大大提高运输及运输转载的水平。

4. 加工与商流相结合

加工与商流相结合是指从客户需要的角度出发,通过适当的流通加工(如钢板裁剪、原木开锯、改变包装量等)促进商品销售的流通加工形式。

5. 加工和节约相结合

加工与节约相结合是指在进行流通加工时要充分考虑节约,尽可能地节约能源、节约设备、节省人力、减少耗费等,从而有效提高流通加工的综合效益。

(三) 流通加工合理化的标准

流通加工是否合理,最终的判断标准是其是否实现了社会效益和企业自身效益的最优化。流通加工企业与生产企业的区别,主要是前者更要把社会效益放在首位(当然所有的企业都要注重社会效益),这是由流通加工的性质所决定的。如果流通加工企业为了追求自己的利益,不从宏观上考虑社会经济的需要,不适当地进行加工,甚至与生产企业争利,就违背了流通加工性质,或者其本身也就不属于流通加工企业了。

知识拓展

在备受瞩目的 2017 年世界机器人大会上,丰富的展品与精彩的展示再掀智能产业新高潮。事实上,作为全球机器人行业重要的细分领域,近年来服务机器人技术已经取得了长足的进步和发展,如今越来越多的服务机器人走进生产生活,在公共服务等领域实现了突破性应用。业内人士表示,随着国家政策和市场需求的推动,服务型机器人产业已经迎来了重要的机遇期,有着更广阔的发展空间。这从服务机器人在快递物流行业的"作为"便可见一斑。

1. 机器人成物流仓库"搬运工"

上百台机器人在菜鸟网络广东惠阳智慧仓工作的场景,让人惊讶不已。

当用户的订单下达,形同"扫地机器人"的 AGV 搬运机器人便开始忙碌了,在接到指令后,它们会自动前往相应的货架,将货架顶起,随后将货架拉到拣货员面前。别看它们的身形小,每一台机器人能顶起的重量可达到 250 公斤,同时还能灵活旋转,让四面货架均可存放。此外上百台机器人一起工作,不仅不会碰撞打架,反而能相互识别、相互礼让,现场井然有序。工作"累了"的机器人,还能自动归位充电,让人忍俊不禁。

这些机器人不仅很萌,与拣货员搭配干活的工作效率也十分惊人,一小时的拣货数量比传统拣货员多了三倍还不止。菜鸟网络物流专家游育泉表示,菜鸟网络与合作伙伴将会在天猫的一系列仓库内复制惠阳模式,机器人陆续上岗后,预计 2017 年消费者在天猫购物的收货时间还将进一步缩短。

申通的"小黄人分拣战队"同样火遍网络,在大工作平台上,密密麻麻的分拣机器人与工人配合默契,排队接任务、有序"穿梭"、找到自己的"坑"、把货物投进去……不仅"萌萌哒",而且每小时处理包裹可达 2 万单,可以减少日常 70% 的仓内作业人员。

事实上,仓库服务机器人正在成为物流业的新宠,不断在各家仓库分拣、搬运、堆垛等工作岗位上"发光发热",而这也使许多快递承诺"一日达"有了足够的底气。

2. 无人车、无人机送货不再遥远

快速高效的配送是物流业的最后一个关键环节,目前送货无人车与无人机也成为各方新的发力点。京东 CEO 刘强东表示,随着技术的不断积累,未来 5~8 年,送货的很可能都是机器人和无人机。

2017年"6.18"期间,京东配送无人车在中国人民大学顺利完成首单配送任务,整个配送过程无人车可以自主规避障碍和往来的车辆、行人,最终完成了快递的派送任务。不久前,一组菜鸟智能配送机器人小G在浙江一家铁路运输法院送快递的照片同样引起了大家的广泛关注。相关技术人员表示,走在路上,小G能精确地识别环境变化,避开更小的障碍物,不仅会自己乘坐电梯,还能感知电梯的拥挤程度,不会跟人抢电梯。不过,业内人士表示,目前送货机器人的技术仍不够成熟,当它们面对非常复杂的配送场景及各种突发状况时,以目前的技术还不能进行及时、有效地决策并迅速执行,因此目前扮演的只是辅助角色,主角仍是大量人工。

无人机具有轻小快灵、成本低廉的优点,自然受到了众多大型物流电商企业的青睐,争相进行无人机技术测试,布局无人机物流网络。据了解,作为最早一批测试和运用无人机派送快件的商业企业,亚马逊在此方面投入了极大的精力和热情,如今亚马逊已在实际应用中积累了大量数据和经验。金融研究公司 ARK Invest 一项研究表明,亚马逊用无人机送快递每件成本不到1美元,配送时效也提升至最快30分钟送达。除亚马逊外,美国快递巨头 UPS 和德国航运公司 DHL 也在对无人机配送快件进行大量测试。

中国企业在无人机方面的布局也不甘落后。据悉,中国邮政2016年9月在浙江西北部山区安吉县开通的3条无人机测试邮路,就是明确针对山区农村的试运营。因为农村居民住家分布稀疏,单点运货量又少,不满载的长距离车辆运输非常浪费资源。试点的安吉七管村原先需开车半小时的17里山路,无人机15分钟就可到达。无人机载重5公斤,最长续航里程20千米,试运营测算每公斤货物的运输成本才3元人民币。

京东在无人机送货方面的步子也越走越快。2016年6月,京东率先在江苏宿迁进行了无人机试运营,通过无人机顺利将货物运送到乡村推广员手中。根据相关报道,宿迁进行试运营的无人机,能够实现全自动化的配送流程,无须人工参与,包括无人机自动装载、自动起飞、自主巡航、自动着陆、自动卸货、自动返航等覆盖配送全流程的一系列智慧化动作。这大大提高了配送效率、降低了物流成本,同时也极大地提高了飞行的安全性。随后,京东也与陕西省政府签署了关于构建智慧物流体系的战略合作协议。根据合作协议,京东将联合陕西省政府打造低空无人机通用航空物流网络,通过载重量数吨、飞行半径300千米以上的中大型无人机,实现陕西省全域覆盖。近日,刘强东正式公布了京东将在四川建立185个无人机机场,建成后将实现24小时内送达中国的任何城市。

而在不久前,顺丰成功拿到了无人机送货的合法"牌照",目前顺丰正在珠三角地区大量测试无人机的配送效果,收集飞行数据,为将来整体运营、调试系统的搭建提供数据支撑。目前,顺丰投资购入的10万台无人机已经到位,即将正式商用。

可以预见,用户打开窗户便能收快递的那天或许不再遥远。

资料来源:http://www.wlqk.net/news3.php?id=2591.

复习思考

1. 包装的合理化原则有哪些？
2. 装卸搬运合理化的措施是什么？
3. 为什么物流系统中包含流通加工？
4. 试举例说明生产加工与流通加工的区别。

第五章

供应链物流信息技术与信息系统

【学习目的与要求】
- 理解物流信息的定义；
- 熟悉主要的物流信息技术；
- 了解物流管理信息系统的主要功能。

引导案例

信息匹配再升级：从"物流滴滴"到"物流支付宝"的进化之路

2017年9月20日，交通部、发改委、财政部等14个部门联合发布了《关于印发促进道路货运行业健康稳定发展行动计划》的通知，通知明确指出要鼓励创新"互联网+"货运新业态，依托互联网、物联网、大数据、云计算等先进信息技术，大力发展"互联网+"车货匹配，鼓励支持道路货运企业积极参与智能运输、智慧物流等各类试点示范。

物流对国民经济发展有着重要作用，尤其是在中国的市场环境中，无论是干线物流抑或快递等领域，都是潜力巨大的市场。从快递角度来讲，中国排名前六的快递企业相继上市，引领了世界快递发展的一股潮流，堪称奇迹。

干线物流虽没有快递发展迅速，但在近年仍表现强劲，各大互联网物流企业相继融资，成为行业独角兽，争相冲刺IPO。同时各家互联网干线物流企业也在不断改革创新，将国家层面倡导的"无车承运人"与线下实际相结合，不断推出新产品，打破常规，真正为货主和司机带来切实的利益。

在这样的背景下，运满满于2017年9月25日发布了最新版担保交易产品——满运宝，实现了线上交易闭环，其中的创新点值得参考。

经过半年多的尝试，运满满正式推出"满运宝"，将线上信息撮合，从交易到最后交付形成线上流程完整的闭环，甚至到支付、税务、金融、资金全部做到闭环，而且还设立了1亿元专项保障资金，以保障综合货物险之外的免赔部分。这个资金作为整个平台担保交易保障资金，确保了整个平台里面司机、货主交易是安全、可靠的。

什么是"满运宝"？货主在平台发布货源成交以后，司机需要支付订金，支付订金以后货主在平台发起电子协议，将货主所有运费提前支付给平台，司机这个时候拿不到钱，货款暂时由第三方金融机构监管，司机在整个过程当中完成运输，货主再确认到达以后，平台才会把货款支付给司机。

相比于传统的交易方式（司机到物流园找到货主，签一个合同，司机装货，装货时候司机拿不到运费，货主怕运输中间有货损等问题，司机又怕货主回头到了以后不给钱，这个过程中两者在不停地博弈），"满运宝"这种类似支付宝的新型交易模式很好地解决了司机和货主的后顾之忧，保障了双方的权利。

虽然这可能只是一个个例，只是一个公司的产品发布，但对于行业来讲，也许是一个真正的进步。此前干线物流中主要涉及信息匹配的领域，对于交易环节，由于存在很多不可控制的因素及风险，所以大部分公司不敢轻易涉及，无论是效率、安全或是信息的挖掘程度都有待提高。

3 000多万卡车司机撑起了公路物流运输的历史使命，效率低、规模小、行业乱成了干线物流行业的代名词。行业内缺乏监管，缺乏诚信，更核心的是缺乏一个第三方平台为货主和司机提供保障。

相比于之前单纯的信息匹配环节，担保交易很好地解决了成交之后的事情，将物流全流程打通以后，每个节点都放到线上。而对于之前存在的司机投诉率高，司机到达目的地加价、延迟送货等产生的货款纠纷等问题都可以得到缓解，"满运宝"的推出在一定程度上是行业的进步。

将传统的货运交易打造成"支付宝"模式，可以说这其中充满了挑战。从这个产品可以看出，运满满确实对交易流程进行了很大的颠覆，原来货主跟司机成交，都是货到以后付款，现在只需要先把钱付到平台，货到了以后确保能收到，平台也会对货主授信进行贷款。而且还可以通过这个产品，对平台用户进行筛选，利用产品的信用体系，可以形成两种评价反馈机制：一是基于平台，司机评价货主，或者货主评价司机；第二是运营的客观数据，交付是否迟到，运行线路是否合理等。这不仅为筛选优质司机和货主提供了数据参考，还可以形成第三方信息数据，为贷款授信提供基础支撑。

运满满副总裁谭远江解析满运宝对司机、货主两端的核心价值，主要有三个方面。

第一，平台为司机、货主提供最大保障，包含迟到、货损等问题。

第二，完全实现移动互联支付，不需要像过去那样提供银行卡，到银行转账。当然也有通过微信等转账，但是中间有非常多的不可控因素，容易出现被骗等问题。

第三，整个平台从交易最开始一个环节到最后完成，全过程可视。包括轨迹信息、运单流信息、税务、相互的信用、后台基础数据等，这些信息对双方都是透明的。通过整个交易环节,为双方建立信用体系,沉淀出具有权威性的第三方信用数据。

无论从哪个角度来看,运满满将积累的数据不断深度挖掘,发挥其应有的价值,将整个交易环节打造成闭环。短期来看可能充满挑战,但从长远来看,这也是车货匹配行业必须经历的一个过程,完全靠信息交易不是长久之计,不断发掘这背后存在的价值才有发展空间。

现在回过头来看,车货匹配平台的发展,或者说运满满的发展,也是经历了几个阶段而且现在也在不断升级。

已经实现的 1.0 阶段。运满满经过三年多的发展,平台上有 400 多万注册重卡司机,100 多万注册货主,做的主要是信息撮合,提高了行业效率。

正在过渡的 2.0 阶段。在提高行业效率的基础上,将交易环节搬到线上,形成闭环。

将来要达到的 3.0 阶段。深化整车模块的服务,走向车后闭环,包括司机驿站、油、金融等。

从传统的物流到互联网物流,经历了野蛮生长的行业也要开始精耕细作,在以实体运输为载体的基础上,线上、简单、服务、安全将是一大考验,而这也正是目前物流行业努力的主要方向,打好基础以后要"盖高楼"了,相信运满满是一个良好的开端。

资料来源:http://www.iyiou.com/p/56081。

思考:
1. 满运宝是如何实现司机和货主之间的信息沟通的?
2. 物流信息系统建设需要哪些部门参与?

第一节 物 流 信 息

一、物流信息概述

(一)物流信息的定义

信息是事件内在本质的表现,可以表现为图像、声音、数字等形式,是事件内容、形式和发展变化的反映。通过信息人们可以了解事件并对其发展进行控制。

根据中华人民共和国国家标准《物流术语》中对物流信息的定义:"物流信息是反映物流各种活动内容的知识、资料、图像、数据、文件的总称。"物流信息是伴随物流活动产生的,在运输、仓储、配送、流通加工、包装、装卸搬运等环节都会产生大量的信息,而这些信息又对物流活动的正常运作提供了支撑。

在现代物流中,物流的效率依赖于信息沟通的效率。物流企业可以通过信息为客户提供信息服务,畅通、准确、及时的信息从根本上保证了物流的高质量和高效率。因此在整个物流系统中,物流信息起着神经系统的作用。

(二) 物流信息的功能

1. 交易功能

交易活动包括记录订货内容、安排存货任务、作业程序选择、装船、运价、收费以及客户查询等。物流信息的交易功能就是记录物流活动的基本内容,其主要特征是程序化、规范化和交互性,强调整个信息系统的效率和集成性。

2. 管理功能

物流服务水平的高低和质量,在很大程度上依靠信息进行控制。建立完善的考核指标体系对作业计划和绩效进行评价,这是物流信息的一项重要功能。

3. 分析功能

物流信息可用来协助管理人员鉴别、评估物流作业的水平高低,是管理人员事后对物流作业进行分析的重要依据,是对物流计划不断修正和改进的根据之一。

4. 战略功能

物流信息的重要性还体现在高层管理人员的战略决策上。物流信息来自物流活动,经过提炼和挖掘的信息对物流管理决策往往具有重大的意义,是高层管理者进行战略方案选择时的重要参考。

二、物流信息的特点

物流活动离不开物流信息的支持,特别是现代物流中,物流信息更加丰富。其主要特点有以下几个方面。

1. 物流信息分布广

物流信息存在于物流的各个环节,由于运输的空间效应,物流信息有时可能跨越空间巨大,在地理上分布遥远。由于物流各环节构成一个系统,系统内部信息丰富,而系统外的信息也可能影响到物流活动,因此物流所及之处都存在物流信息,甚至超出物流本身活动的范围。

2. 物流信息种类多

物流活动的多样化决定了物流信息的种类繁多。从采购到生产直至成品的销售,其中既有运输信息,又有仓储信息,还有销售信息;不仅组织内部的信息,甚至相关机构和组织的物流信息也非常重要;这些信息有的是原始信息,也有加工后产生的信息。

3. 物流信息动态性强

物流的动态性决定了物流信息的动态性非常强,特别是在现代物流中,运输速度加快,仓储由"静态"变为"动态",所有信息变化快,而且客户的要求也非常高。

三、物流信息的种类

(一) 根据物流的功能划分

物流活动的基本要素包括运输、仓储、装卸搬运、包装、配送、流通加工等,其中每个环节都产生大量的信息,同时也需要大量的信息支持。如运输中的里程、运价等,仓储中的库存信息等。

(二) 根据物流信息的来源划分

1. 物流系统内部信息

物流内部活动信息主要是指伴随着物流活动而产生的信息,如采购的数量、供应商的资料等采购信息,下游经销商的订货量、订货时间等销售信息。这些信息量非常大,并进行网络式传递(如图5-1所示)。

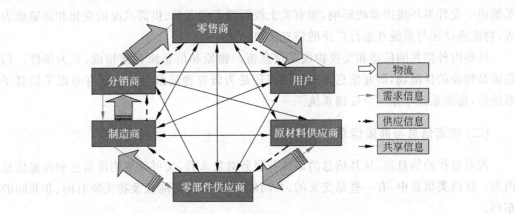

图 5-1 物流信息传递模型

2. 物流系统外部信息

物流系统外部信息是指物流活动之外,但是对物流活动能够产生影响的信息。如国家产业发展政策、物流人才培养等宏观信息,以及天气和道路交通情况等微观信息等。

(三) 根据物流信息的层次划分

1. 操作管理信息

操作管理信息主要是指由具体作业层面产生和运用的信息,如运输中车辆的调度管理,仓库的出入库信息等。

2. 一般行业信息

一般行业信息是指行业规定、技术以及行业内的信息，如竞争对手的信息、国家的规定和政策的变化等。

3. 决策管理信息

决策管理信息是指通过信息技术整理得出的、具有决策参考价值的重大信息。如公司的经营数据，包括财务信息在内的机密数据，它们是高层进行战略决策的依据之一，只有高层的管理人员才可以看到。

四、物流、商流和信息流

(一) 信息流的产生

物流是物质实体在空间位置和时间上的移动。随着物流活动的进行，不断产生着反映物流活动的信息，包括物流信息和商流信息，如计划、价格、运量、库存量等。此外，物流系统由于受外界环境因素的影响，如有关上级管理者的意见、供需状况的变化和运输能力等，物流活动还与系统外进行广泛的信息交换。

这些内外信息的传递和交换构成了信息流。物流和信息流相辅相成，互为条件。信息流是物流的伴随物，研究信息流归根结底还是为研究物流服务的。只有考虑了信息子系统后，物流系统才是一个反馈系统。

(二) 物流信息与商流信息

流通过程的信息流，从其信息的载体及服务对象来看，又可分成物流信息和商流信息两类。这两类信息中，有一些是交叉的、共同的，又有许多是商流及物流特有的、非共同的东西。

1. 物流信息

物流信息主要是物流数量、物流地区、物流费用等信息。物流信息中库存量信息不但是物流的结果，也是商流的依据，是两种信息流的交汇处。所以，物流信息不仅作用于物流，也作用于商流，是流通过程中不可缺少的决策依据。

2. 商流信息

商流信息主要包含和进行交易有关的信息，如货源信息、物价信息、市场信息、资金信息、合同信息、付款结算信息等。商流中交易、合同等信息，不但提供了交易的结果，也提供了物流的依据，是两种信息流主要的交汇处。

五、信息技术对供应链管理的支撑

要有效地实现多个信息系统的集成和相互间的数据交换,有三个方面的问题至关重要。一是系统总体方案设计;二是数据存储结构设计;三是数据交换标准的制订和使用。信息系统的总体方案的设计,好比是建筑施工的图纸。科学的系统方案,不仅规划了一个企业的发展蓝图,而且可以指导阶段性、局部的信息系统建设有机地与其他后期建设的系统结合,避免系统功能的重复开发,或功能之间衔接不当。数据存储结构设计是信息系统工程中的基础,是影响信息系统和系统功能拓展能力的关键的环节。

小贴士

2017年8月3日,大河网记者从河南省加快智慧交通建设推进会议上了解到,到2020年,河南省将建成与经济社会协同发展相适应的互通、互联、开放、共享的交通运输信息化、智能化应用系统及发展模式,实现"五个一"的目标,即"地理信息一张图"、"监管执法一张网"、"运输服务一张卡"、"数据资源一片云"、"协调指挥一中心",全面建成以"行业运营智能化综合平台、出行服务综合平台、物流信息化综合平台和行业治理综合平台"为载体的"畅行中原"智慧交通品牌。

近年来,河南省交通运输系统紧紧围绕"六个交通"建设,深入实施创新驱动发展战略,着力加强信息化基础设施和应用系统建设,全面提升信息化水平,智慧交通建设取得了长足进步。主要体现在:基础支撑能力显著提升、公共服务水平稳步提高、行业监管决策作用充分发挥、大数据分析能力得到加强和智慧交通发展环境持续改善。这些进步为助力全省交通运输事业科学发展,发挥了重要的引领和支撑作用。

此外,为服务河南省一系列国家战略的实施,河南省交通运输厅要求智慧交通为信息互联互通提供有力支撑,加快构建全省统一、对接全国的信息网络体系,全面提高运输服务的质量、效率和一体化水平。率先基本实现交通运输现代化,让智慧交通发展走在前面,加快推进科技信息化条件下的传统交通运输生产、管理和服务模式的创新。建设人民满意交通,通过智慧交通发展给人民群众带来更多获得感,通过科技创新,进一步提升交通管理水平和运输服务品质,改善群众出行体验。

资料来源:http://news.dahe.cn/2017/08-04/108496100.html

(一)信息技术在供应链管理中的作用

IT在现代信息技术(information technology,IT)的发展奠定和促进了信息时代的到来,它的发展以及全球信息网络的兴起,把全球的经济、文化连接在一起。任何一个新的发现、新的产品、新的思想、新的概念都可以立即通过网络、通过先进的信息技术传遍世界。经济国际化趋势更加显著,使得信息网络、信息产业发展更加迅速,使各行业、产业结构乃至整个社会的管理体系发生着深刻变化。现代信息技术是一个内容十分广泛的技术群,它包括微电子技术、光电子技术、通信技术、网络技术、感测技术、控制技术、显示技术等。21世纪,企业管理的核心必然是围绕信息管理来进行的,其对供应链管理的作用可以从两个方面理解:

一方面是IT的功能对供应链管理的作用(如Internet、多媒体、EDI、CAD/CAM、ISDN等的应用);另外一方面是IT技术本身所发挥的作用(如ATM、光纤等的应用)。

IT在供应链中的具体作用主要包括以下几个内容:
(1) EDI的作用;
(2) CAD/CAE/CAM、EFT和多媒体的作用;
(3) 建立企业内部联系;
(4) 参与产品设计过程;
(5) 在销售环节的作用;
(6) 在会计业务中的作用;
(7) 在生产过程中的作用;
(8) 在客户终端服务中的作用;
(9) 在供应链设计中的作用。

(二) 供应链信息技术的应用规划

在供应链管理中,信息技术的应用可以分为五个层次:
(1) 局部应用;
(2) 内部集成;
(3) 业务流程重组;
(4) 网络优化;
(5) 经营领域扩张。

案例

随着商品的多样化与流通渠道的多元化,对于传统的仓储配送来说,多品类、多渠道、多批次的供应链管理无疑是一个巨大的挑战。在传统仓储模式下,商品从采购到消费者手中全链条效率不高,造成库存大量积压在渠道,形成"阻塞"。

据统计,我国仓库95%管理落后,信息化水平低。与此同时,由于缺乏共享与连接,仓库与库存使用效率难以提升,整个行业物流供应链缺乏有效的解决方案,成为制约中小企业发展的关键环节。

杭州俊奥是一家经营进出口母婴用品的贸易有限公司,经营商品品类多达 705 个,需要满足商超、便利店、电商平台和微商、分销商的供货需求。此前,在 2000 平方米的仓库里,由于缺乏规范的仓库管理体系,货物堆放杂乱无章,出货效率低下,漏发错发频现。

俊奥公司通过传化云仓专业化的仓库规划,将仓库划分为 5 大功能区,并通过导入自主研发的 WMS 系统,实现了"货主-货物-库位"的一对一精准匹配。结合新建立的出入库标准化 SOP 流程,捡货时可围绕波次、有效期、包装等维度,实现拣选路径自动优化,拣货员只需要按照系统提示进行标准化操作即可完成拣货。

系统的仓库运营规划以及标准化、简单化、流程化的操作,让货物出入库和分拣效率更快。据俊奥公司数据统计,截至 2017 年 8 月底,传化云仓的接入让库存分拣成本降低 15%,上架及时率提高 20%,库容利用率达提升 20%,发货及时率达到 99.95%。

资料来源:http://www.chinawuliu.com.cn/zixun/201709/05/324534.shtml

最近几年,技术革新成为企业改革的最主要形式。而 IT 的发展直接影响企业的改革和管理。不管是计算机集成制造(Computer Integrated Manufacturing,CIM)、电子数据交换(Electronic Data Interchange,EDI)、计算机辅助设计(Computer Aided Design,CAD),还是执行信息系统(Executive Information System,EIS),信息技术革新都已经成为企业组织变化的主要途径。制造部门可以通过在自动化和 IT 方面投资达到提高生产率的目的。

一些有用的 IT 工具,如多媒体、Internet、WWW、CAD/CAM 等,被集成到 SCM 中的各个职能领域发挥其作用。SCM 和 IT 形成一个集成系统从而改善企业管理。简单来说,通过 IT 的应用可以节省时间和提高企业信息交换的准确性,它的应用使得在复杂、重复的工作中人为的错误减少了,同时它可以通过减少失误而节约经费,IT 的应用还使企业得以获得最先开发出新产品,并最先投放市场的竞争优势。

第二节 物流信息技术

现代信息技术的快速发展在物流的各个环节都有广泛的应用,这也是现代物流发展的重要标志之一,从信息的采集、处理到传输都离不开计算机的参与。特别是互联网的迅猛发展,使物流中分散的技术得到了快速集中和扩散,物流信息技术的应用也达到了一个前所未有的水平。

物流信息技术主要包括条码技术、电子数据交换、地理信息系统、全球定位系统及射频识别等。

一、条码技术

(一) 条码的概念

条码技术是在计算机应用中产生发展起来的一种广泛应用于商业、邮政、图书管理、仓储、工业生产过程控制、交通运输、包装、配送等领域的自动识别技术。它最早出现在20世纪40年代,是由一组规则排列的条、空及其对应字符组成的,用以表示一定信息的标识。条码自动识别系统由条码标签、条码生成设备、条码识读器和计算机组成。

条码由信息系统控制打印生成,主要有以下几个方面的优点。

1. 录入速度快

条码可以瞬间录入数据,比键盘的录入速度大大提高,解决了快速输入数据的问题,在零售业得到广泛应用。

2. 可靠性高

利用条码技术进行数据录入的出错率低于百万分之一,比键盘录入或其他人工方式的录入要可靠得多。

3. 简单实用

条码标签制作简单,对设备和材料没有特殊要求,识别设备操作简单。

4. 采集信息量大

传统的一维条码一次可采集几十位字符的信息,二维条码则可以携带数千个字符的信息,并有一定的自动纠错能力。

条码的缺点主要表现在有时不能被读取,特别是在条码不平整或污损的情况下。

(二) 条码的构成

一个完整的条码由两侧的静区、起始字符、数据字符、校验字符和终止字符组成,如图5-2所示。

静区	起始字符	数据字符	校验字符	终止字符	静区

图5-2 条码的结构示意图

(1) 静区。通常为白色,位于条码的两侧,其作用是提示阅读器准备扫描条码符号。

(2) 起始字符。条码符号的第一位字符是起始字符,它的特殊条、空结构用于识别一个条码符号的开始。阅读器首先确认此字符的存在,然后才能处理由扫描器获得的一系列脉冲。

(3) 数据字符。由条码字符组成,用于代表一定的原始数据信息。

(4) 终止字符。条码符号的最后一位字符是终止字符,它的特殊条、空结构用于识别一个条码符号的结束。阅读器识别终止字符,便可知道条码符号已经扫描完毕。

起始字符、终止字符的条、空结构通常是不对称的二进制序列。这一非对称允许扫描器进行双向扫描。当条码符号被反向扫描时,阅读器会在进行校验计算和传送信息前把条码各字符重新排列为正确的顺序。

(5) 校验字符。在条码中定义了校验字符。有些条码的校验字符是必须的,有些条码的校验字符则是可选的。校验字符是通过对数据字符进行一种算术运算而确定的。当符号中的各字符被解码时,译码器将对其进行同一种算术运算,并将结果与校验字符比较,两者一致,说明读入的信息有效。

(三) 条码的类别

条码有很多种类,按照条码的维数可以分为一维条码、二维条码和多维条码。

拓展知识

常用的一维条码

一维的条码目前最为常用,主要有 EAN 码、39 码、交叉 25 码、UPC 码、128 码、93 码等,其中 EAN 码主要用于商品识别,是国际通用的符号体系。

1. 一维条码

一维条码自问世以来,得到了广泛的应用。由于一维条码的信息容量相对较小,如商品上的条码仅能容纳 13 位阿拉伯数字,更多的商品信息只能依赖数据库的支持,离开了预先建立的数据库,这种条码对信息的代表作用就显得有所不足。

一维条码中最常用的 EAN 条码。EAN 条码有两种类型:EAN-13 码表示 13 位数据,即由 13 位数据组成,是国际商品编码协会在全球推广应用的一种商品条码;EAN-8 码则表示 8 位数据。

EAN-13 码按功能结构主要由以下部分组成。前两位(或三位数)为国家代码,表示此产品生产的国家或地区,接着的 5 位数代表制造商;再接下去的 5 位数代表此产品的代码,用以确认此产品的特征、属性等,由厂商自行编码;最后一位是校验码,用以校验厂商识别、商品项目代号的正确性,如图 5-3 所示。例如我国的代码为 690~692,日本的代码是 49,澳大利亚的代码是 93 等。

2. 二维条码

二维条码除了具有一维条码的优点外,还具有信息容量大、可靠性高、保密及防伪性强、易于制作、成本低等优点。

美国符号科技公司（Symbol Technologies，Inc.）于1991年正式推出名为PDF417的二维条码，简称为PDF417条码，即"便携式数据文件"，如图5-4所示。

图5-3 EAN-13条码示例　　　　　图5-4 PDF417二维条码

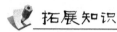

PDF417条码

　　PDF417条码是一种高密度、高信息含量的便携式数据文件，是实现证件及卡片等大容量、高可靠性信息自动存储、携带并可用机器自动识读的理想手段。

　　PDF417条码具有以下特点：①信息容量大，比普通条码信息容量高几十倍；②编码范围广，可数字化的信息有照片、指纹、掌纹、签字、声音、文字等；③保密、防伪性能好；④译码可靠性高；⑤制作成本低；⑥条码形状可以改变。

　　二维条码作为一种新的信息存储技术，现已广泛地应用在国防、公共安全、交通运输、医疗、工业、商业、政府等领域。很多国家的驾驶证、医疗证以及护照都采用了这种技术。

（四）条码的识读设备

　　条码由专门的条码打印机打印制作，由条码扫描仪来识读条码信息。在配送中心内一般采用有线或无线条码扫描仪，如图5-5所示。

图5-5 条码扫描器

　　常见的条码识读设备有掌上型条码扫描仪、便携式条码识读器、光笔式条码识读器、台式条码扫描仪、激光自动识读器等。其中，便携式条码识读器带有键盘、显示屏和声响指示等，这种识读装置具有用户编程功能，可以脱机单独使用，便于流动采集资料，特别适合像仓库盘点等流动性作业采集资料。数据采集以后暂存在自带的内存中，然后再转移到计算机中。

（五）条码技术在供应链管理中的作用

1. 物料管理

（1）将物料编码，并且打印条码标签，不仅便于物料跟踪管理，而且有助于做到合理的物料库存准备，提高生产效率，便于企业资金的合理运用。

（2）对需要进行标识的物料打印其条码标签，以便在生产管理中对物料的单件进行跟踪，从而建立完整的产品档案。

（3）利用条码技术，对仓库进行基本的进、销、存管理，有效地降低库存成本。

（4）通过产品编码，建立物料质量检验档案，产生质量检验报告与采购订单挂钩，建立对供应商的评价。

2. 生产管理

（1）制定产品识别码格式。

（2）建立产品档案。

（3）通过生产线上的信息采集点来控制生产信息。

（4）通过产品标识条码在生产线采集质量检测数据，以产品质量标准为准绳判定产品是否合格，从而控制产品在生产线上的流向及是否建立产品档案。

3. 仓库管理

（1）货物库存管理、仓库管理系统根据货物的品名、型号、规格、产地、牌名、包装等划分货物品种，并且分配唯一的编码，也就是货号。

（2）仓库库位管理是对存货空间的管理。

（3）条码仓库管理包括货物单件管理。

（4）仓库业务管理。

（5）更加准确地完成仓库出入库操作。

（6）条码仓库管理根据采集信息，建立仓库运输信息，直接处理实际运输差错，同时能够根据采集单件信息及时发现出入库的货物单件差错（入库重号、出库无货），并且提供差错处理。

二、电子数据交换

（一）电子数据交换的概念和特点

电子数据交换（electronic data interchange，EDI）产生于20世纪60年代，它是指按照标准化的格式，利用计算机的网络进行业务数据的传输和处理。EDI是商业贸易的一种工具，它将商业文件如订单、发票、装箱单、运单、报关单等单据按照统一的、标准化的格式编制成计算机能识别和处理的格式，在计算机之间进行传输。

EDI 具有以下特点。

(1) EDI 是企业之间传输商业文件数据的一种形式，EDI 的使用对象是有经常性业务联系的单位。

(2) EDI 所传送的资料是一般业务资料，如发票、订单等，而不是指一般性的通知。

(3) 传输的文件数据采用共同的标准和固定格式，例如联合国 EDI FACT 标准，这也是与一般 E-mail 的区别。

(4) 通过数据通信网络一般是增值网和专用网来传输，由收发双方的计算机系统直接传送，交换资料，尽量避免人工的介入操作。

(5) EDI 与传真或电子邮件的区别表现在后者需要人工的阅读判断处理才能进入计算机系统，需要人工将资料重复输入计算机系统中，不仅浪费人力资源，也容易发生错误。

(二) EDI 在供应链管理中的应用

EDI 的优势主要在于节省时间、提高质量和降低成本。在节省时间方面，EDI 相对于人工传送的时间已经明显缩短，并且由于不需要人工干预，因此也降低了成本，同时还避免了接收的错误，提高了质量。一般来说，EDI 较多地应用于有大量表单式数据处理的部门和单位，而且要求有一定的规范性。从应用领域看，通常可以分为如下类型：

(1) 贸易数据交换系统(Trade Data Interchange)。用 EDI 来传送订单、供应单等。

(2) 金融汇兑系统(Electronic Fund Transfer)。用 EDI 进行费用汇兑。

(3) 公用事业系统(Public Sectors)。主要用于商检、海关以及税务等部门。

(4) 交互式应答系统(Interactive Query Response)。如机票预订、饭店预订等。

以采购业务为例，在采用 EDI 进行商务处理的情况下，买卖双方使用 EDI 进行商品交易信息处理的流程如下：

(1) 当买方的库存管理系统提出购买某种物资的数据时，EDI 的翻译软件据此编制一份 EDI 订单。

(2) 通信软件将订单通过网络送至网络中心指定的卖方邮箱内。同时，利用公司内部计算机应用程序之间的搭桥软件，将这些数据传送给应付账部门和收货部门，进行有关的登记。

(3) 卖方定时经通信网络到网络中心的邮箱内取回订单，EDI 的翻译软件把这些订单翻译成卖方数据格式。

(4) 如果确认可以售给买方指定的物资，则送出供应单经相反方向返回给买方。若只有部分满足买方要求或不能满足要求，则以相同的方向返回相应信息。

卖方收到订单时，卖方的搭桥软件把有关的数据传送给仓库或工厂，以及开票部门，并对计算机发票文件的内容进行相应的更新。

(5) 买方收到供应单后，在订单基础上产生一份商品情况询问表，传送给卖方。双方就商品价格等问题进行讨论,直到达成一致。

(6)达成一致后,卖方的仓库或工厂填制装运单,编制船期通知,并将其传送给买方。同时,通过搭桥软件,将船期通知传送给开票部门,生成电子发票,传送给买方。卖方在开立发票时,有关数据就进入应收账部门,对应收账的有关数据进行更新。

(7)买方接到船期通知后,有关数据自动进入收货部门文件,产生收货通知。收货部门的收货通知通过搭桥软件传送给应付账部门。

(8)买方收到电子发票以后,产生一份支付核准书,传送给应付账部门。

(9)买方应付账部门开具付款单据通知自己的开户银行付款,同时通知卖方付款信息。

(10)卖方收到汇款通知后,有关数据经过翻译进入应收账户,买方则因支付而记入贷方项目。

由此可见,当买方提出购买的要求后,EDI就可以自动进行转换操作,生成不同用途的数据,送至各相关伙伴,直至该事务处理结束。

三、地理信息系统

1. 地理信息系统的定义

地理信息系统(geographic information system,GIS)是由计算机软硬件环境、地理空间数据、系统维护和使用人员四个部分组成的空间信息系统,可对整个或部分地球表层(包括大气层)空间中有关地理分布数据进行采集、储存、管理、运算、分析显示和描述。

地理信息系统是融计算机图形学和数据库技术于一体,用来存储和处理空间信息的高新技术。它把地理位置和相关属性有机地结合起来,根据用户的需要将空间信息及其属性信息准确真实、图文并茂地输出给用户,以满足城市建设、企业管理、居民生活对空间信息的要求。借助其独有的空间分析功能和可视化表达功能,进行各种辅助决策。

地理信息系统的核心是管理、计算、分析地理坐标位置信息及相关位置上属性信息的数据库系统。主要用于采集、模拟、处理、检索、分析和表达地理空间数据。地理信息系统是一种特定的、十分重要的空间信息系统。

2. 地理信息系统的作用

GIS应用于物流分析,主要是指利用GIS强大的地理资料功能来完善物流分析技术。例如利用GIS开发物流系统分析软件,完整的GIS物流分析软件集成了设施定位模型、网络物流模型、车辆路线模型、分配集合模型等。

(1)设施定位模型。将GIS应用于物流网络模型分析,可以解决设施定位问题。如根据供求的实际需要并结合经济效益等原则,在既定区域内设立多少个仓库、每个仓库的位置、每个仓库的规模以及仓库之间的物流关系等问题。

(2) 网络物流模型。该模型解决物流网点布局的问题。如将货物从 M 个仓库运往到 N 个商店,每个商店都有固定需求量,需要确定由哪个仓库提货送到哪个商店所耗费的运输代价最小,此为寻求最有效的分配货物路径问题。

(3) 车辆路线模型。用于解决一个起始点、多个终点的货物运输中如何降低物流作业费用并保证服务质量的问题,包括决定使用多少辆车、每辆车的路线等。

(4) 分配集合模型。可以根据各个要素的相似点把同一层上的所有或部分要素分为几个组,用以确定服务范围和销售市场范围等问题。如某一公司要设立 Y 个分销点,要求这些分销点覆盖某一个地区,而且要使每个分销点的顾客数目大致相等。

用 GIS 进行物流中心选址的原理

在 GIS 中,物流系统中的点、线、面都可作为空间实体,用空间数据来表达,空间数据描述的是现实世界各种现象的三大基本特征:空间、时间和专题特征。空间特征是地理信息系统或者说是空间信息系统所独有的,是指地理现象和过程所在的位置、形状和大小等几何特征,以及与相邻地理现象和过程的空间关系;时间特征是指空间数据随时间的变化而变化的情况;专题特征是指空间现象或空间目标的属性特征,它是指除了时间和空间特征以外的空间现象的其他特征。

GIS 是进行物流中心选址的最佳分析工具,它用于物流中心选址主要是依靠它的以下分析功能。

1. 空间查询

空间查询能够分析系统中点、线、面基本图形间的关系,如查询物流中心周围一千米范围内所有配送点的情况;某个配送中心相连的道路情况;某个需求点区域与其他周边的地理分布情况等。

2. 叠加分析

叠加分析是 GIS 非常重要的空间分析功能。要了解一个街区的面积、一条主干道的长度或一个地区的人口密度等信息,仅仅用上面的空间查询功能是不够的,需要将空间目标进行切割、组合,必要时重新建立拓扑关系,才能得到确切的结果。分析某条配送路线上的需求点情况,用点与线叠加;分析某个区域内的配送中心及需求点分布情况,用点与面叠加;分析某个区域内的主要街道、道路情况,用线与面叠加。

3. 缓冲区分析

缓冲区分析是对一组或一类分析对象按缓冲的距离条件,建立缓冲多边形,然后将这个图层与需要进行缓冲分析的图层进行叠加分析,得到所需要的结果。

4. 网络分析

网络分析是进行物流设施选址时最重要的功能,用于分析物流网络中各节点的相互关系和内在联系,主要有路径分析、资源分配、连通分析和流分析等。路径分析可以寻求一个节点到另一个节点的最佳路径;资源分配包括目标选址和为供货中心寻找需求市场或需求资源点;连通分析用于解决配送路径安排相关的问题,降低配送成本;流分析的问题主要是按照某种优化标准(时间最少、费用最低、路程最短或运送量最大等)设计资源的运送方案。

四、全球定位系统

(一) 全球定位系统概述

全球定位系统(global positioning system,GPS)是由美国建设和控制的一组卫星所组成的,全天候提供高精度的、全球范围的定位和导航信息的系统。其由空间部分、地面监控系统和用户接收系统三部分组成。

1. 空间部分

空间部分是由24颗卫星均匀分布在6条轨道面上组成空间卫星网,其中有3颗备用工作卫星,每条轨道面与地球赤道面的交角为55°,轨道高度为20 183 千米左右,运行周期约为12小时,发射频率为1 575.42兆赫(L1波段)和1 227.60兆赫(L2波段)。

全球各地用户随时可见4颗以上的卫星,捕获卫星上发出的距离码,并计算出自己的位置。卫星上有准确的时钟,可用于定时和时间同步。

2. 地面监控系统

地面监控系统由监测站、主控站、地面跟踪站组成。监测站负责接收卫星发播的信号,并将数据传送到主控站;主控站通过大型数据处理计算机,计算出每颗卫星的轨道和卫星改正值、卫星星历和钟差等;经过处理的数据由主控站传到地面跟踪站,每天发送给卫星一次。

3. 用户接收系统

用户接收系统的功能是接收卫星发播的信号,并据此求得距离观测量和导航电文,计算出接收机的位置及速度。

全球定位系统的主要特点是全天候、全球覆盖、三维定速定时高精度、快速省时高效率以及应用广泛。

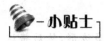

北斗卫星导航系统

中国北斗卫星导航系统（beidou navigation satellite system，BDS）是中国自行研制的全球卫星导航系统，是继美国全球定位系统（GPS）、俄罗斯格洛纳斯卫星导航系统（GLONASS）之后第三个成熟的卫星导航系统。北斗卫星导航系统和美国 GPS、俄罗斯 GLONASS、欧盟 GALILEO，是联合国卫星导航委员会已经认定的供应商。

北斗卫星导航系统由空间段、地面段和用户段三部分组成，可在全球范围内全天候、全天时为各类用户提供高精度、高可靠定位、导航、授时服务，并具短报文通信能力，已经初步具备区域导航、定位和授时能力，定位精度 10 米，测速精度 0.2 米/秒，授时精度10 纳秒。

2012 年 12 月 27 日，北斗系统空间信号接口控制文件正式版 1.0 正式公布，北斗导航业务正式对亚太地区提供无源定位、导航、授时服务。

2013 年 12 月 27 日，北斗卫星导航系统正式提供区域服务一周年新闻发布会在国务院新闻办公室新闻发布厅召开，正式发布了《北斗系统公开服务性能规范（1.0 版）》和《北斗系统空间信号接口控制文件（2.0 版）》两个系统文件。

2014 年 11 月 23 日，国际海事组织海上安全委员会审议通过了对北斗卫星导航系统认可的航行安全通函，这标志着北斗卫星导航系统正式成为全球无线电导航系统的组成部分，取得面向海事应用的国际合法地位。中国的卫星导航系统已获得国际海事组织的认可。

（二）全球定位系统的功能

GPS 融合了目前国际上最先进的信息技术和高科技成果，安装了 GPS 的车辆将会实现许多功能。

1. 实时监控功能

系统可以在任意时刻发出指令，查询安装了 GPS 的运输车辆所在的地理位置（经度、纬度、速度等信息），并在电子地图上直观地显示出来；车辆出发后就可立即掌握其行踪，若有不正常的偏离、停滞与超速等异常现象发生，网络 GPS 工作站显示屏能立即显示并发出警告信号，并可迅速查询纠正，避免危及人、车以及货物安全的情况发生；货主可登录该系统查询货物运送状况，实时了解货物的动态信息，真正做到让客户放心。

2. 双向通信功能

GPS 的用户可使用 GSM 的语音功能，与司机进行通话或使用安装在车辆上的移动设备的汉字液晶显示终端进行汉字消息收发对话,从而实现动态调度功能,进行科学调度,尽量减少空车时间和空车距离,提高实载率。

3. 数据分析功能

用户可事先规划车辆的运行路线、运行区域,以及何时应该到达什么地方等,并将该信息记录在数据库中,以备随后查询、分析使用,进一步优化路线。管理人员可随时调出车辆以前的工作资料,并可根据各部门的不同要求制作形式不同的报表,以便各管理部门能更快速、更准确地做出判断。

(三) 全球定位系统的应用

GPS 在物流中的应用,主要是由 GPS 与电子地图、无线电通信网络以及车辆管理信息系统相结合组成的导航系统,它可以实现车辆跟踪和交通管理等许多功能,如图 5-6 所示。

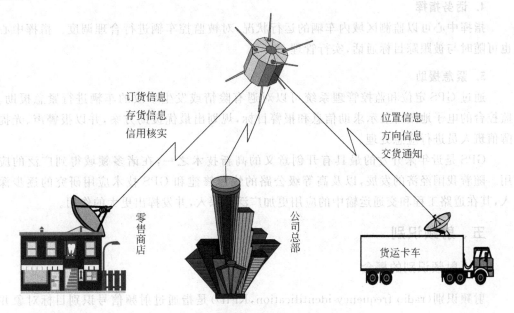

图 5-6 物流卫星通信系统

1. 车辆跟踪

利用 GPS 和电子地图可以实时显示车辆的实际位置,并任意放大、缩小、还原和换图,使目标始终保持在屏幕上;还可实现多窗口、多车辆、多屏幕同时跟踪,利用该功能可对重要车辆和货物进行跟踪运输。

2. 出行路线的规划和导航

规划出行路线是导航系统的一项重要辅助功能。由驾驶员确定起点和终点，由计算机软件按照要求自动设计最佳行驶路线，包括最快的路线、最简单的路线、通过高速公路路段次数最少的路线等。也可由人工设计线路，由驾驶员根据目的地设计起点、终点和途经点等，自动建立线路库。线路规划完毕后，显示器能够在电子地图上显示设计线路，并同时显示汽车运行路径和运行方向。

3. 信息查询

为用户提供主要物标，如旅游景点、宾馆、医院等数据库，用户能够在电子地图上根据需要进行查询。查询资料可以文字、语言及图像的形式显示，并在电子地图上显示其位置。同时，监测中心可以利用监测控制台对区域内任意目标的所在位置进行查询，车辆信息将以数字形式在控制中心的电子地图上显示出来。

4. 话务指挥

指挥中心可以监测区域内车辆的运行状况，对被监控车辆进行合理调度。指挥中心也可随时与被跟踪目标通话，实行管理。

5. 紧急援助

通过 GPS 定位和监控管理系统可以对遇有险情或发生事故的车辆进行紧急援助。监控台的电子地图可显示求助信息和报警目标，规划出最优援助方案，并以报警声、光提醒值班人员进行应急处理。

GPS 是近年来开发的最具有开创意义的高新技术之一，在诸多领域得到广泛的应用。随着我国经济的发展，以及高等级公路的快速修建和 GPS 技术应用研究的逐步深入，其在道路工程和交通运输中的应用更加广泛和深入，并发挥出更大的作用。

五、射频识别

(一) 射频识别的概念

射频识别 (radio frequency identification，RFID) 是指通过射频信号识别目标对象并获取相关数据信息的一种非接触式的自动识别技术。RFID 出现于 20 世纪 80 年代，随后逐渐走向成熟。

自动识别特指通过机器进行的识别。近年来，自动识别技术在许多服务领域、货物销售与后勤分配方面、商业部门、生产企业和物流管理等领域得到了快速的普及和推广。

自动识别技术的目的是提供关于个人、动物、货物和商品的相关信息。与之相关的识别技术还有条码识别、光学符号识别、语音识别、生物技术识别、IC 卡识别等，它们的主要特点对比如表 5-1 所示。

表 5-1　自动识别技术的主要特点对比

系统参数	条码识别	光学符号识别	语音识别	生物技术识别	IC卡识别	射频识别系统
典型的数据量/字节	1~100	1~100				
数据密度	小	小	高	高	很高	很高
机器阅读的可读性	好	好	费时间	费时间	好	好
个人阅读的可读性	受制约	简单容易	简单容易	困难	不可能	不可能
受污染/潮湿影响	很严重	很严重	—	—	可能(接触)	没有影响
受光遮盖影响	全部失效	全部失效	—	可能	—	没有影响
受方向和位置影响	很小	很小	—	—	一个插入方向	没有影响
用坏/磨损	有条件	有条件	—	—	接触	没有影响
购置费/电子阅读设备	很少	一般	很高	很高	很少	一般
工作费用(例如：打印机)	很少	很少	无	无	一般(接触)	无
未经准许的复制/修改	容易	容易	可能	不可能	不可能	不可能
阅读速度(包括数据载体的使用)	低	低	很低	很低	低	很快
数据载体与阅读器之间的最大距离	0~50cm	<1cm(扫描器)	0~50cm	直接接触	直接接触	0~5m 微波

(二) 射频识别系统的组成与功能

射频识别系统是指由标签、识读器、计算机网络和应用程序组成的自动识别和数据采集系统。

1. 标签

标签(tag)相当于条码技术中的条码符号,用来存储需要识别传输的信息。按照不同的标准,标签有许多不同的分类方法。

按照获取电能的方式不同,可以将标签分成主动式标签和被动式标签;按照其内部使用存储器的不同,可以分为只读标签和可读写标签;根据标签中存储数据存储能力的不同,可以分为仅用于标识目的的标签与便携式数据标签。

主动式标签自身带有电池供电,读写距离较远,同时体积较大,与被动标签相比成本更高,也称为有源标签。被动式标签从阅读器产生的磁场中获取能量,具有很长的使用寿命,比主动标签更轻更小,读写距离较近,也称为无源标签。

2. 识读器

识读器有时也称为阅读器或信号接收机。根据支持的标签类型与完成的功能不同,识读器的复杂程度有显著不同。识读器的基本功能就是提供与标签进行数据传输的途径，同时识读器还提供相当复杂的信号状态控制、奇偶错误校验与更正功能等。识别数据信息和附加信息按照一定的结构编制在一起，并按照特定的顺序向外发送。

识读器通过接收到的附加信息来控制数据流的发送。一旦到达阅读器的信息被正确接收和解译后，识读器通过特定的算法决定是否需要发射机对发送的信号重发一次，或者指导发射器停止发信号，即"命令相应协议"。使用这种协议，即便在很短的时间、很小的空间阅读多个标签，也可以有效地防止"欺骗问题"的产生。

3. 天线

天线是标签与识读器之间传输数据的发射、接收装置。在实际应用中，系统功率、天线的形状和相对位置都会影响数据的发射和接收，需要专业人员对系统的天线进行设计和安装。

(三) RFID 系统的分类

根据 RFID 系统完成的功能不同，可以将 RFID 系统分成 4 种类型：EAS 系统、便携式数据采集系统、物流控制系统和定位系统。

1. EAS 系统

电子商品防窃系统(electronic article surveillance, EAS)是一种设置在需要控制物品出入口的 RFID 技术。这种技术的典型应用场合如超市、图书馆、数据保密中心等。当未被授权的人从这些地方非法取走物品时，EAS 系统会发出警告。

在应用 EAS 技术时，首先在物品上黏附 EAS 标签，当物品被正常购买或者合法移出时，在结算处通过一定的装置使 EAS 标签失效，物品就可以取走。物品经过装有 EAS 系统的门口时，EAS 装置能自动检测标签的活动性，发现活动性标签，EAS 系统会发出警告。

EAS 系统的应用可以有效地防止物品的被盗，不管是大件商品还是很小的物品。应用 EAS 系统，物品不用锁在玻璃橱柜里，可以让顾客自由地观看、选择商品，这在自选日益流行的今天有着非常重要的现实意义。典型的 EAS 系统一般由三个部分组成。

(1) 附着在商品上的电子标签和电子传感器。
(2) 电子标签灭活装置。以便授权商品能正常出入。
(3) 监视器。在出口形成一定区域的监视空间。

EAS 系统的工作原理是：在监视区，发射器以一定的频率向接收器发射信号，发射器与接收器一般安装在零售店、图书馆的出入口，形成一定的监视空间。当具有特殊特征的标签进入该区域时，会对发射器发出的信号产生干扰，这种干扰信号也会被接收器接收，再经过微处理器的分析判断，就会控制警报器的鸣响。

根据发射器所发出的信号不同及标签对信号干扰原理不同，EAS 可以分成许多类型。关于 EAS 技术最新的研究方向是标签的制作，人们正在研究 EAS 标签能不能像条码一样，在产品的制作或包装过程中加进产品，成为产品的一部分。

2. 便携式数据采集系统

便携式数据采集系统是使用带有 RFID 识读器的手持式数据采集器采集 RFID 标签上的数据。这种系统具有比较大的灵活性，适用于不宜安装固定式 RFID 系统的应用环境。手持式识读器（数据输入终端）可以在读取数据的同时，通过无线电波数据传输或其他方式实时地向主计算机系统传输数据，也可以暂时将数据存储在识读器中，再分批地向主计算机系统传输数据。

3. 物流控制系统

在物流控制系统中，固定布置的 RFID 识读器分散布置在一定的区域，并且识读器直接与数据管理信息系统相连，信号发射机是移动的，一般安装在移动的物体、人上面。当物体、人流经过识读器时，识读器会自动扫描标签上的信息并把数据信息输入数据管理信息系统进行存储、分析和处理，达到物流控制的目的。

4. 定位系统

定位系统用于自动化加工系统中的定位及对车辆、轮船等进行运行定位支持。识读器放置在移动的车辆、轮船或者自动化流水线中移动的物料、半成品、成品上，信号发射机嵌入到操作环境的地表下面。信号发射机上存储有位置识别信息，识读器一般通过无线的方式或者有线的方式连接到主信息管理系统。

(四) RFID 在物流中的应用

采购、存储、生产制造、包装、装卸、运输、流通加工、配送、销售到服务诸环节，是供应链上环环相扣的流程。在供应链的每个部分，企业必须实时而精确地掌握整个供应链上的商流、物流、信息流和资金流的流向和变化，使各个环节、各个流程协调一致、相互配合，从而发挥其最大经济效益和社会效益。

由于实际物体的移动过程中各个环节都是处于动态之中，信息和方向常常不断变化，影响了信息的可获得性和共享性。RFID 正好可以解决这些难题，在物流的很多环节上 RFID 都可以发挥重大作用。

1. 零售环节

使用 RFID 可以对最小单位的货物进行控制，对于零售端的销售更有利，包括货架上的促销、防窃、消费者行为分析等均能作单个产品的管理；同时，商家和生产企业可以在清楚地掌握库存的基础上,合理安排生产和物流配送。

2. 仓储环节

采用了RFID解决方案的仓储管理系统,可以使管理人员实时了解掌控每个被管理对象(物品)的性质、状态、位置、历史变化等信息,并根据这些信息采取相应的管理对策和措施,达到提高运营水平和管理质量的目的,从而实现快速供货,并最大限度地减少储存成本。

3. 运输环节

在运输管理中,在途运输的货物和车辆贴上RFID标签,运输线路的一些检查点上安装上RFID接收转发装置。接收装置收到RFID标签信息后,连同接收地的位置信息上传至通信卫星,再由卫星传送给运输调度中心,送入数据库中。在门禁管理、动物跟踪以及车辆识别、高速公路收费、大宗货物跟踪和监控等领域都有广泛的应用。

4. 制造环节

在生产制造环节应用RFID技术,可以完成自动化生产线运作,在整个生产线上实现对原材料、零部件、半成品和产成品的识别与跟踪,减少人工识别成本和出错率,提高效率和效益。以汽车制造业为例,目前在汽车生产厂的焊接、喷漆和装配等生产线上,都采用了RFID技术来监控生产过程。

目前RFID在推广应用中还有一些问题,还处在一个初级阶段,产业链条没有完全建立,配套环境也不完全成熟,而且一个主要的原因是成本问题。通过市场的驱动,让技术的进步来推动成本的降低,还需要一段时间。

第三节　物流管理信息系统

一、物流管理信息系统的概念

物流管理信息系统是由计算机软硬件、网络通信设备及其他办公设备组成的,服务于物流作业管理、决策等方面的应用系统。

从本质上讲,物流管理信息系统是利用信息技术,通过信息流将各种物流活动连接成一个整体。通过对物流中的各种信息进行实时、集中、统一管理,使物流、资金流和信息流协调运行。因此,物流管理信息系统是企业信息系统的基础,是企业信息化的基础,物流活动必须以信息为基础。

二、物流管理信息系统的特点和发展趋势

（一）物流管理信息系统的特点

尽管物流系统是企业经营管理系统的一部分，物流信息系统与企业其他的管理信息系统在基本面上没有太大的区别，如集成化加模块化、网络化加智能化的特征，但物流活动本身具有的时空上的特点决定了物流信息系统具有自身独有的特征。

1. 跨地域连接

在物流活动中，由于订货方和接受订货方一般不在同一场所，如处理订货信息的营业部门和承担货物出库的仓库一般在地理上是分离的，发货人和收货人不在同一个区域等，这种在场所上相分离的企业或人之间的信息传送需要借助于数据通讯手段来完成。在假期传统的物流系统中，信息需要使用信函、电话、传真等传统手段实现传递，随着信息技术进步，利用现代电子数据交换技术可以实现异地间数据的实时、无缝的传递和处理。

2. 跨企业连接

物流信息系统不仅涉及企业内部的生产、销售、运输、仓储等部门，而且与供应商、业务委托企业、送货对象、销售客户等交易对象，以及在物流活动上发生业务关系的仓储企业、运输企业和货代企业等众多的独立企业之间有着密切关系，物流信息系统可以将这些企业内外的相关信息实现资源共享。

3. 信息的实时传送和处理

物流信息系统一方面需要快速地将搜集到的大量形式各异的信息进行查询、分类、计算、储存，使之有序化、系统化、规范化，成为能综合反映某一特征的真实、可靠、适用而有使用价值的信息；另一方面，物流现场作业需要从物流信息系统获取信息，用以指导作业活动，即只有实时的信息传递，使信息系统和作业系统紧密结合，克服传统借助打印的纸质载体信息作业的低效作业模式。

（二）物流管理信息系统的发展趋势

1. 智能化

智能化是自动化、信息化的一种高层次应用。物流作业过程涉及大量的运筹和决策，如物流网络的设计与优化、运输（搬运）路径的选择、每次运输的装载量选择，多种货物的拼装优化、运输工具的排程和调度、库存水平的确定、补货策略的选择、有限资源的调配、配送策略的选择等问题都需要进行优化处理，这些都需要管理者借助优化的智能工具和大量的现代物流知识来解决。同时，专家系统、人工智能、仿真学、运筹学、智能商务、数据挖掘和机器人等相关技术在国际上已经有比较成熟的研究成果，并在实际物流作业中得到了较好的应用。因此，物流的智能化已经成为物流发展的一个新趋势。

2. 标准化

标准化技术也是现代物流技术的一个显著特征和发展趋势，同时也是现代物流技术实现的根本保证。货物的运输配送、存储保管、装卸搬运、分类包装、流通加工等各个环节中信息技术的应用，都要求必须有一套科学的作业标准。例如，物流设施、设备及商品包装的标准化等，只有实现了物流系统各个环节的标准化，才能真正实现物流技术的信息化、自动化、网络化、智能化等。特别是在经济全球化和贸易全球化的新世纪中，如果在国际间没有形成物流作业的标准化，就无法实现高效的全球化物流运作，这将阻碍经济全球化的发展进程。

3. 全球化

物流企业的运营随着企业规模和业务跨地域发展，必然要走向全球化发展的道路。在全球化趋势下，物流目标是为国际贸易和跨国经营提供服务，选择最佳的方式与路径，以最低的费用和最小的风险，保质、保量、准时地将货物从某国的供方运到另一国的需方，使各国物流系统相互接轨，它代表物流发展的更高阶段。面对信息全球化的浪潮，信息化已成为加快实现工业化和现代化的必然选择。中国提出要走新型工业化道路，其实质就是以信息化带动工业化、以工业化促进信息化，达到互动并进，实现跨越式发展。

三、物流管理信息系统的功能

物流管理信息系统所包含的功能往往受企业的管理思想和理念的影响，同时也受到企业管理方式与业务模式的制约。其一般功能如图 5-7 所示。

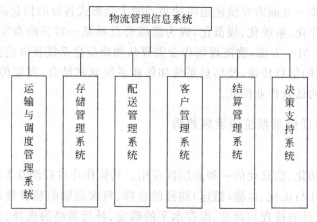

图 5-7 物流管理信息系统

1. 运输与调度管理系统

运输与调度管理系统包括运输任务的生成，如装运单、运单的制作，条码的制作等；

运输过程的管理,如信息的查询、车辆的定位、货物的签收情况等;费用结算的管理,如对每一票业务的结算进行报表制作,以及收费状态的处理等。

2. 存储管理系统

存储管理系统包括采购计划的制订、查询和打印报表;采购合同的管理,如合同录入、合同生成、合同查询、合同审核等;出入库管理,如出入库的单据录入、查询、修改、调整以及统计报表的打印输出等。

3. 配送管理系统

按照即时配送(JIT)原则,可以满足生产企业原材料配送管理、商业企业小批量多品种的连锁配送管理及共同配送和多级配送管理;支持在多供应商和多购买商之间的精确、快捷、高效的配送模式;支持大容量并发配送模式;支持多种运输方式;结合先进的条码技术、GPS/GIS技术和电子商务技术,实现智能化配送。

4. 客户管理系统

通过对客户资料的收集、分类、存档、检索和管理,全面掌握不同客户群体的客户性质、客户需求、客户信用等信息,为客户提供最佳服务,如解决方案、价格、市场、信息等,及时处理客户在合作中遇到的各类问题,妥善解决客户合作中发生的问题,培养长期的、忠诚的客户群体。

客户管理系统包括客户登录管理、客户资料管理、会员管理、客户身份验证、客户查询等功能模块。

5. 结算管理系统

对企业所有的物流服务项目实现价格集中管理,包括多种模式的仓储费用、运输费用、装卸费用、配送费用、货代费用、报关费用、检验检疫费用、行政费用、办公费用等的计算,根据规范的合同文本、货币标准、收费标准自动产生结算凭证,为客户以及物流企业(仓储、配送中心、运输等企业)的自动结算提供完整的结算方式。

6. 决策支持系统

及时地掌握商流、物流、资金流和信息流所产生的信息并加以科学利用,在数据仓库技术、运筹学模型的基础上,通过数据挖掘工具对历史数据进行多角度、立体的分析,实现对企业中的人力、物力、财力、客户、市场、信息等各种资源的综合管理,为决策者提供分析问题、建立模型、模拟决策过程和方案的环境,调用各种信息资源和分析工具,帮助决策者提高决策水平和质量。

图5-8为中海物流企业的物流信息系统模型示意图,图5-9为该企业的信息平台架构示意图。

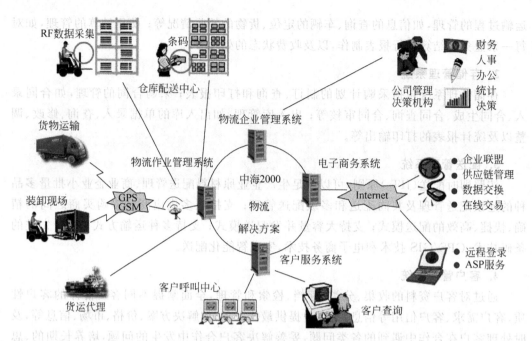

图 5-8　中海物流企业的物流信息系统

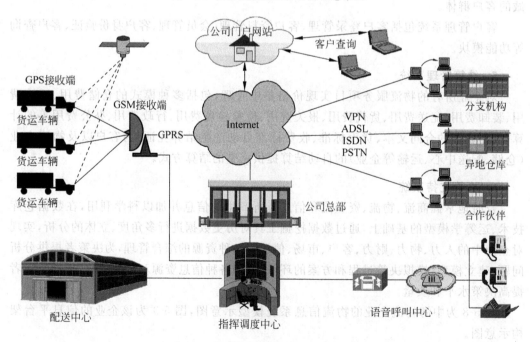

图 5-9　中海物流的企业信息平台架构

四、物流管理信息系统的设计原则与步骤

(一) 物流管理信息系统设计的基本原则

物流管理信息系统是一个包含多个子系统的复杂系统,因此在开发网络管理信息系统的时候要遵循科学的管理方法和一定的原则,循序渐进地开发一个适合物流系统总体目标的物流信息系统。

1. 坚持系统思想,运用系统方法

物流活动是一个系统工程,物流管理信息系统同样也是一个系统,因此在开发的时候,对新系统目标的确定、逻辑模型的设计必须坚持系统思想,运用系统方法进行分析与综合,而不应从解决单个问题入手。

2. 内部条件与外部环境相结合

物流管理信息系统的运行,不但受到企业内部人、财、物等资源的限制,还受到外部环境因素的制约,如政府的有关法令法规、自然环境、协调系统、市场情况等。进行系统分析时,必须把内部条件与外部环境相结合。

3. 经济实用性原则

企业在投入时不仅要考虑系统的实用性,同时还要考虑经济性,复杂的系统有时可能并不一定适合企业。企业应尽可能地压缩开发费用,并且还要考虑到系统的运行和管理维护费用。如果系统不能保证以较小的投入带来最大收益的话,那么,这个系统的实用性就无法保证。

4. 用户参与原则

尽管系统分析员在系统分析阶段要熟悉业务,但是毕竟时间有限、缺乏实践,因此在系统分析的过程中要有具有较强工作经验的业务人员参与工作,这样使系统分析员能及时掌握用户情况,便于交流;能及时修改或补充用户需求,使用户尽早熟悉系统。

(二) 物流管理信息系统设计的步骤

物流管理信息系统设计的步骤一般有以下五个主要阶段:可行性研究、系统分析、系统设计、系统实施和系统运行与评价。

1. 可行性研究

为了减少和避免在开发物流管理信息系统中造成人、财、物等不必要的损失,事先必须组织有关部门中有实际工作经验的领导和管理人员,对拟开发的管理信息系统的主要问题从技术、经济和管理三方面进行全面深入的调查、研究、分析和比较,提出若干个可行方案,并向决策者推荐其中投资少、进度快、效益高的最佳方案,这就是系统的可行性研究。

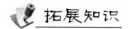 **拓展知识**

系统可行性研究中需要关注的问题

系统可行性研究中需要关注的问题主要有开发的目的、新系统的界定、开发所采用的技术规范、开发所需要的时间、开发的方式、系统平台的初步设计方案、需要的投资费用以及预计产生的效益,并给出开发的方案,提交给企业决策者决策。在研究中,还要研究开发物流管理信息系统与现有业务流程的相互影响,是否需要对现有业务流程进行改造等问题。

2. 系统分析

系统分析的主要任务是在详细调查的基础上,分析企业生产经营管理工作以及用户的需求、企业战略发展的要求,从数据和功能上进行抽象,从而确定新系统的逻辑模型。主要的工作流程包括组织机构与功能分析、业务流程分析、数据与数据流程分析和功能数据分析,其中可能包括多次的修改和完善。

大量的实践活动证明,系统分析阶段工作的好坏直接影响物流管理信息系统的成败。因此在这个阶段必须进行大量而细致的工作。

3. 系统设计

系统设计的主要任务是依据系统分析阶段所建立的逻辑结构,确定系统的软件结构和功能模块之间的关系,设计系统实现的物理方案,即将系统分析阶段的"做什么"变成"如何实现"的问题。

拓展知识

系统设计阶段的主要工作有总体结构设计、模块结构与功能设计、数据库文件设计、数据的输入输出设计以及安全的设计等。其中同样包含大量的修改工作。

4. 系统的实施

系统的实施主要包括程序的设计和系统的调试以及人员的培训和数据准备等活动。编程的任务是由程序员执行,由于工作量巨大,一般由多人协作完成;人员培训一般由系统分析设计人员来担任,对业务人员和操作员进行培训;数据准备由业务人员提供,目的是满足系统试运行的需要。实施过程中如果有问题,则修改程序;如满意,则进入下一阶段的工作。

5. 系统的运行与评价

系统运行阶段的任务是日常运行管理、评价、监理审计三部分工作,然后分析运行结果。如果运行结果良好,则呈送管理部门指导生产经营活动;如果有问题,则要对系统进行修改、维护或者是局部调整。对系统的评价一般包括系统功能是否达到了预期的目标，如输出信息的可靠性、处理的速度、工作人员操作的繁简程度等；最主要的是经济效益方面的，包括一次性投资、维护费用与系统带来的效益相比，这对企业来说非常重要。

在系统运行若干年之后，系统运行的环境可能会发生大的变化，这时用户会提出开发新系统的要求。这标志着旧的系统生命的结束、新系统的诞生，这个过程就是系统开发的生命周期。

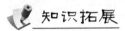

"共享"概念正重塑物流行业

如今，人们对共享经济的讨论日渐升温，旅游、汽车、金融等诸多行业纷纷参与其中，物流行业也不例外。作为社会发展和人们生活中不可或缺的因素，物流怎样在共享经济中做到更集约、更优化的发展呢？近日，DHL发布了一份名为"共享经济中的物流——对所有权物流的重思"的报告，提出物流企业能够通过利用数字平台和共享资源获得更好的发展机遇。

报告指出，在共享经济中，无论是个体还是组织，均可暂时借用他人的资源、服务和技能，从而减少资源浪费。这不仅能提高利用率，使投资回报最大化，还通过向资源所有者支付租金，产生新的收益源。

事实上，"共享"这一概念对物流业而言并不陌生。早年间，DHL就开创了一种众包模式，私人旅行者可凭借为DHL托运货物的单据交换免费机票。"共享的概念并不新鲜，但目前全球有30亿智能手机用户，若他们积极参与共享资源和服务，可想而知这一潜在的市场规模有多大。"DHL市场营销策略与创新高级副总裁马蒂亚斯·亨特格表示，物流供应商可以通过共享资源真正受益，同时使货物运输更加便捷。用户则可以通过数字共享平台获得共享商品，包括房屋、出租车、建材、某人的个人时间和技能等。

如今，数字共享平台的巨大规模和对现有资源的共享途径，正重新定义"共享"概念，重塑物流行业。在物流业中，共享仓库空间、运力、业务数据和员工只体现出共享经济的部分层面，而在其价值链中全面应用这一概念，可有助于改善物流运营，创造行业新貌。例如，在美国和欧盟地区，每四辆运输车中就有一辆空载或半载。数字平台每天可提供实时汇总数据，获得几乎每辆运输车的备用装载数据，其中包括小型货车，甚至是私家车。DHL已经通过其最近推出的"Saloodo!"实时货运代理平台，解决了闲置产能的低效问题。据了解，该平台利用智能手机和即时通信的全球网络，可让更多的托运人利用闲置的运力寄送包裹。

然而，事物总是具有两面性。"共享"在带来发展契机的同时，也伴随着不少挑战。风险责任、透明度、保险和劳动力保障等都是眼下亟待解决的问题。不仅如此，科技创新和社会变革常常越过了监管框架。为确保"共享经济"积极有效地发展,DHL与各国行业监管机构必须通力合作。物流业能够完美地推动共享发展趋势并从中受益,这对于塑造共享经济、重定价值和创造规则具有重大意义。

资料来源：http://www.chinawuliu.com.cn/zixun/201707/03/322653.shtml.

 复习思考

1. 简述电子数据交换的优势和局限性。
2. 简述全球定位系统的构成和主要特点。
3. 简述物流管理信息系统的目标。

第六章

供应链采购与外包战略

【学习目的与要求】
- 了解供应链管理下采购的特点;
- 理解企业外包业务的选择与常见类型;
- 掌握供应链合作伙伴关系选择的因素。

引导案例

2016跨境生鲜电商风头强劲,海外直采成必然

1. 生鲜类目逐渐成为跨境电商的新增长点

根据中国电子商务研究中心的监测数据显示,2014年全国生鲜电商交易规模达到260亿元,比2013年的130亿元整整增长了1倍。2015年上半年,全国生鲜电商交易规模就达到了320亿元,预计全年交易规模有望突破500亿元,其年增长速度,远远超过了电商行业平均增速,势头非常强劲。

生鲜电商的增长速度如此可观,让各大跨境电商纷纷把生鲜类目作为新增长点。阿里、京东、亚马逊等,都不约而同地在生鲜类目市场加大了拓展力度,以图在未来市场中分得一杯羹。

2. 海外直采是跨境生鲜电商发展的必然

工欲善其事,必先利其器。要想把跨境生鲜业务做好,在没有合适的第三方物流服务商的情况下,电商企业都只能加快自有仓储物流体系的建设。为了降低经营风险,保证产品品质,提高用户的购物体验,推行原产地直供是跨境电商发展生鲜业务的必然。事实上,生鲜电商在国内已经把原产地直供模式玩得炉火纯青,京东阳澄湖大闸蟹第一捞、独家销售查干湖鱼等,都是其中的成功范例。

但跨境生鲜由于涉及国际合作,"直采"对电商平台或商家的考验较大,要求企业具有强大的销售能力和经营实力。由于多数跨境电商是平台属

性,平台并不参与经营,经营商家众多且处于分散状态,而那些垂直电商平台实力尚不够雄厚,在海外产地直采都心有余而力不足,很难长期化、全品类地实行下去。它们更多的是从批发商手中采购,有些商家和平台甚至直接从新发地、京深等农贸市场进货,显然这样对渠道的控制能力非常有限,难以应对风险,产品质量也无法保障。

真正有能力长期实行海外直采的跨境电商企业,还得看京东、亚马逊等有冷链仓储物流体系的直营平台。

3. 跨境生鲜大起底:同是直采"道"却不同

尽管全球性产地直采的难度很大,但"全球采买""原产地筛选"这些口号,在不少生鲜电商的网站宣传页面中随处可见。

据新京报报道,一些生鲜电商平台对进口海鲜和肉制品等商品,大多强调由采购团队从美国、澳大利亚等海外市场采买,有的还在官网显著位置标榜其货源"丹麦进口""挪威进口"的纯正身份,但是一些标榜全球采购的生鲜电商,甚至连最基本的进口资质都不具备。如某垂直电商网站标榜纯正"血统"的进口货源,但在国家相关机构查询发现,其对外贸易经营者备案登记、进出口工商经营范围、海关编码等关键资质缺失。

此外不少电商平台的货源模式已形成固定范式:委托国内工厂代加工,再贴牌加标出售,甚至直接委托批发市场的档口批发商加工。业内人士认为,这种委托代加工模式甚至将生产信息等标签全部交由对方定制,货源品质无疑是个巨大考验,存在严重隐患。

4. 跨境保税——生鲜自营仓提供跨境生鲜新方案

京东提供了另一个具有创造性的解决方案:2016年1月11日,京东与易江南宣布达成战略合作,在广州市白云机场跨境保税区正式开启国内首家跨境保税生鲜自营仓,为用户提供更优化的服务流程。

不难看出,京东这种创造性做法,与其一贯的自有物流策略相吻合,也使海外直采做到了快捷、安全、高效,是真正意义上的跨境生鲜产品"直采",凸显了京东物流体系和供应链管理上的优势。据悉,未来京东将在国内布局多个跨境保税生鲜自营仓,进一步丰富跨境生鲜品类,逐渐实现买全球、卖全球的目标。

由于跨境电商环节的特殊性,未来不排除其他跨境电商也效仿京东的做法,在保税区内自建物流仓库,从而成为跨境电商业务竞争的新方式。这种在业务形态上的新竞争,将促进各个跨境电商把注意力真正放到产品品质和流程优化上来,从而提升用户体验,对消费者权益保障和行业发展而言都是利好。

资料来源:http://www.chinawuliu.com.cn/zixun/201601/15/308820.shtml。

思考:

1. 如何实施海外直采?
2. 试分析采购管理在供应链管理中的地位和作用。

第一节 传统采购概述

采购活动是连接制造商和供应商的纽带,起着平衡上下游节点企业供应与需求的重要作用,采购的质量直接影响着供应链的供应质量。

一、传统采购的定义及一般流程

(一) 采购的定义

狭义地说,采购是企业购买货物与服务的行为;广义地说,采购是一个企业取得货物与服务的过程。因此,采购是指用户为取得与自身需求相吻合的货物和服务而必须进行的所有活动。

(二) 采购的一般流程

采购管理的科学化,首先要规范采购的一般流程,消除采购中的"三不"现象(不管是否为企业所需、不做市场调查和咨询、不问价格高低及质量好坏),以保证工作质量,堵住资金流失的漏洞。一般的采购流程由以下7个步骤组成,如图6-1所示。

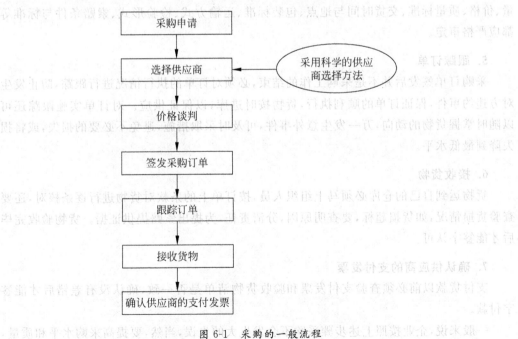

图 6-1 采购的一般流程

1. 采购申请

采购申请必须严格按照生产或客户的需要以及现有库存量,对品种、数量、安全库存量等因素进行科学计算后提出,要有严格的审核制度,规定不同等级主管的批准权限,防止随意和盲目采购。

2. 选择供应商

在买方市场中,由于供大于求,市场上往往有多家供应商可供选择,此时买方处于有利地位,可以货比多家,还可以提出一些服务条件。因此,选好供应商成为企业降低采购成本的主攻方向,应采用科学的方法挑选合适的供应商。

3. 价格谈判

价格一直是采购中敏感的话题,买方希望压低价格,卖方想提高价格,因此价格谈判是采购员的一项重要任务。由于价格问题是一种零和决策,一方所失就是另一方所得,从长远的角度看,任何一方暂时的所得未必是好事。

4. 签发采购订单

采购订单相当于合同文本,具有法律效力。签发采购订单必须十分仔细,每项条款要认真填写,用词要反复推敲,表达要简洁,含义要明确。对于采购的每项物品的规格、数量、价格、质量标准、交货时间与地点、包装标准、运输方式、检验形式、索赔条件与标准等都应严格审定。

5. 跟踪订单

采购订单签发后并不是采购工作的结束,必须对订单的执行情况进行跟踪,防止发生对方违约事件,保证订单的顺利执行,货物按时进库,以保证供应。对订单实施跟踪还可以随时掌握货物的动向,万一发生意外事件,可及时采取措施,避免不必要的损失,或将损失降到最低水平。

6. 接收货物

货物运到自己的仓库必须马上组织人员,按订单上的条款对货物进行逐条核对,还要查验货损情况,如货损超标,要查明原因,分清责任,为提出索赔提供证据。货物验收完毕后才能签字认可。

7. 确认供应商的支付发票

支付货款以前必须查验支付发票和验收货物清单是否一致,确认没有差错后才能签字付款。

一般来说,企业按照上述步骤采购不会发生大的失误,当然,要提高采购水平和质量,使企业在采购环节发掘更大的利润,还有很多事情要做。

二、传统采购的主要形式

(一) 询价采购

所谓询价采购,就是向选定的若干个供应商发询价函件,让他们报价,然后采购商根据各个供应商的报价而选定供应商进行采购的方法。

询价采购具有如下特点。

1. 选择供应商

不是面向整个社会所有的供应商,而是在对供应商充分调查的基础上,筛选了一些比较有实力的供应商。

2. 供应商少而精

所选择的供应商数量不是很多,但是其产品质量好、价格低、企业实力强、服务好、信用度高。

3. 采购过程比较简单、工作量小

因为数量少、范围窄,所以无论是通信联系、采购进货都比较方便、灵活,采购程序比较简单、工作量小、采购成本低、效率高。

4. 邀请性询价方式

通常是分别向各个供应商发询价函,供应商并不是面对面地竞争,因此各自的产品价格和质量能比较客观、正常反映出来,避免了面对面竞争时常常发生的价格扭曲、质量走样等事情。

询价采购被广泛应用于政府采购活动中。尽管询价采购具有上述特点和优点,但它还具有局限性,就是它所选供应商数量少、范围窄,可能选中的供应商不一定是最优的。与其他几种采购方式相比较,询价采购较适用于数量少、价值低或急需商品的采购。

(二) 比价采购

比价采购是指物资采购部门在自己的资源市场成员内对三家以上的供应商提供的报价进行比较,将最理想的报价作为订货价格,以确保价格具有竞争性的采购方式。此种采购方式,适合市场价格较乱或价格透明度不高的单台小型设备、工具及批量物资的采购。

(三) 招标采购

招标采购是通过在一定范围内公开购买信息,说明拟采购物品或项目的交易条件,邀请供应商或承包商在规定的期限内提出报价,经过比较分析后,按既定标准确定最优惠条件的投标人并与其签订采购合同的一种高度组织化采购方式。招标采购是在众多的供应商中选择最佳供应商的有效方法,体现了公平、公开和公正的原则。

企业采购通过招标程序,可以最大限度地吸引和扩大投标方之间的竞争,从而使招标方有可能以更低的价格采购到所需要的物资或服务,更充分地获得市场利益。招标采购方式通常用于比较重大的建设工程项目、新企业寻找长期物资供应商、政府采购或采购批量比较大等场合。

专家:腾讯1分钱中标案违反"招标投标实施条例"

2017年3月17日,腾讯以1分钱中标厦门市预算495万元的政务云项目,成为"逆天"新闻。这家以"1毛钱"(Ten Cent)作为英文名的企业在用QQ打败当时对短信收费1毛钱的电信运营商后,又一次以1分钱"秒杀"了参加竞标的中国三大电信运营商。

那么,对于"腾讯1分钱中标"案,究竟应该适用什么法律呢?

首先,《反不正当竞争法》《价格法》都与《反垄断法》存在不少竞合条款,在历时近二十年的《反垄断法》起草期间,没有同步修订前两部法律中与之竞合的条款,是当时立法者的失误,影响了过去八年多来《反垄断法》的全面有效落实。

其次,依据《立法法》确立的新法优于旧法的原则,当《反不正当竞争法》与《反垄断法》竞合时,应当优先适用后者。尽管实践中,在诸如公用企业滥用市场支配地位行为的执法实践中,每年全国适用《反不正当竞争法》查处的案件数量有千件左右,远远多于适用《反垄断法》查处的数量(过去8年仅累计查处了24件)。但这不应作为颠覆新法优于旧法的依据,而是应归咎于中国《反垄断法》实施机制上长期存在的"瓶颈"。

再次,依据《立法法》确立的特殊法优于一般法原则,《招投标法》作为特殊法应当优先适用于《反垄断法》,而且2012年2月1日起施行的《招标投标实施条例》作为新法和行政条例,更应优先于国家发改委、工商总局各自在2011年2月1日起实施的《反垄断法》配套规章。

最后,《政府采购法》及其实施条例作为特殊法,应优于《招投标法》及其实施条例,但由于前者并没有对"投标报价低于成本"的情况作出不同于《招标投标实施条例》的规定,因此政府采购也应当遵守《招标投标实施条例》的一般规定,评标委员会有义务否决报价低于成本的投标。

综上所述,无论是"腾讯1分钱中标"案,还是媒体跟进报道的"中国移动1元中标温州市政府云服务"案,都应属于违反《招标投标实施条例》的情况。

资料来源：http://tech.163.com/17/0321/14/CG2BNTUR00097U7R.html.

三、传统采购模式存在的问题

(一) 传统采购模式

传统采购的重点放在如何与供应商进行商业交易的活动上,比较重视交易过程中供应商的价格比较,通过供应商的多头竞争,从中选择价格最低的作为合作者,而对质量、交货期等都是通过事后把关的办法进行控制。

因此在供应商与采购部门之间经常要进行报价、询价、还价等来回的谈判,并且多头进行,最后从多个供应商中选择一个价格最低的供应商签订合同,订单才能确定下来。图 6-2 为传统采购原理示意图。

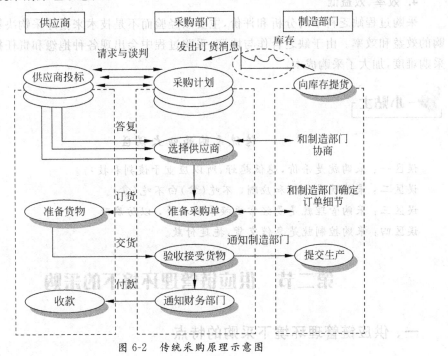

图 6-2 传统采购原理示意图

(二) 传统采购模式的问题

1. 信息非对称博弈

采购方为了在多个参与竞争的供应商中选择一个最佳供应商,往往会保留私有信息。同样,供应商在竞价过程中也会隐瞒自己的信息,以避免在竞争中处于劣势。这样使得采供双方不能进行有效的信息沟通,形成信息不对称的采购博弈过程,使采供双方很难从长远发展角度考虑合作。

2. 对需求反应迟钝

采购部门仅仅是执行生产部门确定的订单采购任务,这样会造成库存积压、占用大量流动资金。由于缺乏及时的信息反馈,在市场需求发生变化的情况下,采购方不能改变已有的订货合同,缺乏对需求变化的快速反应能力。

3. 质量监控滞后

传统采购无法对供应商产品质量、交货期等进行事前控制,极大地增加了后续生产过程的不确定性,这使采购企业为了避免这种不确定性带来的影响而增加企业的安全库存量,引起生产成本的上升,或者引起大量的经济纠纷。

4. 效率、效益低

采购过程缺乏科学的分析和评价,主要以经验而不是技术来指导采购决策,影响了采购的效益和效率。由于缺乏合作与协调,采购过程中会出现各种抱怨和责任推诿,增加了采购难度,加大了采购成本。

传统采购的四大误区

误区一:采购就是杀价,越低越好,所以应重于谈判和技巧。
误区二:采购就是收礼和应酬,不吃(拿)白不吃(拿)。
误区三:采购管理就是要经常更换采购人员,以防腐败。
误区四:采购控制就是急催交货,拖延付款。

第二节 供应链管理环境下的采购

一、供应链管理环境下采购的特点

(一)从为库存采购向为订单采购转变

在传统的采购模式中,采购的目的很简单,就是补充库存,即为库存而采购。采购部门并不关心企业的生产过程,不了解生产的进度和产品需求的变化,因此采购过程缺乏主动性,采购部门制订的采购计划很难适应制造需求的变化。在供应链管理模式下,采购活动是以订单驱动方式进行的,制造订单的产生是在用户需求订单的驱动下产生的,然后,制造订单驱动采购订单,采购订单再驱动供应商。

这种准时化的订单驱动模式,使供应链系统得以准时响应用户的需求,从而降低了库存成本,提高了物流的速度和库存周转率。订单驱动的采购方式有如下特点。

(1) 由于供应商与制造商建立了战略合作伙伴关系,签订供应合同的手续大大简化,不再需要双方的询盘和报盘的反复协商,交易成本也因此大为降低。

(2) 在同步化供应链计划的协调下,制造计划、采购计划、供应计划能够并行进行,缩短了用户响应时间,实现了供应链的同步化运作。采购与供应的重点在于协调各种计划的执行。

(3) 采购物资直接进入制造部门,减少采购部门的工作压力和不增加价值的活动过程,实现供应链精细化运作。

(4) 信息传递方式的变化。在传统采购方式中,供应商对制造商过程的信息不了解,也无须关心制造商的生产活动。但在供应链管理环境下,供应商能共享制造部门的信息,提高了供应商的应变能力,减少了信息失真。同时在订货过程中不断地进行信息反馈,修正订货计划,使订货与需求保持同步。

(5) 实现了面向过程的作业管理模式的转变。订单驱动的采购方式简化了采购工作流程,采购部门的作用主要是沟通供应商与制造部门之间的联系,协调供应与制造的关系,为实现精细采购提供了基础保障。

(二) 从采购管理向外部资源管理转变

外部资源管理就是将采购活动渗透到供应商的产品设计和产品质量控制过程。

1. 实施外部资源管理的必要性

实施外部资源管理主要基于以下两个原因。

(1) 传统采购管理的不足之处,就是与供应商之间缺乏合作,缺乏柔性和对需求快速响应的能力。准时制思想出现以后,对企业的物流管理提出了严峻的挑战,需要改变传统的、单纯为库存而采购的管理模式,提高采购的柔性和市场的响应能力,加强与供应商的信息联系和相互之间的合作,建立新的供需合作模式。

一方面,在传统的采购模式中,供应商对采购部门的要求不能实时响应;另一方面,产品的质量控制只能事后把关,不能进行实时控制,这些缺陷使供应链企业无法实现同步化运作。因此,供应链管理采购模式就是要实施有效的外部资源管理。

(2) 实施外部资源管理也是实施精细化生产、零库存生产的要求。供应链管理中一个重要思想,是在生产控制中采用基于订单流的准时制生产模式,使供应链企业的业务流程朝着精细化生产努力,即实现生产过程的"零"化管理:零缺陷、零库存、零交货期、零故障、零(无)纸文书、零废料、零事故、零人力资源浪费。

供应链管理思想就是系统性、协调性、集成性、同步性,外部资源管理是实现供应链管理上述思想的一个重要步骤。从供应链企业集成的过程来看,它是供应链企业从内部集成走向外部集成的重要一步。

2. 制造商实施外部资源管理的要点

要实现有效的外部资源管理,制造商的采购活动应从以下几个方面着手进行改进。

(1)和供应商建立一种长期的、互惠互利的合作关系。这种合作关系保证了供需双方能够有合作的诚意和参与双方共同解决问题的积极性。

(2)通过提供信息反馈和教育培训支持,与供应商一起促进质量改善和质量保证。传统采购管理的不足在于没有给予供应商在有关产品质量保证方面的技术支持和信息反馈。在顾客化需求的今天,产品的质量是由顾客的要求决定的,而不是简单地通过事后把关所能解决的。因此,在这样的情况下,质量管理的工作需要下游企业提供相关的质量要求的同时,应及时把供应商的产品质量问题反馈给供应商,以便其及时改进。

对个性化的产品质量要提供有关技术培训,使供应商能够按照要求提供合格的产品和服务。

(3)参与供应商的产品设计和产品质量控制过程。同步化运营是供应链管理的一个重要思想。通过同步化的供应链计划使供应链各企业在响应需求方面取得一致性的行动,增加供应链的敏捷性。实现同步化运营的措施是并行工程,制造商企业应该参与供应商的产品设计和质量控制过程,共同制定有关产品质量标准等,使需求信息能很好地在供应商的业务活动中体现出来。

(4)协调供应商的计划。一个供应商有可能同时参与多条供应链的业务活动,在资源有限的情况下,必然会造成多方需求争夺供应商资源的局面。在这种情况下,下游企业的采购部门应主动参与供应商的协调计划,保证供应链的正常供应,维护企业的利益。

(5)建立一种新的、有不同层次的供应商网络,并通过逐渐减少供应商的数量,与供应商建立合作伙伴关系。在供应商的数量方面,一般而言,供应商越少越有利于双方的合作。但是,企业的产品对零部件或原材料的需求是多样的,因此不同的企业供应商的数目不同,企业应根据自己的情况选择适当数量的供应商,建立供应链网络,并逐步减少供应商的数量,致力于和少数供应商建立战略合作伙伴关系。

(三)从一般买卖关系向战略合作伙伴关系转变

在传统的采购模式中,供应商与需求企业之间是一种简单的买卖关系,因此无法解决一些涉及全局性、战略性的供应链问题,而基于战略合作伙伴关系的采购方式为解决这些问题创造了条件。

1. 库存问题

在传统的采购模式下,供应链的各级企业都无法共享库存信息,各级节点企业都独立地采用订货点技术进行库存决策,不可避免地产生需求信息的扭曲现象,因此供应链的整体效率得不到充分提高。在供应链管理模式下,通过建立合作伙伴关系,供应与需求双方可以共享库存数据,采购的决策过程变得透明多了,减少了需求信息的失真现象。

2. 风险问题

供需双方通过战略性合作关系,可以降低由于不可预测的需求变化带来的风险,如运输过程的风险、信用的风险、产品质量的风险等。

3. 便利问题

通过合作伙伴关系可以为双方共同解决问题提供便利条件,同时,双方可以为制订战略性的采购供应计划共同协商,而不必为日常琐事消耗时间与精力。

4. 降低采购成本问题

通过合作伙伴关系,供需双方都能从降低交易成本中获得好处。

5. 组织障碍问题

战略性的伙伴关系消除了供应过程的组织障碍,为实现准时化采购创造了条件。

二、供应链采购与传统采购的区别

随着供应链管理的出现,采购发生了很多变化。供应链采购与传统采购具有以下几点区别。

1. 从采购性质来看

供应链管理环境下的采购是一种基于需求的采购。需要多少就采购多少,什么时候需要就什么时候采购。采购回来的货物直接送需求点进入消费。而传统的采购则是基于库存的采购,采购回来的货物直接进入库存,等待消费。

供应链管理环境下的采购是一种供应商主动型采购。由于供应链需求者的需求信息随时都传送给供应商,所以供应商能够随时掌握用户需求信息、需求状况、变化趋势,及时调整生产计划、及时补充货物,主动跟踪用户需求,主动适时适量地满足用户需要。

由于双方是一种友好合作的利益共同体,如果需求方的产品质量不好,销售不出去的话,供应商自己也会遭受损失,所以供应商会主动关心产品质量,自觉把好质量关,保证需求方的产品质量,因此需求方完全可以不用操心采购质量的事情,只要到时候支付货款就行了。

传统的采购必须靠用户自己主动承担全部采购任务。因为他的需求信息供应商不知道、供应商的信息他也不知道,所以他必须自己主动去采购。这要花费很多时间去调查供应商及其产品和价格,然后选择供应商,去和供应商洽谈、订合同,还要联系进货,进行严格的货检。对需求方来说,这是一种全采购操作的采购方式,而供应商则完全处于一种被动、无关的地位。

供应链采购是一种合作型采购。双方为了产品能在市场占有一席之地、获得更大的经济效益,从不同的角度互相配合、各尽其力,所以在采购上也是互相协调配合。

传统采购是一种对抗性采购。由于双方是一种对抗性竞争关系,所以贸易双方互相保密,只顾自己获取利益,甚至还互相算计对方,因此贸易谈判、货物检验等都非常费力。双方不是互相配合,而是互相不负责任,甚至是互相坑害,常常以次充好、低价高卖。所以需求方必须时时小心、处处小心。这样花在采购上的人员、时间、精力、费用都很高。

2. 从采购环境来看

供应商管理环境下的采购是在一种友好合作的环境下进行的,而传统采购是一种利益互斥、对抗性竞争环境,这是两种采购模式的根本区别。由于采购环境不同,导致了许多观念上、操作上的不同,从而形成了各自的优点和缺点。供应链采购的根本特征就是有一种友好合作的供应链采购环境,这是它根本的特点,也是它最大的优点。

3. 从信息情况来看

供应商管理环境下的采购使供应链企业之间实现了信息连通、信息共享。供应商能随时掌握用户的需求信息,能够根据用户需求情况和需求变化情况,主动调整自己的生产计划和送货计划。供应链各个企业可以通过计算机网络进行信息沟通和业务活动,这样,足不出户就可以很方便地协调活动,进行相互之间的业务处理活动。例如,发订货单、发发货单、支付货款等。

信息传输、信息共享要求每个企业内部的业务数据要信息化、电子化,也就是要用计算机处理各种业务数据、存储业务数据,没有企业内部的信息网络,也就不可能实现企业之间的数据传递和数据共享。因此,供应链采购的基础就是要实现企业的信息化、企业间的信息共享,也就是要建立企业内部网络和企业外部网络,并且和因特网连通,建立起企业管理信息系统。

4. 从库存情况来看

供应链管理环境下的采购是由供应商管理用户的库存。用户没有库存,即零库存。这意味着,用户无须设库存、无须关心库存。

第一,供应商管理库存可以使用户大大节省费用、降低成本,专心致志地搞好工作,发挥核心竞争力,提高效率。因而可以提高企业的经济效益,也可以提高供应链的整体效益。

第二,供应商掌握库存自主权,可以根据需求变动情况,适时地调整生产计划和送货计划,既能避免盲目生产造成的浪费,也可避免库存积压、库存过高所造成的浪费以及风险。

第三,由于这种机制把供应商的责任(产品质量好坏)与利益(销售利润的多少)相联系,因此加强了供应商的责任意识,他会自觉提高用户满意水平和服务水平,从而使供需双方都获得效益。而传统的采购由于买方设置仓库、管理库存,一方面很容易造成库存过度积压,另一方面又可能缺货,不能保证供应。同时还会造成精力分散、工作低效率,从而使服务水平、经济利益都会受到严重影响。

5. 从送货情况来看

供应链管理环境下的采购是由供应商负责送货,而且是连续小批量多频次地送货。这种送货机制可以大大降低库存,实现零库存。因为它送货的目的是直接满足需要,需要多少就送多少,什么时候需要就什么时候送,不多送,也不早送,这样既可降低库存费用,又能满足需要,不缺货,同时可以根据需求的变化,随时调整生产计划,不多生产、不早生产,因而节省了原材料费用和加工费用;同时由于紧紧跟踪市场需求的变化,所以能够灵活适应市场变化,避免库存风险。而传统采购是大批量少频次地订货进货,所以库存量大、费用高、风险大。

6. 从双方关系来看

供应链管理环境下的采购中,买方企业和卖方企业是一种友好合作的战略合作伙伴关系,它们互相协调、互相配合、互相支持,所以有利于各方面工作的顺利展开,可提高工作效率,实现双赢。而传统采购中,买方和卖方是一种对抗性的买卖关系,一个赢,另一个必然输,所以互相防备,互相封锁,互相不信任、不配合,甚至互相坑害,工作效率也低。

7. 从货检情况来看

传统采购由于是一种对抗性关系,所以货物常常会以次充好、低价高卖,甚至伪劣假冒、缺斤少两,买方进行货检的力度大,工作量大、成本高。而供应链管理环境下的采购,由于供应商自己的责任与利润相连,所以他会自我约束、保证质量,货物甚至可以免检。这样就可大大节约费用、降低成本。

供应链管理环境下的采购与传统的采购相比,无论在观念还是做法上都有很大的区别,有革命性的变化和显著的优越性,如表 6-1 所示。

表 6-1 供应链下采购模式与传统采购模式的主要区别

比较项目	传统采购模式	供应链采购模式
供应商/买方关系	相互对立	合作伙伴
合作关系	可变的	长期
合同期限	短	长
采购数量	大批量	小批量
运输策略	单一品种整车发送	多品种整车发送
质量问题	检验/再检验	无须入库检验
与供应商的信息沟通	采购订单	网络

续表

比较项目	传统采购模式	供应链采购模式
信息沟通频率	离散的	连续的
对库存的认识	资产	祸害
供应商数量	多,越多越好	少,甚至一个
设计流程	先设计产品后询价	供应商参与产品设计
产量	大量	少量
交货安排	每月	每周或每天
供应商地理分布	很广的区域	尽可能靠近
仓库	大,自动化	小,灵活

第三节 企业业务外包

一、供应链环境下的业务外包

供应链管理注重的是企业核心竞争力,强调根据企业的自身特点,专门从事某一领域、某一专门业务,形成自己的核心竞争力,这必然要求企业将其他非核心竞争力业务外包给其他企业,即业务外包。

(一) 业务外包的内涵

业务外包(outsourcing)也称资源外取,是指企业整合利用其外部最优秀的专业化资源,从而达到降低成本、提高效率、充分发挥自身核心竞争力和增强企业对环境的迅速应变能力的一种管理模式。企业为获得比单纯利用内部资源更多的竞争优势,将其非核心业务交由合作企业完成。

业务外包是近几年发展起来的一种新的经营策略,是以长期合同的形式,将企业的一部分业务交由外部业务提供者(合作伙伴)去完成,以便企业集中资源于具有竞争力的核心业务,也即把多家公司的优秀人才集中起来为我所用,使现代商业机构发生了根本的变化。

企业内向配置的核心业务与外向配置的业务紧密相连,形成一个关系网络(供应链),并与这些合作伙伴保持紧密的合作关系。

(二) 业务外包的原因

业务外包推崇的理念是,如果供应链上的某一环节不是世界上最好的,如果这又不是我们的核心竞争优势,如果这种活动不至于与客户分开,那么可以把它外包给世界上最好的专业公司去做。

也就是说,首先确定企业的核心竞争力,并把企业内部的资源集中在那些有核心竞争优势的活动上,其次将剩余的其他企业活动外包给最好的专业公司。

供应链环境下的资源配置决策是一个增值的决策过程,如果企业能以更低的成本获得比自制更高价值的资源,那么企业就选择业务外包。促使企业实施业务外包的原因有以下几点。

1. 降低和控制成本,节约资本资金

许多外部业务提供者都拥有比企业更有效、更便宜地完成业务的技术和知识。他们可以实现规模效益,并且愿意通过这种方式获利。企业通过向它们外包业务,能够以更低的成本获得产品、零部件或服务,同时避免在设备、技术、研究开发上的巨大投资。

例如,企业将人力资源管理进行外包,即使用人需求不断增加,企业也不必增加专门的管理人员或机构对业务外包员工进行管理,而由服务商完全承担,这大幅降低了管理成本;另外对需要改制和裁减冗员的企业而言使用业务外包用工方式可以将"硬性裁员"转化为"软性裁员",对员工实现"换岗不下岗",大幅减少了对改编改制员工的安置成本。

2. 使用企业不再拥有的资源

如果企业没有完成业务所需的资源(包括所需资金、技术、设备),而且不能盈利时,企业也会将业务外包。这是企业临时外包的原因之一,但是企业必须同时进行成本/利润分析,确认在长期情况下这种外包是否有利,并由此决定采取外包策略。

美国 Altera 公司与英特尔(Intel)公司的合作就是通过业务外包利用资源的最好例证。Altera 公司是一个高密 CMOS 逻辑设备的领头企业,当时它有一个新的产品设想,但是没有硅片的生产能力,而作为其竞争者的英特尔公司能生产。因此,它们达成了一个协议:英特尔公司为 Altera 公司生产硅片。Altera 公司获得了英特尔公司的生产能力,而英特尔公司获得了 Altera 公司新产品的相关利益。

3. 加强企业重构优势

企业重构需要花费很多的时间,并且获得效益也要很长的时间,而业务外包可以利用其他公司的生产技术,让新产品迅速进入市场,因此业务外包是企业重构的重要策略,可以帮助企业很快解决业务方面的重构问题。

例如,采购外包既可以获得更低采购成本、更高采购效率的专业化服务,从总体上降低企业采购运作方式,提高采购运营效率,又可以将自己的全部智能和资源专注于核心采购业务,在新的竞争环境中提高企业的竞争能力。企业实施采购外包的优势主要体现为加速采购业务重构。对实行采购外包的企业来讲,不仅可以做到现有企业核心采购能力和外包供应商核心能力的整合,更重要的还要做到如何巩固和提升自己的核心采购能力。

4. 分担风险

企业可以通过外向资源配置分散由政府、经济、市场、财务等因素产生的风险，实行业务外包的公司出现财务麻烦的可能性仅为没有实行业务外包公司的三分之一。企业本身的资源能力是有限的，通过资源外向配置，与外部的合作伙伴分担风险，企业可以变得更有柔性，更能适应不断变化的外部环境。

例如，现在的汽车制造商在开发一个新车型时，往往要求供应商同步进行主要零部件的开发并承担相应的开发费用，这样既能够大大减少汽车制造商的开发投入，又能使以前漫长的新产品开发周期大大缩短，可以有效地降低汽车制造商的新产品开发风险与市场风险。

5. 剥离企业难以掌控的辅助业务

企业可以将在内部运行效益不高的业务职能外包，把原来自己做不好的辅助业务交给提供商去做，目的是让更专业的人做得更好。

例如，企业把自己原来管理不好的物流委托给专业化的第三方物流公司，使公司管理层有更多的时间和精力，将更多的资源投入核心业务上。

而在辅助业务管理上，作为业务承揽方的外部专业化公司，对其承揽项目的服务等级、成本构成、质量检测等有着明确的标准和承诺，这样公司就可根据合同的履行情况实行对辅助业务的质量控制，实现预期目标。

(三) 业务外包的问题

成功的业务外包策略可以帮助企业降低成本、提高业务能力、改善质量、提高利润率和生产率。但同时它也会遇到一些问题。

1. 可能会增加企业责任外移

业务外包一般可以减少企业对业务的控制，但它同时会增加企业责任外移的可能性。企业必须不断监控外部企业的行为并与之建立稳定长期的联系。

苹果公司几乎把全部的供应链外包给了供应商。苹果公司把供应链外包出去，但供应商的技术标准、规范要求、参数、质量等均由苹果公司管控，它有一套要求供应商达成其标准的体系。一部 iPhone 手机约包含 500 个元器件，由上游 200 余家供应商提供。苹果公司在管理供应商的过程中始终遵循一个原则，即不允许供应商对它有任何不透明，苹果公司必须完全控制手机生产的每个环节，所有元器件的来源、研发、生产、测试等过程对于苹果公司而言都是完全透明的。

比如，苹果公司首先派工程师参与元器件的研发，其次要筛选上游元器件，弄清楚每一道工序，并将生产模式及其细节固定化，一旦擅自更改，所有订单作废，随后进行长达 3 个月的量产前抽检；检测通过后决定使用，但仍会持续一个月的小批量检测，直到工厂的产能稳定、产量充裕时才完全撤回工程师。

2. 技术问题

越来越多的企业将部分业务转移到不发达国家,以获得廉价劳动力,从而降低成本。企业必须确认自己在这些地方并没有与当地水平偏差太大,并且必须确认企业的招聘工作在当地公众中没有引起消极反应。公众的反应对于企业的业务、成本、销售有很大影响。

3. 员工担心失去工作的问题

随着许多业务外包,企业部分职工会担心失去工作。如果他们知道自己的工作被外包只是时间问题的话,就可能会使剩余职工的职业道德和业绩下降,因为他们会失去对企业的信心,失去努力工作的动力和敬业精神,导致更低的业绩水平和生产率。

二、外包业务的选择与常见类型

(一) 外包业务的选择

企业在选择外包业务时,应该基于核心竞争力综合考虑以下问题。

1. 业务的专用性程度

如果该业务为本企业专用,则通常会存在着高昂的市场交易成本,这不仅会提高企业自身的成本,还将影响到整条供应链的效益,因此外包这样的业务是得不偿失的。专用性较低的业务,因市场规模大,交易成本较低,从而成为企业考虑进行外包的首选。

2. 业务的战略重要性程度

在某些情况下,即使一些专用性业务交易成本较低,但其对企业在供应链中的生存起着至关重要的作用,这些业务也不适宜外包。因此,必须深刻了解业务的战略重要性。

例如,当惠普中国公司接到客户订单后,由于定制化产品的技术要求与生产管理难度高,往往将具有定制需求的计算机留给自己生产,而将通用的计算机外包给华硕、富士康等代工企业生产。

惠普选择这种外包业务方式,一方面能够有效地控制定制化产品的成本和质量,另一方面也能保持核心竞争力。当这些定制化产品逐步成熟且需求形成规模时,便转化成为通用产品,其生产则由内部转为外包。

3. 是否是企业竞争优势的核心部分

从这一角度来讲,那些对企业核心竞争力贡献不大,不影响企业参与供应链合作与竞争的业务是被外包出去的首选。但同时应看到,在企业动态发展的过程中,如果某些业务的竞争力对企业的战略重要性作用越来越大,甚至成为企业的核心竞争力,那么它们也应该由外包变为内部资源利用。

4. 能否与供应商形成强强联合

企业进行业务外包不只是为了降低成本,而且还是为了与供应商形成具有竞争力的供应链。

因此在业务外包后,企业应通过加强组织内外部的管理来更好地参与到供应链中,与供应链中的合作伙伴共同采取最优价格策略来达到供应链整体利润最优,实现双赢的目标,并且借助信息技术与电子商务等手段发掘企业之间新型的关系管理方法,通过与合作伙伴之间交易成本和核心竞争力的互补与促进来推动供应链整体的发展。

(二) 外包业务的常见类型

1. 生产业务外包

在竞争日益激烈和多变的市场中企业为了降低成本,常常将生产业务外包到劳动力水平较低的国家。目前越来越多拥有名牌产品或商标的企业不再拥有自己的生产厂房和设备,不再在生产过程中扮演过多的角色。

例如,著名的计算机网络公司 Cisco 没有任何生产能力,其产品均由东南亚的制造商完成;著名的运动鞋制造商 Nike 公司也不设工厂,产品的生产由分散在世界各地的 40 多家合同制造商来完成,然后贴上 Nike 的商标就行了。

2. 物流业务外包

物流外包不仅降低了企业的整体运作成本,更重要的是使买卖过程摆脱了物流过程的束缚。企业摆脱了操作能力的束缚,使供应链能够提供前所未有的服务。现在许多公司开始将自己的货物或产品的存储和配送外包给专业性的货物配送公司来完成。

例如,思科系统公司(Cisco Systems)将其整个物流功能外包给 UPS 物流公司。UPS 物流协调思科公司的生产界面、进出货物以及顾客的订单履行。在这种情况下,外包更复杂、更成熟,同时双方都期望高的潜在价值。

3. 研究与开发(R&D)外包

虽然研究与开发是企业的核心业务,但也可以成为外包的对象。许多企业在设有自己的研发部门和保持相当的研发力量的前提下,为了弥补自己开发能力的不足,有选择地和相关研究院所、大专院校建立合作关系,将重大技术项目外包给他们攻关。另外,企业也可以到科研机构购买先进的但尚未产业化的技术。

例如,美国微波通信公司(MCI)认识到自己不可能总是站在技术的前沿,因为它支付不起也不可能把最好的人才都吸引到自己麾下。然而,它已经建立起众多的外部关系并且从中确定了技术最好的一个,使 MCI 公司从技术外包中获得的开发项目二十多倍于本机构的开发项目。

4. 信息服务外包

以前,各公司都是自己设计网络,购置硬件和软件,然后再由各供应商分别提供服务,将这些东西拼凑起来。由于这项业务专业性强、技术要求高,所以实施起来难度大,且很难达到先进、合理的要求,成本也是比较高的。

随着互联网的逐步普及,大量的基于 Web 的解决方案不断涌现,这使远程的应用方案成为可能。因此,许多企业已经普遍将信息系统业务外包给应用服务提供商(ASP),由其管理并提供用户所需要的信息服务。

5. 其他业务外包

例如,战略策划、咨询与诊断、物业管理、法律、会计、金融、人力资源管理与培训等。

小贴士

随着制造业向智能制造升级发展,制造企业对物流体系的要求越来越高,主要体现在:一方面,要更精准地掌控物流运作的信息,专业人士称之为"透明化"需求;另一方面,又要求物流服务降低成本和管理便捷化,这就必然需要更高质量的物流外包服务。

制造企业要满足这样的物流需求,离不开相关企业的服务和技术支持,这里涉及的企业大体可分为两类:帮助搭建物流体系的企业和具体实施物流运作服务的企业。前者包括物流系统集成商、物流软件提供商、物流装备制造企业,后者包括第三方物流企业和第四方物流平台。

制造企业为提高效率、降低运作成本,选择物流外包是必然的。物流外包一般会涉及对物流运作服务商进行管理的问题。对于物流运作服务商来说,信息化已成为制造企业客户的基本要求。

第四节 供应链合作伙伴关系

一、供应链合作伙伴关系概述

(一) 供应链合作伙伴关系的含义

供应链合作伙伴关系(supply chain partnership,SCP)是指在供应链内部两个或两个以上独立的成员之间形成的一种协调关系,以保证实现某个特定的目标或效益。对于某个具体企业而言,它既包括企业与上游供应商的关系,企业与下游客户的关系,同时也包括企业和第三方物流的关系。

供应链的构建主体即合作伙伴选择的主动方通常是由供应链上的核心企业来扮演。

核心企业可能是制造企业或零售企业。

根据企业对供应链的增值能力和影响能力，可以把供应链合作伙伴关系划分为四种类型：普通合作伙伴、有影响力的合作伙伴、竞争性/技术性合作伙伴和战略性合作伙伴，如图 6-3 所示。

图 6-3　供应链合作伙伴类型

纵轴代表的是合作伙伴在供应链中增值的作用，对于一个合作伙伴来说，如果他不能对增值作出贡献，他对供应链的其他企业就没有吸引力。横轴代表某个合作伙伴与其他合作伙伴之间的区别，主要是设计能力、特殊工艺能力、柔性、项目管理能力等方面的竞争力的区别。

在实际运作中，企业应根据不同的目标选择不同类型的合作伙伴。对于长期需求而言，要求合作伙伴能保持较高的竞争力和增值率，因此最好选择战略性合作伙伴；对于短期或某一短暂市场需求而言，只需选择普通合作伙伴即可，以保证成本最小化；对于中期需求而言，可根据竞争力和增值率对供应链的重要程度的不同，选择不同类型的合作伙伴（有影响力的或竞争性/技术性的合作伙伴）。

对于供应链合作伙伴关系的理解要把握以下几点。

首先，供应链合作伙伴之间是长期稳定的合作，强调高度信任和战略合作，而不单是操作层面的合作。因此，相互信任的重要性是不言而喻的。它是构建和维系供应链合作伙伴关系的基础，是伙伴间稳定合作的必要保障。

其次，合作伙伴之间彼此交换的不仅有有形的物质，还包括研发、信息、物流以及技术、生产、管理等方面的相互支持和帮助。供应链合作伙伴之间，不只注重物品的供求及价格问题，更要注重合作后服务水平的提高。因此它意味着合作方要在新产品、新技术的共同研发和数据与信息的共享等方面做出共同努力。

最后，供应链合作伙伴关系建立的目的是双赢（win-win）。企业以追求利润为经营目的，参与到供应链中的根本目的也是提高企业自身利润。因此，建立合作伙伴关系要保证合作双方的利益,甚至是合作各方的共同利益,这样才能激发企业合作的积极性。

供应链合作伙伴关系的建立和管理直接影响着供应链的稳定和整体竞争能力的提高。建立供应链合作伙伴关系可以提高合作双方共享信息水平,减少不确定性,降低整个供应链产品的库存总量,降低成本,提高整个供应链的运作绩效,从而实现"双赢"和"共赢"的目的。因此,供应链合作伙伴关系的建立是供应链管理的基础与核心,没有稳定和坚实的合作关系就无法实现供应链的正常运作,也就谈不上供应链的管理了。

但供应链合作伙伴关系的潜在效益往往不会在建立之初就马上显现出来,而是要在建立后三年左右甚至更长时间才能转化成实际利润或效益。因此企业只有着眼于供应链管理的整体竞争优势的提高和长期的市场战略,才能从供应链的合作伙伴关系中获得更大效益。

(二) 供应链合作伙伴关系的演变过程

供应链在物物交换之时就已存在,随着社会形态的变化和经济的发展,供应链的作用日益凸显,开始逐渐被人们认识。时至今日,供应链已经引起了全世界的关注,从这个角度来说,供应链上的企业关系也就有了漫长的演变过程。可以大致划分为以下三个阶段。

1. 传统关系

20世纪70年代前,企业之间是以传统的产品买卖为特征的短期合同关系。这种关系是基于价格的博弈关系,企业之间基本上是处于讨价还价的竞争状态,因此这一阶段更准确地讲,企业之间是竞争关系。在买方市场下,买方可以在卖方之间引起价格的竞争并在卖方之间分配采购数量来对卖方加以控制;而在卖方市场下,卖方利用有限的产品来控制买方。

2. 物流关系

20世纪70年代到80年代,随着竞争环境和管理技术的不断变化,供应链上企业关系发生了变化,即由传统关系转变为物流关系。在此阶段,企业之间的关系以加强基于产品质量和服务的物流关系为特征,将物料从供应链上游到下游的转换过程进行集成,注重服务的质量和可靠性,在产品质量、柔性、准时等方面对供应商的要求较高。

在此演变过程中,JIT和TQM等管理思想起了催化剂的作用。为了达到准时化生产,要求企业各部门之间、企业之间的沟通与合作更加方便、透明,因此从技术上要求伙伴之间在信息共享、协同作业、并行工程等方面相互沟通和协作,这种伙伴关系都是建立在技术层面上的,以物流关系为纽带。

3. 合作伙伴关系

随着竞争的日益激烈,竞争日益表现为供应链与供应链之间的竞争,这就产生了基于战略联盟的伙伴关系的企业模型。到了这一阶段,供应链上的企业之间在信息共享、服务支持、并行工程、群体决策等方面合作,强调基于时间(time-based)和基于价值(value-based)的供应链管理,体现了供应链上各节点企业之间的资源集成与优化。从产品的研发、生产、配送、交付等整个供应环节实现企业之间的协作,企业之间进行流程优化、业务重组,这是一种最高级别的企业关系模式。随着动态联盟、虚拟制造等思想的应用,企业之间的这种强强联合的伙伴关系更加紧密。

基于这种伙伴关系,市场竞争的策略就是基于时间的竞争和价值链的价值让渡系统管理,或基于价值的供应链管理。

供应链合作伙伴关系演变过程如图6-4所示。

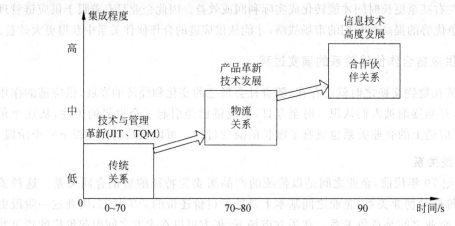

图6-4 供应链合作伙伴关系演变过程

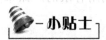

什么是战略

辞海中这样定义战略:战略是对战争全局的筹划与指导,是依据国际、国内形势和敌对双方政治、经济、军事、科学技术、地理等因素确定的。或泛指重大的、带全局性或决定全局的谋划。

战略解决的主要问题是:对战争的发生、发展及其特点、规律的分析与判断,战略方针、任务、方向和作战形式的确定,武装力量的建设和使用,武器装备和军需物资的生产,战略资源的开发、储备和利用,国防工程设施,战略后方建设,战争动员以及照顾战争全局各方面、各阶段之间的关系等。

(三)供应链合作伙伴关系与传统供应商关系的区别

通过以上内容的介绍,可以看出供应链合作伙伴关系与传统供应商关系是有很大差别的。

首先,传统的供应商关系大多局限于制造商与供应商,制造商与分销商、零售商之间;

而供应链上的合作伙伴不仅有供应商与制造商,而且分销商、零售商、终端客户甚至第三方物流企业都属于供应链的组成部分。因此从关系对象上就存在数量上的区别。

其次,企业之间关系也有很大不同,传统供应商关系是建立在买卖基础上的短期或者临时的合同关系,因此双方的主要精力都集中在价格的竞争上;而供应链合作伙伴关系则是建立在长期合作基础上的互相支持、互相扶助以取得双赢局面的关系。

从双方的交换对象上看,传统供应商关系下,双方只是进行有形商品的交换;而供应链合作关系下,双方不仅限于物质的交换,更重要的是信息、服务、研发、技术以及物流等方面的交换。

传统关系下,企业对于供应商的选择标准主要是集中在价格上,在此基础上企业才考虑供货质量和时间的问题;而在供应链合作关系下企业选择供应商除了要考虑价格和供货质量外,还要考虑多种因素包括供应商的供货能力、经营业绩、发展潜力等,以保证与供应商的长期稳定合作。

从供应商数量来看,传统关系下企业供应商数量较多、更换频繁、稳定性差;供应链合作关系下,企业会选择少数甚至是唯一的供应商以建立长期合作,具有较强的稳定性。当然也要认识到单一供应源对于企业是存在较大风险的。

传统关系下,企业与供应商之间信息不对称,双方都会为了各自的利益隐瞒部分信息;供应链合作关系下,企业之间信息共享程度较高。传统关系下质量控制发生在事后,企业只能通过到货验收掌握;供应链合作关系下企业可以全程参与和监控供应商研发和生产,从而保证质量。

除了以上方面外,供应链合作伙伴关系与传统供应商关系还有其他方面的区别,详见表 6-2。

表 6-2 传统供应商关系与供应链合作伙伴关系的区别

比较要素	传统供应商关系	供应链合作伙伴关系
相互交换的主体	物料	物料、服务、技术等核心资源
供应商选择标准	价格,投标	多标准评估(交货的质量、准时性、可靠性、服务等)
稳定性	变化频繁	长期、稳定、互信
合同性质	单一	开放的长期合同
供应批量	小	大
供应商数量	多	少
供应商规模	小	大
供应商定位	当地	无界限(国内和国外)
信息交流	信息专用、严格保密	信息共享
技术支持	不提供	提供
质量控制	输入检验控制	制造商的标准管理和供应商的全面质量管理
选择范围	投标评估	广泛评估可增值的供应商

二、建立供应链合作关系的制约因素

在内在、外在动力的驱使下,企业开始构建供应链并选择恰当的企业与之建立合作伙伴关系,在此过程中,会受到许多因素的制约和影响。

1. 最高管理层态度

最高管理层的态度在很大程度上决定了供应链合作关系的建立。首先,合作双方的最高层领导要认同合作伙伴关系建立的必要性,重视合作程度对于维持供应链稳定性的作用,并有意愿在深层次上进行长期密切合作,建立共同发展、实现"双赢"的战略伙伴关系。其次,只有最高层领导赞同合作伙伴,企业之间才能保持良好的沟通,建立相互信任的关系,从而建立稳定、长期、良好的合作关系。

2. 企业战略和文化

战略是企业的神经,文化是企业的灵魂,两者是供应链合作伙伴关系建立过程中不可忽视的因素。企业战略和文化的冲突和矛盾最终会导致合作关系的破裂,因此要深入了解合作伙伴的战略和文化,消除社会、文化和态度之间的障碍,并适当地改变企业的结构和文化,在合作伙伴之间建立统一的运作模式或体制,解决业务流程和结构上存在的障碍。

3. 合作伙伴能力和兼容性

在选择合作伙伴时,总成本和利润的分配、文化兼容性、财务稳定性、合作伙伴的能力和定位、自然地理位置分布、管理的兼容性等方面都是需要参考的因素,只有以上方面满足企业要求时,才能够保证合作关系的建立。

4. 信任

在供应链战略合作关系建立的实质阶段,相互之间的信任是最关键的,它是维护供应链合作伙伴关系的基础。信任是供应链合作伙伴在理性分析基础上对合作方的肯定、认同和信赖,也是供应链合作伙伴关系成功的基础和关键。合作伙伴之间的相互信任能够使双方实现真正意义上的信息共享,利用他们互补的优势和技能减少交易成本,迅速适应市场的变化。

三、供应链合作伙伴选择的因素

随着市场需求不确定性的增强,合作各方要尽可能削弱需求不确定性的影响和风险。因此供应链合作伙伴的选择已不局限于企业之间的交易价格本身的考虑,还有很多方面值得双方关注,如制造商总是期望他的供应商完善服务、搞好技术创新、实现产品的优化设计等。

(一) 供应链合作伙伴选择的基本因素

在选择合作伙伴时首先必须考虑三个最基本的因素。

1. 成本

企业选择合作伙伴的一个关键的目的是要降低成本,因此企业要对各备选合作伙伴的成本进行核算,以保证降低成本、增加利润,即实现供应链总成本最小化,实现多赢的战略目标。这要求伙伴之间具有良好的信任关系,从而降低连接成本。

2. 核心竞争力

企业寻找合作伙伴的根本原因是要集中资源培养和提升自身的核心竞争力,同时将自己的非核心业务外包给擅长做这些业务的企业,从而实现优势互补,提升整条供应链的竞争力。因此这就要求合作伙伴必须拥有自己的核心竞争力,同时这种核心竞争力又是企业实施供应链管理所需要的,这是建立合作伙伴关系的必要条件。

3. 价值观

价值观和战略思想是企业一切经营活动的灵魂和导向,只有合作企业与本企业拥有一致的价值观和战略思想,才可能建立合作伙伴关系。比如企业注重的是顾客的服务质量,那么其与单纯追求低成本的供应商就无法实现合作。

以上三个因素是建立合作伙伴关系的前提条件。只有满足这三条,才有建立合作伙伴关系的必要和可能。

(二) 供应链合作伙伴选择的其他因素

1. 工艺与技术的连贯性

合作伙伴与企业间生产工艺和技术要具有连贯性,这样才能保证供应链合作伙伴关系的建立和维系。如果合作伙伴与企业在工艺与技术方面存在较大的差异和断层,必然会制约合作后企业先进技术的引进和运用,最终影响供应链的整体运作。

2. 企业的业绩和经营状况

合作伙伴的业绩和经营状况可以反映其综合能力和整体运作情况,而且在一定程度上还可以反映出企业的发展潜力和前景,因此是企业选择合作伙伴的重要参考因素。通过对合作伙伴的业绩和经营状况的了解,企业可以了解合作伙伴的整体运作情况。

3. 信息交流与共享

供应链管理的有效实施是以信息及时、准确地传递甚至是共享为基础的。因此为了保证供应链上信息的有效传递,在选择合作伙伴时,还要确认其是否有信息交流和共享的意愿以及是否具备相应的信息技术和设备等以满足供应链上信息的有效交流和共享。

4. 响应速度

企业面对的市场环境在不断发生变化,而供应链管理的一个主要目标就是把握快速变化的市场机会,因此要求各个企业具有较高的敏捷性,要求对来自供应链核心企业或其他伙伴企业的服务请求具有一定的快速反应能力,从而提高整个链条的反应能力和响应速度。

5. 风险性

供应链自身的结构特征决定了供应链的运营要比单个企业的经营具有更高的风险性。例如,市场风险依旧存在,只不过在合作伙伴之间进行了重新分配,由于伙伴企业面临不同的组织结构、技术标准、企业文化和管理观念,所以必须认真考虑如何通过伙伴的选择,尽量回避或减少供应链整体运行风险。

6. 合作伙伴数量与质量

合作伙伴数量越多,企业管理难度越大,相应的管理成本也越高,而且不利于合作的稳定性和长期性,因此合作伙伴的选择要注重质量而非数量。尽量选择少数优秀的合作伙伴并建立稳定长期的合作关系,这样可以保证供应链的整体水平。但也要注意避免某一环节上只有一个合作伙伴,因为如果某一环节只有单一供应源,一旦合作伙伴出现问题,那么整条供应链都可能会中断甚至破裂。

知识拓展

2017年3月25日上午,备受瞩目的博鳌亚洲论坛2017年年会在海南博鳌举行,有着"箱包大王"美称的新秀集团创始人、相伴宝董事长施纪鸿已是连续10年参会。在聆听完开幕式大会主旨演讲会后他说:今年年会的主题是"直面全球化与自由贸易的未来",其实有着"世界工厂"之称的中国在过去30年来积累的宝贵财富之一就是全球采购商资源,这是国家财富,我们各级政府要关心和重视这个无形资产的价值。现阶段中国处于全球第四次产业转移的风口浪尖,各级政府、行业和龙头企业对于全球采购商资源的重视与否,直接影响到相关产业的转型升级和可持续发展。

施纪鸿表示,通过产业创新来重新构建产业生态圈可以为全球采购商创造机会留在中国主场,采购商对于中国沿海商业环境非常习惯,他们内心并不愿意离开中国再去开发新资源。通过全球化、全面创新思维来构建全球化的产业生态圈,唯有如此才能真正在中国主场留住全球采购商,赢得中国制造业转型升级的主动权,使得今后5~10年中国逐步成长的好设计、好品质、好品牌的企业不需要离开国门就可以进行全球分销分拨。

由于中国旅游业的高速成长,旅行箱包产业在中国是一个蒸蒸日上的产业。中国除了早已成为全球最大的旅行箱包生产国和出口国,同时也是中国旅游市场增长的最大受益者,中国箱包年产量占全球总产量60%以上。浙江平湖不仅是中国旅行箱包之都、国家级箱包对外贸易示范区,而且是全球高端旅行箱包的核心产业基地,集聚了全球所有品牌旅行箱包的采购商和材料供应商。

施纪鸿作为中国皮革协会副理事长兼箱包皮具专业委员会会长,同时也担任平湖市箱包行业协会会长。他除了是全国旅行箱包行业龙头企业新秀集团的创始人,在博鳌亚洲论坛还有一个身份是相伴宝产业链信息科技董事长。作为一家全球箱包产业链互联网服务平台,相伴宝旨在联合全球行业中小企业、服务商和产业资本,共同构建箱包产业生态圈。他说相伴宝的使命就是在旅行箱包行业构架全球化的高效率和谐产业生态圈,让箱包行业的国内外采购商在中国主场能够采购到全球性价比最强的、设计感最好的、用户体验最出色的各类旅行产品。

资料来源:http://www.chinawuliu.com.cn/zixun/201703/27/320059.shtml.

复习思考

1. 简述传统采购模式存在的问题。
2. 简述供应链管理环境下采购与传统采购的区别。
3. 企业业务外包的类型有哪些?
4. 建立供应链合作关系有哪些制约因素?

第七章

供应链库存管理问题及其方法

【学习目的与要求】
- 了解供应链环境下的库存管理问题；
- 理解牛鞭效应的产生原因及缓解措施；
- 掌握供应链环境下的库存管理方法。

引导案例

马云野心勃勃要助企业灭库存，少了智慧物流哪能行

如果说市场的自我调节是社会经济中那只"看不见的手"，那物流就是实现"新零售"的那只很多消费者都"看不见的手"。

很多人只看到了电商经济融汇万千行业的魅力、实体经济风情万种的店面，却不知道其实有很大成分都是物流行业在为他们做"嫁衣"。其实，无论什么样的零售模式，只要能把产品通过物流在恰当的时机以及合适的地方送到消费者手里就是好模式。

1. 物流将成新零售发展之痛

实体经济唱罢，电商经济登台，这次新零售不仅带上了它们而且还拉上了物流一起登台，此前物流行业还未受过如此优待。

马云所打造的新零售是让线上、线下与物流结合，将物流公司从"比谁做得更快"向"消灭库存，让企业库存降到零"转变。马云认为，由于零售业发生变化，未来的制造业将从B2C彻底走向C2B，即按需定制，注重智慧化、个性化和定制化。

在万物互联时代，没有任何一种经济模式可以独立存在，也就不存在纯粹的电商和实体经济，电商所做的也是带动实际物品的销售，在消费升级的当下，新零售是对电商和实体经济的一个解救之道。

虽然自2009年以来中国网购消费额每年都在以超过70%的速度增长，但是据《2016中国电商消费行为报告》显示，2016年电子商务交易规模将超

过20万亿元,占社会消费品零售总额的比重也只是超过10%。

而与此同时,阿里旗下的三大电商业务(淘宝、天猫、聚划算)开始显露出流量增长的疲态,净增长的活跃买家人数在2014年第三季度达到峰值的2 800万人次之后,已经开始一路下行。2016年全年,阿里电商的新增用户数量首次跌破千万,其中第三季度只有500万,第四季度为400万。

在线上电商经济发展疲软、实体经济萎靡的当下,如果只提新零售不提新物流,那么新零售所塑造的模式也只是一个空中楼阁。当互联网的工具属性开始凸显,并开始促进原有的实体经济进行转型升级,而物流作为线上电商经济和线下实体经济的桥梁,如若没有相应改善则将成为发展新零售最大的痛点。

2. 大数据是打造智慧物流的弹药

大数据是新零售时代帮助企业消灭库存的基础元素,物流也必须是那个基于大数据支撑、调配、优化的物流。大数据被称为DT时代如"水、电、煤"一般的新能源,大数据在物流领域的应用已如雨后春笋般涌现,并且已经成为行业创新的基础。

如近年颇受资本青睐的城市共同配送企业、同城即时物流配送企业、同城众包企业、车货匹配企业,它们的业务都是基于大数据进行运作的,以更好地满足发货端和收货端的需求。

在仓储方面,各大物流企业纷纷打造基于大数据的云仓系统,以求能够为消费者提供更加科学、合理、高效的配送服务。

对于物流企业而言,每一次配送速度的提高,都需要通过一系列仓储自动化设备协作,以及在城市配送和最后一千米方面的创新和优化支持,而通过利用消费大数据所实现的"兵马未动、粮草先行",则成为提高物流效率的第一步。

如京东和美的合作,通过数据共享,提升运营效率,降低库存率,双方实现了电子数据交换的深度协同,完成了从销售计划到订单预测以及订单补货的深度连接。

近日,顺丰王卫及其团队在回复16家证券机构投资者的热点问题时表示,未来快递服务需要提供以解决方案为主的物流服务,并基于信息技术去整合资源,否则将不具备竞争优势,面临被淘汰的命运。上市后的顺丰将运用大数据分析工具,考量人员投入与产出平衡;提高信息系统和自动化设备的投入,提高操作效率。

然而目前,我国不少物流企业还处于"互联网+"升级阶段,近年来新兴的创新型企业所掌握的数据资源多是作为企业机密级财富为自身所用,各个企业以及各个不同领域的数据基本上处于各自为政阶段,在国家数据法规缺失的当下,我们离数据共享和开放仍有较远的距离。

商务部所公布的《商贸物流发展"十三五"规划》指出:要深入实施"互联网+"高效物流行动,推广应用物联网、云计算、大数据、人工智能、机器人、无线射频识别等先进技术,促进从上游供应商到下游销售商的全流程信息共享。相信随着规划的推进以及大数据企业级应用的成熟,会有更多的、基于大数据的智慧物流来助力新零售来灭库存。

3. 模式创新让智慧物流发展更轻松

目前国内快递企业与国外快递企业相比，在配送速度方面已有足够优势，但是却仍被消费者诟病。我国快递企业及电商企业一方面要照顾好"被宠坏了的上帝"，另一方面还要不断优化和提高自身水平，他们无不是在戴着镣铐跳舞，其发展之困从快递基层网点倒闭风波中可见一斑。

而要在这种境况下实现新零售所说的灭库存，除了让物流供应链的数据流动起来之外，还需要更多基于C端消费习惯的商业模式创新。

如果说电商狂飙年代所塑造的B2C模式，培养了消费者购物狂欢式的生活习惯，那么在消费升级的新零售时代，则更需要"断舍离"式的理性化、个性化、智慧化的消费，而这将非常有助于解决由于狂欢式消费时代所带来的物流爆仓问题。

如基于C2M(customer to manufactory，顾客到工厂)的"必要商城"，该平台基于消费订单，然后再根据订单进行生产，其目的就是打掉中间流通环节和库存，根据用户下单进行生产，让不在意品牌的消费者，以白菜价享受到与奢侈品同样品质的产品。

除此之外，物流业还借共享经济东风进行了不少的尝试，以城市配送最后一千米解决方案最为密集，且获得了较多资本关注，但由于共享经济在全球也是一个新事物，国内企业也只能在摸索中前进，在物流最后一千米创新方面也出现了同质化严重、盈利方式不明确、消费习惯需培养以及企业内部管理混乱等诸多问题，目前这些创新模式只是有限地解决了城市末端配送问题。

4. 智慧物流实验室在摸索中前进

对于国家而言，科学技术是第一生产力，对于一个行业而言更是如此。智慧物流实验室的建设将为促进物流业实现灭库存这一目标提供源源不断的动力。其实针对目前物流业存在的资源浪费、空间浪费、信息不透明、人工成本高等诸多问题，没有什么是不能通过技术革新来解决的。

随着国内三通一达及顺丰等快递巨头上市，最近德邦也开始"磨刀霍霍"向资本市场冲击，纵观已上市的快递企业和电商巨头自建的物流企业，虽然目前各自擅长领域不同，但是其市场布局的交集越来越多，企业的竞争在比效率、人力阶段，开始逐渐向技术竞争迈进，物流企业如果想做得更好，必须具备强大的科技创新能力。

目前菜鸟、京东、苏宁、美的等企业已经纷纷开始筹建自己的物流实验室，物流业的科技竞争已经悄然拉开帷幕，这些实验室的研究成果在决定国内物流供应链建设的同时，也将影响新零售的整个发展进程。

资料来源：http://mini.eastday.com/a/170321092105988.html。

思考：
1. 智慧物流如何"消灭"库存？
2. 谈谈你对零库存的认识和理解。

第一节　供应链环境下的库存管理问题

一、库存概述

(一) 库存的定义和作用

1. 库存的定义

狭义的观点认为,库存仅仅指在仓库中处于暂时停滞状态的物资;而广义的观点认为,库存表示用于将来目的、暂时处于闲置状态的资源。即资源停滞的位置并不仅仅限于仓库内,而是可以在非仓库中的任何位置,包括运输途中,同时这种资源的闲置状态可能由任何原因引起,可以是主动的各种形态的储备、被动的各种形态的超储、完全的积压。

2. 库存的作用

库存控制的目的是在满足客户服务要求的前提下,通过对经营过程中的库存数量进行控制,力求降低库存数量,提高物流系统的效率,以强化企业经营的竞争力。库存的作用主要表现在以下几个方面。

(1) 库存使企业能够实现规模经济。
(2) 库存能够平衡供给需求。
(3) 库存能够预防不确定性的、随机的需求以及订货周期的不确定性。库存在供应链中起缓冲器的作用。
(4) 库存能够消除供需双方在地理位置上的差异。

(二) 库存的分类

1. 按库存物品在生产过程和配送过程所处的状态分类

(1) 原材料库存;
(2) 在制品库存;
(3) 维修库存;
(4) 产成品库存。

2. 按库存的作用分类

(1) 周转库存。是由批量周期性形成的库存。
(2) 安全库存。是用来补充在供应的前置时间内实际需求量超过期望需求量或实际订货提前期超过期望订货提前期所产生的库存。
(3) 调节库存。是用于调节需求或供应的不均衡、生产速度与供应速度不平衡、各个生产阶段的产出不均衡而设置的库存。

(4) 在途库存。是指从一个地方到另一个地方处于运输过程中的物品。

(三) 库存成本的构成

(1) 购入成本。当物品从外部购买时,购入成本指单位购入价格与购入数量的乘积;当物品由企业内部制造时,指单位生产成本与生产数量的乘积。

(2) 订购成本(或称订货周期)。从需求的确认到最终的到货,通过采购或其他途径获得物品或原材料的时候发生的费用。

(3) 储存(保管)成本。收取、存储和搬运费用等。

(4) 缺货成本。由于外部或内部中断供应所产生的成本。

二、库存管理问题

传统的库存问题主要以单个企业为对象,没有考虑供应链环境下不同企业之间的库存协调问题。由于实施供应链管理之后,库存以原材料、在制品、半成品、成品的形式存在于供应链的各个环节,因此,供应链环境下的库存问题和传统的企业库存问题有许多不同之处,这些不同表现出供应链管理思想对库存的影响。

传统的企业库存管理侧重于优化单一的库存成本,从库存持有费用、订购费用、缺货损失费用的权衡中确定经济订货量和订货点。从单一的库存管理角度看,这种库存管理方法有一定的适用性,但是从供应链整体的角度看,单一企业的库存管理方式显然是不够的。

目前供应链环境下的库存管理问题主要产生于三个方面的原因：供应链的战略与规划、供应链的运作和供应链中的信息传递和信息共享,这些原因的存在,导致供应链环境下的库存管理出现了如图7-1中所示的主要问题。

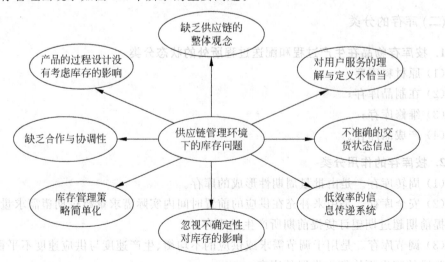

图 7-1　供应链环境下的库存问题

1. 缺乏供应链的整体观念

供应链的整体绩效不仅取决于供应链上各节点企业各自的绩效,而且取决于各个节点企业之间的合作。由于各节点企业都是独立的经济主体,都有各自独立的目标与使命,有些目标和供应链的整体目标是不相干的,更有可能是冲突的,因此往往存在从局部利益出发,各自为政安排库存,影响了供应链的整体绩效。

例如,汽车配件厂可能为降低库存成本而大量压缩库存,造成下游组装厂的零部件供货不稳定或不及时,延长了客户响应时间。为解决这个问题,组装厂就不得不维持较高的库存,从而导致供应链整体绩效的下降。在对供应链库存没有整体评价指标的情况下,情况更加突出。

2. 对用户服务的理解与定义不恰当

供应链管理的绩效好坏应该由用户来评价,或者用企业对用户的反应能力来评价。但是,供应链中各节点企业对用户服务的理解与定义各不相同,导致对用户服务水平的差异。许多企业采用订货满足率来衡量用户服务水平,这是一种比较好的用户服务考核指标。

但是用户满足率本身并不保证运作问题,比如,一家计算机工作站的制造商要满足一份包含多产品的订单要求,产品来自各供应商,用户要求一次性交货,制造商要等各个供应商的产品都到齐后才一次性装运给用户,这时以总的用户满足率来衡量制造商的用户服务水平是恰当的,但是,这种衡量指标并不能帮助制造商发现是哪家供应商的交货迟了或早了。

传统的订货满足率衡量指标也不能衡量订货的延迟水平。两家同样具有90%的订货满足率的供应商,在如何迅速补给余下的10%订货要求方面差别是很大的。同时,传统企业也常常忽视其他的服务指标,如总订货周转时间、平均回头订货率、平均延迟时间、提前或延迟交货时间等。

3. 交货状态数据不准确、不及时

当顾客下订单时,他们总是想知道什么时候能交货。在等待交货过程中,也可能会对订单交货状态进行修改,特别是当交货被延迟以后,但在供应链的实际运作中,顾客常常无法得到及时而准确的推迟交货的信息,导致顾客的不满。例如,一家计算机公司30%的订单是在承诺交货日期之后交货的,40%的实际交货日期比承诺交货日期偏差10天之久,而且交货日期修改过多次。

交货状态数据不及时、不准确的主要原因在于供应链环境下缺乏一个有效的信息传递系统。

4. 信息传递系统效率低

在供应链中,各个供应链节点企业之间的需求预测、库存状态、生产计划等都是供应链管理的重要数据,这些数据分布在不同的供应链节点企业,要做到有效地快速响应用户需求,必须实时地传递和共享这些分布在不同企业中的数据,为此需要对供应链的信息系统模型做相应的改变,通过系统集成的办法,使供应链中的库存数据能够实时、快速地传递。

但就供应链运行的现状来看,许多企业的信息系统并没有很好地集成起来,当供应商需要了解用户的需求信息时,得到的往往是延迟的信息和不准确的信息。

由于延迟及其信息的失真导致库存量的精确度降低,短期生产计划的实施也会遇到困难。例如,企业为了制定一个生产计划,需要获得关于需求预测、当前库存状态、订货的运输能力、生产能力等信息,这些信息需要从供应链的不同节点企业数据库获得,数据调用的工作量很大。

数据整理完后制定主生产计划,然后运用相关管理软件制定物料需求计划,这样一个过程一般需要很长的时间,时间越长,预测误差越大,制造商对最新订货信息的有效反应能力也就越小,生产出过时的产品和造成过高的库存也就不足为奇了。

5. 忽视不确定性对库存的影响

供应链运行中存在诸多的不确定因素,如供应商生产能力、订货提前期、货物运输状况、原材料的质量、制造商的制造资源、生产过程产品的加工时间、运输时间、顾客需求的变化、宏观经济政策等。

为减少不确定性对供应链的影响,首先应了解不确定性的来源和影响程度。供应链中的很多节点企业并没有认真研究和跟踪其不确定性的来源和影响,因而错误地估计供应链中物料的流动时间(如提前期)等,造成有的物品库存增加,而有的物品库存不足的现象。

6. 库存管理策略简单化

无论是生产企业还是物流企业,库存管理的目的都是保证供应链运行的连续性和应对不确定需求。了解和跟踪不确定性状态的因素是第一步,第二步是要利用跟踪到的信息去制定相应的库存管理策略。这是一个动态的过程,因为不确定性也在不断地变化。有些供应商在交货与质量方面可靠性好,而有些则相对差些;有些物品的需求可预测性大,而有些物品的可预测性小一些;库存管理策略应能反映这种情况。

许多企业对所有的物品采用统一的库存管理策略,物品的分类没有反映供应与需求中的不确定性。在传统的库存管理策略中,多数是面向单一企业的,采用的信息基本上来自企业内部,其库存控制没有体现供应链管理的思想。

7. 供应链企业之间缺乏合作与协调性

供应链是一个整体,只有供应链各节点企业的活动很好地协调起来,才能取得最佳的运作效果。协调是供应链管理的主要内容,协调的目的是使满足一定服务质量要求的信息可以无缝地、流畅地在供应链中传递，从而使整个供应链能够最大限度地满足用户需求，形成更为合理的供需关系，以适应复杂多变的市场环境。

例如，当用户的订货由多种产品组成，而各产品又是不同的供应商提供时，若用户要求所有的商品都一次性交货，这时企业必须对来自不同供应商的交货期进行协调。如果供应链节点企业之间缺乏协调与合作，必然会导致交货期延迟和服务水平下降，同时库存水平也由此而增加。

供应链的各个节点企业为了应对不确定性，都设有一定的安全库存。但是，由于供应链尤其是全球化供应链中各个节点企业之间的信息透明度不高，相互之间缺乏有效的协调，每个企业都不得不维持一个较高的安全库存，为此付出了较高的代价。

对供应链中各个不同的节点企业而言，因为各自都有不同的目标、不同的绩效衡量尺度、不同的仓库，也不愿意去帮助其他部门共享资源，导致在供应链这种分布式的组织体系中，集中控制库存的阻力更大。

要进行有效的合作与协调，供应链不同节点企业之间需要一种有效的激励机制。在企业内部，一般有各种各样的激励机制加强部门之间的合作与协调，但是当涉及企业之间的激励时，困难就大得多。问题还不仅如此，信任风险的存在更加深了问题的严重性，相互之间缺乏有效的监督机制和激励机制是供应链企业之间合作不稳固、形成多级库存的主要原因。

8. 产品设计没有考虑供应链上库存的影响

现代产品设计与先进制造技术的出现，使产品的生产效率大幅度提高，而且具有较高的成本效益，但是供应链库存的复杂性常常被忽视了，结果，生产环节等所节省下来的成本都被供应链上的分销与库存成本给抵销了。同样在引进新产品时，如果不进行供应链的战略管理与规划，也会产生因运输时间过长、库存成本高等原因而无法获得成功。

如美国一家计算机外围设备制造商，为世界各国分销商生产打印机，有一些打印机具有销售所在国特色的配件，如电源、说明书等。美国工厂按需求预测生产，但随着时间的推移，当打印机到达各地区分销中心时，需求已经发生了变化。

因为打印机是为特定国家而生产的，分销商没有办法来应付需求的变化，结果造成大量的产品积压，形成了高库存。后来，重新设计了供应链结构，主要是对打印机的装配过程进行了改变，工厂只生产打印机的通用组件，让分销中心再根据所在国家的需求特点加入相应的特色组件，这样，大量的库存就减少了，同时供应链也具有了柔性。

这样便产生了"产品为供应链管理而设计"的思想。在供应链的重构过程中，充分考虑到生产商和分销商之间的合作，分销中心参与了产品装配设计，能够最大限度地满足不同国家消费者的个性化需求。

另外，在供应链的结构设计中，同样需要考虑库存的影响。要在一条供应链中增加或关闭一个工厂或分销中心，一般是先考虑固定成本与相关的物流成本，至于网络变化对运作的影响因素，如库存投资、订单的响应时间等常常是放在第二位的。但是这些因素对供应链的影响是不可低估的。

如美国一家 IC 芯片制造商的供应链结构是这样的：在美国加工晶片后运到新加坡检验，再运回美国生产地做最后的测试，包装后运到用户手中。供应链之所以这样设计是因为考虑了新加坡的检验技术先进、劳动力素质高和税收低等因素，但是这样做显然对库存和周转时间的考虑是欠缺的，因为从美国到新加坡的来回至少要两周，而且还有海关手续时间，这就延长了制造周期，增加了库存成本。

第二节　供应链中的"牛鞭效应"

在供应链的运作过程中，发现有些商品的顾客需求比较稳定、变动不大，但是上游供应商往往较下游供应商维持更高的库存水平，这种现象是由宝洁公司在调查其产品"尿不湿"的订货情况时发现的。

1995 年，宝洁公司（P&G）管理人员在考察婴儿一次性纸尿裤的订单分布规律时，发现一定地区的婴儿对该产品的消费比较稳定，零售商那里的销售量的波动也不大，但厂家从经销商那里得到的订货量却出现大幅度波动，同一时期厂家向原材料供应商的订货量波动幅度更大，这一现象与我们挥动鞭子时手腕稍稍用力，鞭梢就会出现大幅动摆动的现象相类似。于是，人们将这种越往供应链上游走，需求波动程度越大的现象，叫作"牛鞭效应"（bullwhip effect），又称"需求变异加速放大原理"（如图 7-2 所示）。

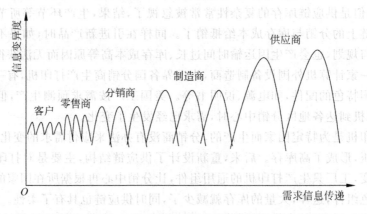

图 7-2　供应链中的"牛鞭效应"

在惠普、IBM 等跨国企业中也出现过类似现象。麻省理工学院的 Sterman 教授通过著名的啤酒游戏（在这个游戏中，参与者在游戏中扮演一款品牌啤酒相关的顾客、零售商、批发商以及供应商 4 个角色。游戏规则是参与者不能互相交流意见，而且只能在得到下游提供的订单的基础上做决策。每次玩这个游戏,得到的悲惨结果几乎一样:下游零售商、中游批发商、上游制造商,起初都严重缺货,后来却严重积货)也证明了牛鞭效应的存在。

因为这种需求放大效应的影响,上游供应商通常需要保持比下游供应商更高的库存量,供应链整体会产生过多的库存。有关研究表明,在整个供应链中,从产品离开制造商的生产线至其到达零售商的货架,产品的平均库存时间超过 100 天。

被扭曲的需求信息使供应链中的每个节点企业都相应地增加库存。"牛鞭效应"还导致企业生产计划的不确定性,如过多地修改计划、增加补救措施、加班、加快运输等,所有这些活动都带来了供应链运作过程中的费用增加和效率降低。

小贴士

啤酒游戏是生产与分销单一品牌啤酒的产销模拟系统。参加游戏的人员各自扮演不同的角色:零售商、批发商、分销商和制造商。在游戏中他们主要对自己的库存进行管理,即每周做一个订购多少啤酒的决策,库存决策的目标是使自己的利润最大化(费用最小化)。

此游戏考察了供应链成员在信息不共享、交货期不确定的情况下所作出的理性决策对供应链系统行为造成的影响。在该游戏中,由于消费者需求的小幅变动,而通过整个系统的加乘作用将产生很大的危机,即首先是大量缺货,整个系统订单都不断增加,库存逐渐枯竭,欠货也不断增加,随后好不容易达到订货单大批交货,但新收到订货数量却开始骤降。

通过该游戏使参与者认识到以下几点:①时间滞延、信息不足对产销系统的影响;②信息沟通、人际沟通的必要性;③扩大思考的范围,了解不同角色之间的互动关系,认识到将成员关系由竞争变为合作的必要性;④分析牛鞭效应产生的原因并提出相应的改进措施。

一、"牛鞭效应"产生的原因

表面上看,牛鞭效应表现为需求的不确定性,实质上,这种不确定性却是由于需求变化的信息在供应链中传递时出现失真,进而扭曲放大的结果。引起牛鞭效应的原因,一方面在于供应链上下游节点之间需求沟通方面存在着障碍,是在信息不充分的条件下,决策者追求优化决策的结果;另一方面是由供应链的固有属性所引起的。

1. 需求预测的修正

为了安排生产进度、计划产量、控制库存和计划物料需求,供应链中的企业通常都会预测产品需求,而预测通常是基于企业直接接触的顾客的购买历史进行的。当下游企业订购时,上游企业的经理就会把这条信息作为将来产品需求的信号来处理,基于这个信号,上游经理会调整需求预测,同时上游企业也会向其供应商增加订购,使其做出相应的调整,最终导致实际需求与生产量不一致。因此,这种需求信号的处理是牛鞭效应产生的主要原因。

2. 批量订货决策

在供应链中,每个企业都会向其上游订货,一般情况下,销售商并不会来一个订单就向上级供应商订货一次,而是在考虑库存和运输费用的基础上,在一个周期或者汇总到一定数量后再向供应商订货;为了减少订货频率、降低成本和规避断货风险,销售商往往会按照最佳经济规模进行订货。

同时频繁的订货也会增加供应商的工作量和成本,供应商也往往要求销售商在一定数量或一定周期订货,此时销售商为了尽早得到货物或全额得到货物,或者为备不时之需,往往会人为提高订货量,这样,批量订货策略导致了"牛鞭效应"。

3. 价格波动

价格波动会促使提前购买。制造商通常会进行周期性促销,如价格折扣、数量折扣、优惠券等,这些优惠实质上是一种间接的价格优惠。制造商的价格优惠会促使其分销商提前购买日后所需的产品,而提前购买的结果是顾客所购买的数量并不反映他们的即时需求,这些批量足以供他们将来一段时间使用。这种促销对供应链来说可能会成本很高。

当制造商的价格处于低水平时(通过折扣或其他促销手法),顾客常会购买比自己实际所需要大得多的数量;当制造商的价格恢复正常水平时,顾客由于有足够库存,因此在其库存消耗完之前,他们不会再购买。结果,顾客的购买模式并不能反映他们的消耗/消费模式,并且使其购买数量的波动较其消耗量波动大,从而产生"牛鞭效应"。

促销对供应链的影响是造成提前购买,从而不能反映顾客的真实需求,因为顾客会在商品价格低时购买比实际需求多的商品,而在价格高时购买比实际需求少的商品或者直接停止购买,寻找替代品。在这种情况下,顾客的购买模式无法反映市场的实际需求状况,最终反映在供应链上便是"牛鞭效应"的放大现象。

4. 定量配给和短缺博弈

当产品供不应求时,制造商常根据顾客订购的数量按照一定的比例进行限量供应,客户为了获得更大份额的配给量,会故意夸大实际的订货需求量;当供不应求的情况得到缓和时,订购量便会突然下降,同时大批客户会取消他们的订单。

对潜在的限量供应进行的博弈,会使顾客产生过度反应。这种博弈的结果是供应商无法区分这些增长中有多少是由于市场真实需求而增加的,有多少是零售商害怕限量供应而虚增的,因而不能从顾客的订单中得到有关产品需求情况的真实信息,从而造成供应链牛鞭效应的产生。

除了上面的4个主要原因,还有供应链的多层次结构、信息的不共享性、订货提前期等原因,这里不再一一赘述。

二、缓解"牛鞭效应"的措施

解决"牛鞭效应"的根本对策是整合供应链中企业之间的关系,建立企业之间的诚信机制,通过建立一个信息共享系统实现信息共享管理,协调各企业的行动,确保需求信息的真实、快速传递,从而减少供应链中的"牛鞭效应"。

1. 统一需求预测方法

为了避免供应链有关数据的重复处理,上下游企业需要根据相同的原始资料更新他们的预测。目前有三种常用的方法:一是供应链的合作伙伴利用EDI实现实时信息交流和信息共享,彻底消除信息的不对称性,准确把握市场真实需求数据,如果零售商与其他供应链成员共享销售时点数据,就能使各成员对实际顾客要求的变化做出响应。因此,在供应链上实行销售时点数据信息共享,使供应链每个阶段都能按照顾客要求进行更加准确的预测,从而减少需求预测变动性,减少牛鞭效应,提高预测的准确性。二是绕过下游企业来获得有关信息。例如,戴尔计算机就绕过传统的分销渠道,直接面向消费者销售其计算机,这样戴尔公司就可以直接了解其产品的需求模式。三是缩短订货提前期。正如前面所提到的,供应时间过长也会夸大"牛鞭效应"。因此,提高经营效率能够大大降低由于更新多种预测数据所导致的需求变动幅度。

2. 打破批量订购

企业可以调整订货策略,采用小批量、多频次订货的采购或供应模式。一方面,可以采用混合订购、联合运输和共同配送实现运输的规模经济;另一方面,实施业务外包使小批量订购实现规模经济。将采购与物流配送业务外包给第三方物流企业完成,这样可以缩短订货提前期和实现小批量多批次订货,不用再进行大批量多订单集中订货,同时也规避了运输风险。

3. 稳定价格

为了有效控制产品的市场价格,厂商应该制定严格的价格稳定策略和管理机制,减少对批发商的折扣频率和幅度,避免价格的剧烈波动。因此企业可以通过稳定价格来减少对提前购买等情况的激励,从而掌握正确的市场需求信息。例如,沃尔玛的"天天平价"策略能够产生更稳定的、变动性更小的顾客需求模式。

4. 消除短缺博弈行为

为了消除短缺博弈行为,可从以下三个方面准备。

一是当供应不足时,供应商可以实行订货分级管理。根据"帕累托法则"对分销商进行信誉和能力评估,区别对待,实施订货分级管理,对重要分销商在供货上做到重点保证,对资信水平较低的客户进行有审批的限制供应。通过区别对待来进行限量供应,而不是根据各经销商自己所下订单的数量,这样可以制止经销商为了各自私利,为了获得更多的供货而夸大其订货量。

二是让顾客共享库存、生产等信息,减少博弈。某些制造商会在销售旺季来临之前帮助顾客做好订购工作,这样他们就能更好地设计生产能力和安排生产进度以满足产品的需求。

三是制定合理的退货奖惩制度。制造商给零售商的退货政策也会鼓励博弈行为。缺乏惩罚约束,零售商会不断夸大他们的需求,在供给过剩的时候再退货或取消订单。

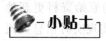

现在国家的政策是"坚持去产能、去库存、去杠杆、降成本、补短板,优化存量资源配置,扩大优质增量供给,实现供需动态平衡"。

库存就是钱、现金。在财务的资产负债表中,库存属于流动资产。库存只有在出售后,才可以转化为现金,否则永远是在账面上的资产,无法变现。

库存占用着企业宝贵的流动资金,被库存占用着的资金会妨碍企业进行一系列的投资活动。缺乏资金的话,企业就不能购买原材料或是新设备,如果遇到资金链条紧张的情况,企业还不得不去向银行或是贷款利率更高的金融机构去借贷,结果辛辛苦苦挣来的钱都还了贷款,为他人做了嫁衣。

受到牛鞭效应影响的企业,面对变幻莫测的客户需求,很难保证按时交货。为了改善准时交货率低的情况,企业又不得不任意改动生产计划,导致了额外的营运费用,如工人加班费和超额运输费。这些都是源于牛鞭效应引起的恶性循环。

第三节 供应链环境下的库存管理方法

供应链不同节点企业之间存在着目标冲突,在没有进行系统协调之前,供应链各成员以自身优化为目标,结果只是局部最优,造成重复库存,无法达到供应链整体最优。为了实现全局最优,必须建立信息共享、风险共担的战略联盟,从而实现供应链总体库存最低。

一、供应商管理库存

传统的库存管理模式一般是由库存所有者管理库存的,库存设置与管理是由统一组织完成的。一种新的库存管理模式是供应商管理库存(vendor managed inventory, VMI)。

(一) VMI 的含义

供应商管理库存是指供应商等上游企业基于其下游客户的生产经营、库存信息,对下游客户的库存进行管理与控制。VMI 的基本思想:一是买方不再拥有库存,只制定服务水平;二是卖方完全控制库存,直到销售完补充库存。其实质是将库存决策权代理给了供应商,由供应商代理分销商或批发商行使库存决策的权力。

(二) VMI 的运作模式

在 VMI 系统中,核心企业既可以在供应链的上游,也可以在供应链的下游,当核心企业在下游时,既可以是供应链的中间环节,也可以在供应链的末端。显然,不同情况下,VMI 的运作模式是不相同的。VMI 主要分为四种运作模式:供应商—制造商(核心企业)模式、供应商—零售商(核心企业)模式、核心企业(一般为制造商)-分销商(或零售商)模式和第三方物流企业参与模式。

1. 供应商-制造商 VMI 运作模式

在这种运作模式中,制造商作为核心企业,一般具有如下特点。

(1) 生产规模比较大,生产比较稳定,即每天对零配件或原材料的需求量变化不是很大。

(2) 要求供应商每次供货数量比较小,一般满足 1 天的零配件需求,有的甚至是几个小时的需求。

(3) 供货频率要求较高,有时甚至要求一天两到三次的供货频率。

(4) 一般不允许发生缺货,即服务水平要求达到 99% 以上。

这种模式中的制造商必定有几十家甚至上百家的供应商为其供应零配件或原材料。如果让每一个供应商都在制造商的附近建立仓库的话,显然是不经济的。因此,可以在制造商的附近建立一个供应商库存管理中心(VMI HUB),如图 7-3 所示。

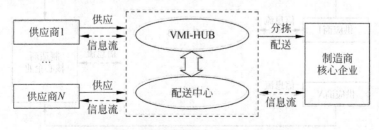

图 7-3 供应商-制造商 VMI 运作模式

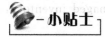-小贴士

供应商库存管理中心（VMI HUB）是连接集团内部供应链和外界供应商的中间桥梁，代理供应商完成管理客户库存的工作。其利用自身的资源、技术、规模优势，为整个园区的企业及其供应商提供高效优质的服务。

VMI HUB 系统架构主要分为三个部分：①VMI HUB 运作系统。以入库管理、库存管理、库内作业以及出库管理为核心，并包含资料管理、财务结算、统计分析以及系统管理等模块。②基于 Web 的协同系统。用于满足用户、供应商、第三方服务机构对信息的查询要求。③B2B 信息沟通信道。包括 EDI、FTP、XML、E-mail 等。

加入 VMI HUB 具有两方面的效果：一方面起到缓冲作用。由于一个客户要对应 N 个供应商，假如客户对供货频率要求较高，那么在可能会出现多个供应商同时将货物送达的情况，由于事先没有安排势必会出现混乱的卸货场面，严重影响生产秩序，给企业的正常工作带来不便。有了 VMI HUB，可以以专业的配送方式避免以上现象，起到了缓冲作用。另一方面，增加了深层次的服务。在没有 VMI HUB 时，供应商彼此都是独立的，送达的货物都是彼此分开的，当有了 VMI HUB 后，它会在发货之前先提供拣货的服务，VMI HUB 会按照制造商的要求把零配件按照成品的比例配置好，然后再发送给制造商，这样就提高了制造商的生产效率。

当 VMI 在正常实施时，不仅仅要求供应商与 VMI HUB 之间交换库存信息，还包括生产计划、需求计划、采购计划、历史消耗、补货计划、运输计划、库存情况等信息。从图 7-3 可以看出，生产商与 VMI HUB 之间是完全地、实时地、自动地进行信息交换。

当需求突然发生变化时，比如由于制造商的销售突增，VMI HUB 中的库存不能及时满足制造商的需求，这时 VMI 的实施结构会做出相应的改变。如图 7-4 所示，VMI HUB 直接把补货计划发给供应商的信息系统，这时供应商直接向制造商进行补货，从而节约了时间与成本。我们把供应商这种不经过 VMI HUB 而直接向制造商进行补货的行为称为越库配送（cross-docking）。

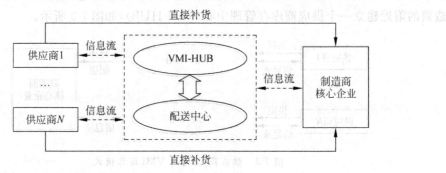

图 7-4　供应商-制造商 VMI 运作模式：越库配送

2. 供应商-零售商 VMI 运作模式

当零售商把销售等相关信息通过 EDI 传输给供应商后(通常是一个补货周期的数据,如 3 天,甚至 1 天),供应商根据接收到的信息对需求进行预测,然后将预测的信息输入物料需求计划系统(MRP),并根据现有的企业内的库存量和零售商仓库的库存量,生成补货订单,安排生产计划并进行生产,生产出的成品经过仓储、分拣、包装、运送给零售商,如图 7-5 所示。

供应商-零售商 VMI 运行模式与供应商-制造商 VMI 运作模式的区别如下。

在面对比较大的零售商时,并不一定在"接收货物"后就产生了应付账款。通常大的零售商(如沃尔玛)要求,只有当供应商的货物真正被销售以后才向供应商付款,否则不产生"应付账款"。

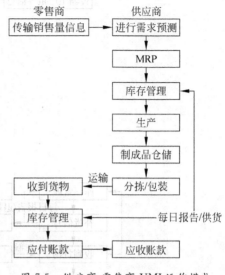

图 7-5 供应商-零售商 VMI 运作模式

这种模式一般不需要建造 VMI HUB 这个中枢环节。因为对零售商来说,供应商所供应的产品是相互独立的,在同一段时间内它们不是同时需要的。

3. 第三方物流企业参与模式

在 VMI 实际实施过程中,有时需要第三方物流服务提供商的参与。比如,在供应商-制造商模式中,不论对制造商还是供应商来说,它的核心竞争力主要是体现在其生产制造上,而不是物流配送上,显然让供应商或者制造商去管理 VMI HUB 都是不经济的;在供应商-零售商模式下,由于零售商的零售品范围比较广,供应商和零售商的地理位置相距较远,直接从供应商处向零售商补货的提前期较长,不利于进行准确的需求预测和应付突发状况,解决这一问题的折中方案就是供应商在零售商附近租用或建造仓库,由这个仓库直接向零售商供货。

基于上述原因,让一家专业化程度较高的企业来管理 VMI HUB 或仓库是最合适不过了,最理想的对象就是"第三方物流企业"。供应链管理强调的是在供应链上的各个企业应该充分发挥自己的核心竞争力,这对第三方物流企业来说正好适应这种库存运作模式的要求,充分发挥其特点与优势。当第三方物流企业加入时,VMI 运作模式相应改变为如图 7-6 所示。

4. 核心企业—分销商 VMI 运作模式

这种模式由核心企业充当 VMI 中的供应商角色,它的运作模式与前两种大致相同,

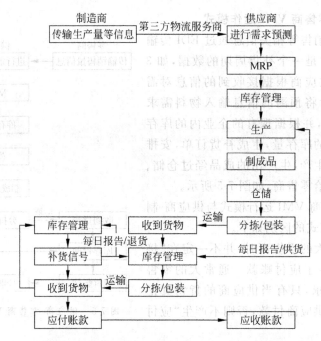

图 7-6 第三方物流企业参与下的 VMI 运作模式

由核心企业收集各个分销商的销售信息并进行预测,然后按照预测结果对分销商的库存统一管理与配送。由于这种模式下的供应商只有一个,所以不存在要在分销商附近建立仓库的问题。

核心企业可以根据与各个分销商之间的实际情况,统一安排对各个分销商的配送问题,并且可以保证每批次都是以经济批量的方式发货,每次配送的路线都可以调整为最佳配送路线。

(三) 实施 VMI 的好处

VMI 之所以得到众多国际著名大公司的青睐,是因为实施 VMI 可以为企业和供应链带来好处。

1. 增加供应链的销售收入

首先,提高下游客户资金使用效率,增加销售收入;其次,为下游客户节省了用于库存的空间占用,可以有更多的空间用来陈列商品,从而提高商品的销售额;最后,供应商通过对库存的掌握,可以根据需求特点、商品的边际收益、库存成本以及生产规模的变动成本等因素,合理确定商品的促销时机。

2. 降低供应链的库存成本

首先,供应商对自己的产品管理更有经验、更加专业,可以降低产品库存损耗,提高使用率;其次,由于供应商直接掌握销售点的资讯数据,消除了信息的扭曲和时滞,使需求预测更加准确,可有效地消除"牛鞭效应",使整个供应链的库存水平降低;最后,当供应商与下游的多个客户建立VMI伙伴关系时,实施VMI,供应商可以把下游不同客户的需求集中起来。

由于下游不同客户的地理位置、规模实力、销售策略等存在差异,对商品的需求时间和数量也必然不同,由供应商统一管理各个客户的库存,就可以采取最优方案调剂余缺,以相对较少的库存总量满足各个客户不同时间和数量的需求,从而显著降低供应链的库存成本。

3. 提高客户服务水平

第一,实施VMI,可以精简业务流程,提高供应链的柔性。在传统的供应链管理中,其业务流程是消费者购买→销售商盘查→销售商订货→供货商备货→供货商配送→销售商上架。整个供应链中,过程冗长且缺乏效率。实施VMI后,其业务流程缩短为消费者购买→库存检查→供应商配送→销售商上架。精简业务流程能够缩短交易时间,使上游制造商更好地控制生产经营活动,满足用户需求,提高整个供应链的柔性。

第二,实施VMI,可以提高货物的可得率和供货效率。在传统的供应链管理中,供应链各环节分别管理库存,上游供应商通常根据下游客户的订单状况确定库存补充策略。当零售商需要补充库存并发出订单时,供应商需要查看库存并进行备货。如遇库存不足,则还要补充库存,订单的反应时间较长。尤其是在下游客户进行商品促销活动时,由于供应商事先并不了解零售商的促销计划,而是根据正常的订单准备货源,面对订单的变化,极易发生缺货和前置时间延长的情况,严重影响客户的正常销售,降低服务水平。然而,当企业之间建立VMI伙伴关系之后,供应商不但可以直接得到下游客户的销售资讯和库存信息,而且还可事先获知下游客户的促销计划,做到事先备货,提高了货物的可得率和供货效率。

第三,实施VMI,供应商与零售商形成了相对紧密的战略联盟伙伴关系,供应商不再为如何将商品推销给零售商而大伤脑筋,而是将更多精力集中在完善供应商物流软硬件设施上,提高物流服务水平,加强与供应链下游企业的联系和沟通,提升自身的物流管理能力,从而更进一步提高客户服务水平。据调查,雀巢与家乐福实施VMI后,雀巢对家乐福配送中心产品的到货率由原来的80%左右提升至95%,家乐福配送中心对零售店铺产品到货率由70%提升至90%左右,订单修改率由60%~70%下降到10%以下。

4. 为上下游企业带来好处

首先,供应商是商品的供应者,由供应商管理库存可以更加主动和灵活。实施VMI,

通过电子数据交换（EDI）来传送下游客户的生产和库存数据，供应链上游的供应商将直接接触真正的需求信息。供应商利用该信息调节库存水平，可以降低安全库存量，做到有预见性地组织生产和采购，提高了供应商的生产稳定性，降低了应急反应所付出的额外成本。

其次，实施VMI，供应商的管理水平和供货能力一目了然，有利于下游客户对供应商进行评估，促使供应商之间平等竞争，优胜劣汰。所以，成功实施VMI，将为建立高效的供应链提供条件。

5. 改善上下游企业关系

在传统的供应链管理中，上游的供应商与下游的客户只是单向买卖关系，下游客户要什么，上游供应商就给什么，甚至是尽可能多地推销产品。双方的关系是敌对的输赢关系，彼此都忽略了真正的市场需求，导致畅销的商品经常缺货，而不畅销的商品却有很多存货。实施VMI后，上下游企业之间的关系由原来的敌对关系转变为合作的双赢关系。通过合作，双方共同面对市场，共同解决问题，有利于从根本上改进供应链的整体运作效率。

（四）VMI的实施

实施VMI要基于合作性原则、互惠原则、目标一致性原则和连续改进原则的基础上，具备拥有核心企业、合作企业相互信任、建立信息系统平台、共享平台以及信息分析和预测等五个关键条件，并具有一定的技术支持。实施VMI策略的一般步骤如下。

1. 确定目标

根据企业的不同情况确定VMI的目标，如降低供应链上的产品库存，抑制"牛鞭效应"；降低买方企业和供应商成本，提高利润；增强企业的核心竞争力；提高双方合作程度和忠诚度等。

2. 建立客户情报信息系统

供应商要有效地管理客户库存，必须能够获得真实的客户的有关信息。通过建立客户信息库，供应商能够实时掌握客户的需求变化，把由分销商或零售商进行的需求预测与分析功能集成到供应商的系统中来。

3. 建立物流网络管理系统

供应商要很好地管理库存，必须建立起完善的物流网络管理系统，保证自己的产品需求信息和物流畅通。目前已有许多企业开始采用MRP或ERP，这些软件系统都集成了物流管理的功能，通过对这些功能的扩展，就可以建立完善的物流网络管理系统。

4. 建立供应商与分销商的合作框架协议

供应商和分销商通过共同协商确定订单处理的业务流程以及库存控制的有关参数，如补充订货点、最低库存水平和库存信息的传递方式（如EDI或Internet）等。

5. 组织机构的变革或业务重组

VMI策略改变了供应商的组织模式,为了适应新的管理模式,供应商需要建立一个VMI职能部门,负责对VMI服务(负责库存控制、库存补给和服务水平)的监控和维持与客户之间的关系。

一般来说,VMI适用于以下情况:①分销商或零售商没有IT系统或相关设施来有效管理其库存;②供应商实力雄厚并且比分销商或零售商掌握的市场信息量大。

二、联合库存管理

联合库存管理(jointly managed inventory,JMI)是一种在VMI的基础上发展起来的,供应商与用户权利、责任平衡和风险共担的库存管理模式,是为了解决供应链体系中的"牛鞭效应"、提高供应链的同步化程度而提出的。

(一) JMI的基本思想

JMI是供应链上两个或多个成员组织共同参与库存计划、控制等库存管理过程。JMI和VMI不同,它强调双方同时参与,共同制定库存计划,使供应链过程中的每个库存管理者(供应商、制造商、分销商等)都从相互之间的协调性考虑,保持供应链相邻的两个节点之间的库存管理者对需求的预期保持一致,从而可消除需求变异放大现象。

供应链库存管理基本模式中,各个成员企业都存在独立需求库存和部分相关需求,供应链成员联合库存管理的基本思想就是通过需求信息共享机制,减少或消除实际需求失真,从而在长鞭效应的影响尽可能降低的基础上,将部分独立需求库存转变为联合库存,以降低供应链安全库存、平均库存水平。

任何相邻节点需求的确定都是供需双方协调的结果,库存管理不再是各自为政的独立运作过程,而是供应连接的纽带和协调中心。联合库存管理的模型如图7-7所示。

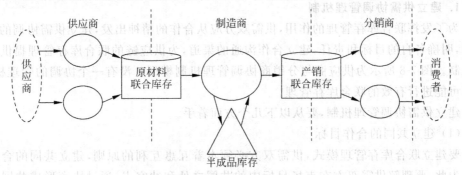

图 7-7 联合库存管理的基本模型

(二) JMI 的优势

与传统的库存管理模式相比,JMI 具有以下优势。

1. 信息优势

传统模式下,各供应链节点间容易形成各自为政、缺乏信息沟通的现象。通过实施 JMI,充分利用现代信息技术畅通了信息渠道,保证了供应链上下游企业信息共享,有效地预测市场需求,减少"牛鞭效应"。

2. 成本优势

实施 JMI,可实现分销商、制造商、供应商之间的库存管理一体化,可以让三方都能够实现准时制采购(在恰当的时间、恰当的地点,以恰当的数量和质量采购恰当的物品),不仅可以减少库存,还可以加快库存周转速度,缩短订货和交货提前期,从而降低企业的采购成本。

3. 物流优势

JMI 打破了各自为政的传统供应链库存管理模式,强调各方协同合作,共同制定库存计划,分担风险,有效地消除库存过高和"牛鞭效应"。

4. 战略联盟优势

JMI 的实施是建立在供应链各方充分信任和合作的基础上,只有分销商、制造商和供应商协同一致行动,才能有效地实施 JMI。通过 JMI 的运行,加强了企业间的联系和合作,形成了一种战略性合作伙伴关系,充分体现出战略联盟的整体竞争优势。

(三) JMI 的实施策略

为了成功实施联合库存管理,供应链上的节点企业应采取行之有效的策略,在满足各自目标的前提下,提高供应链的整体运作绩效。

1. 建立供需协调管理机制

为了发挥联合库存管理的作用,供需双方应从合作的精神出发,建立供需协调的管理机制,明确各自的目标和责任,建立合作沟通的渠道,为供应链的联合库存管理提供有效的机制。图 7-8 所示为供应商与分销商协调管理机制模型。没有一个协调的管理机制,就不可能进行有效的联合库存管理。

建立供需协调管理机制,要从以下几个方面着手。

(1) 建立共同的合作目标

要建立联合库存管理模式,供需双方必须本着互惠互利的原则,建立共同的合作目标。为此,要理解供需双方在市场目标中的共同之处和冲突点,通过协商形成共同的目

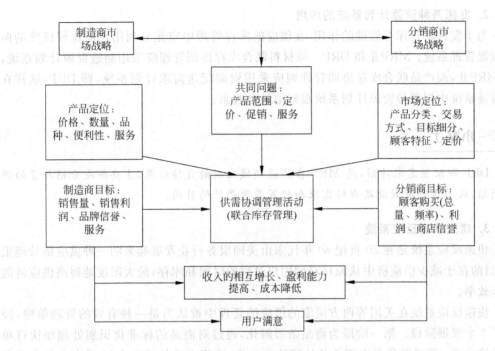

图 7-8 供应商与分销商协调管理机制模型

标,如用户满意度、利润的共同增长和成本降低等。

(2) 建立联合库存的协调控制方法

联合库存管理中心担负着协调供需双方利益的角色,起到协调控制器的作用,因此需要对库存优化的方法进行明确的规定。这些内容包括如何在多个需求商之间调节与分配、库存的最大量和最低库存水平、安全库存的确定、需求的预测等。

(3) 建立一种信息沟通的渠道或系统

信息共享是供应链管理的特色之一,为了提高整个供应链需求信息的一致性和稳定性,减少由于多重预测导致的需求信息扭曲,应增加供应链各方对需求信息获得的及时性和透明性。为此应建立一种信息沟通的渠道或系统,以保证需求信息在供应链中的畅通和准确性,要将条形码技术、POS 系统、RFID 技术和 EDI 集成起来,并且要充分利用 Internet 的优势,在供需双方之间建立一个畅通的信息沟通桥梁和联系纽带。

(4) 建立有效的利益分配与激励机制

要有效运行基于协调中心的库存管理,必须建立一种公平的利益分配制度,并对参与协调库存管理的各个节点企业(供应商、制造商、分销商或批发商等)进行有效激励,防止机会主义行为,增加协作性和协调性。

2. 发挥两种资源计划系统的作用

为了发挥联合库存管理的作用,在供应链库存管理中应充分利用目前比较成熟的两种资源管理系统:MRP Ⅱ 和 DRP。原材料联合库存协调管理应采用制造资源计划系统,即 MRP Ⅱ,而产品联合库存协调管理则应采用资源配送需求计划系统,即 DRP,这样在供应链系统中把两种资源计划系统很好地结合起来。

DRP 即配送需求计划,是 MRP 在流通领域应用的直接结果,主要解决分销物资的供应问题,从而达到有效满足市场需求和配置费用最低的目的。

3. 建立快速反应系统

快速反应系统是在 20 世纪 80 年代末由美国服务行业发展起来的一种供应链管理策略,目的在于减少供应链中从原材料到用户过程的时间和库存,最大限度地提高供应链的运作效率。

快速反应系统在美国等西方国家的供应链管理中被认为是一种有效的管理策略,经历了 3 个发展阶段。第一阶段为商品条形码化,通过对商品的标准化识别处理加快订单的传输速度;第二阶段是内部业务处理的自动化,采用自动补货与 EDI 提高业务自动化水平;第三阶段是采用更有效的企业间合作,消除供应链组织之间的障碍,提高供应链的整体效率,如通过供需双方合作,确定库存水平和销售策略等。

目前在欧洲等西方国家,快速反应系统应用已达到第三阶段,通过联合计划、预测与补货等策略进行有效的用户需求反应。美国 Kurt Salmon 协会调查分析认为,实施快速响应系统后供应链效率大为提高,缺货大大减少,通过供应商与零售商的联合协作保证 24 小时供货;库存周转速度提高 1~2 倍;通过敏捷制造技术,企业的产品中有 20%~30% 是根据用户的需求而制造的。快速响应系统需要供需双方的密切合作,因此联合库存管理的建立为快速响应系统发挥更大的作用创造了有利的条件。

4. 发挥第三方物流系统的作用

第三方物流系统是供应链集成的一种技术手段,它为用户提供各种服务,如产品运输、订单选择、库存管理等。把库存管理的部分功能外包给第三方物流系统管理,可以使企业更加集中精力于自己的核心业务,第三方物流系统起到了供应商和用户之间联系的桥梁作用,使 JMI 的运作模式得以优化,如图 7-9 所示。

面向联合库存管理的第三方物流系统使供应与需求双方都取消了各自独立的库存,增加了供应链的敏捷性和运作效率,大大改善了供应链的用户服务水平和运作效率。

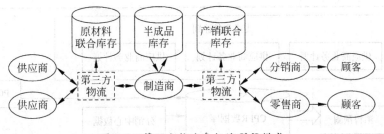

图 7-9 第三方物流参与的 JMI 模式

(四) 选择合适的 JMI 模式

供应链联合库存管理模式主要有两种。

一种是各个供应商的零部件都直接存入核心企业的原材料仓库中,即将各个供应商的分散库存转变为核心企业的集中库存。集中库存要求供应商按核心企业的订单或订货来组织生产,产品完成时,立即实施小批量多频次的配送直接将产品送到核心企业的仓库中补充库存。在这种模式下,库存管理的重点在于核心企业根据生产的需要,保持合理的库存量,既能满足需要,又能使库存总成本最小。

另一种是无库存模式,供应商和核心企业都不设立库存,核心企业实行无库存的生产方式。此时供应商直接向核心企业的生产线进行连续小批量多频次的补货,并与之实行同步生产、同步供货,从而实现"在需要的时候把所需要的品种和数量的原材料送到需要的地点"的操作模式。在这种准时化供货模式下,由于完全取消了库存,所以效率最高、成本最低。但是对供应商和核心企业的运作标准化、配合程度、协作精神要求也高,操作过程要求也严格,而且两者的空间距离不能太远。

对于实施联合库存管理的企业来说,应根据自身和合作方的实际情况,选择合适的联合库存管理模式,以取得最理想的效果。

三、协同式库存管理

20 世纪 90 年代末,出现了一种新的供应链库存管理方法——协同式库存管理,即协同计划、预测及补货(collaborative planning forecasting replenishment,CPFR)。

(一) CPFR 的基本思想

CPFR 应用一系列的处理和技术模型,提供覆盖整个供应链的合作过程,通过共同管理业务过程和共享信息来改善零售商和供应商的伙伴关系,提高预测的准确度,最终达到提高供应链效率、减少库存和提高消费者满意程度的目的。CPFR 运作模式如图 7-10 所示。

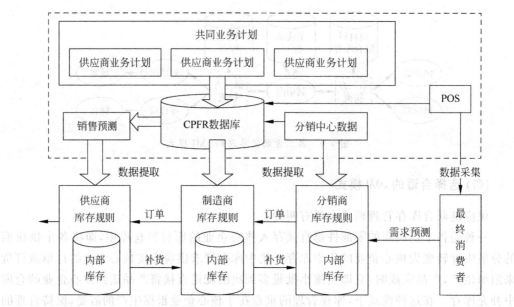

图 7-10　供应链 CPFR 模式

CPFR 最大的优势是能及时准确地预测由各项促销措施或异常变化带来的销售高峰和波动，从而使销售商和供应商都能做好充分的准备，赢得主动。同时 CPFR 采取了一种"双赢"的原则，始终从全局的观点出发，制定统一的管理目标以及方案实施办法，以库存管理为核心，兼顾供应链上其他方面的管理。因此，CPFR 能够实现企业之间更广泛深入的合作。

CPFR 有三条指导性原则，具体如下。

(1) 合作伙伴框架结构和运作过程以消费者为中心，面向价值链。

(2) 合作伙伴共同负责开发单一、共享的消费者需求预测系统，这个系统驱动整个价值链计划。

(3) 合作伙伴均承诺共享预测，并在消除供应过程约束上共担风险。

(二) CPFR 的特点

1. 协同

从 CPFR 的基本思想看，供应链上下游企业只有确立起共同的目标，才能使双方的绩效都得到提升，取得综合性的效益。CPFR 这种新型的合作关系要求双方长期承诺公开沟通、信息分享，从而确立其协同性的经营战略。尽管这种战略的实施必须建立在信任和承诺的基础上，但是这是买卖双方取得长远发展和良好绩效的唯一途径。

正因如此，协同的第一步就是保密协议的签署、纠纷机制的建立、供应链计分卡的确立以及共同激励目标的形成(如不仅包括销量,也同时确立双方的盈利率)。

应当注意的是,在确立这种协同性目标时,不仅要建立起双方的效益目标,更要确立协同的盈利驱动性目标,只有这样才能使协同性能体现在流程控制和价值创造的基础之上。

2. 规划

规划即产品规划(品类、品牌、分类、关键品种等)和财务规划(销量、订单满足率、定价、库存、安全库存、毛利等)。

此外,为了实现共同的目标,还需要双方协同制定促销计划、库存政策变化计划、产品导入和中止计划以及仓储分类计划等。

3. 预测

任何一个企业或双方都能做出预测,但是 CPFR 强调买卖双方必须做出最终的协同预测,像季节因素和趋势管理信息等无论是对服装或相关品类的供应方还是销售方都是十分重要的,基于这类信息的共同预测能大大减少整个价值链体系的低效率、死库存,促进产品销售、节约使用整个供应链的资源。

与此同时,最终实现协同促销计划是实现预测精度提高的关键。CPFR 所推动的协同预测不仅关注供应链双方共同做出最终预测,同时也强调双方都应参与预测反馈信息的处理和预测模型的制定和修正,特别是如何处理预测数据的波动等问题,只有把数据集成、预测和处理的所有方面都考虑清楚,才有可能真正实现共同的目标,使协同预测落到实处。

4. 补货

销售预测必须利用时间序列预测和需求规划系统转化为订单预测,并且供应方约束条件,如订单处理周期、前置时间、订单最小量、商品单元以及零售方长期形成的购买习惯等都需要供应链双方加以协商解决。

根据 VICS 的 CPFR 指导原则,协同运输计划也被认为补货的主要因素,此外,例外状况的出现也需要转化为存货的百分比、预测精度、安全库存水准、订单实现的比例、前置时间以及订单批准的比例,所有这些都需要在双方公认的计分卡基础上定期协同审核。潜在的分歧,如基本供应量、过度承诺等双方事先应及时加以解决。

(三) CPFR 的实施步骤

CPFR 模式的具体实施过程分为 3 个阶段,包括 9 个步骤,如图 7-11 所示。

第一阶段。计划,包括两个步骤。

(1) 供应链合作伙伴包括零售商、分销商和制造商等共同达成一个通用业务协议,包括对合作的全面认识、合作目标、机密协议和资源授权等。

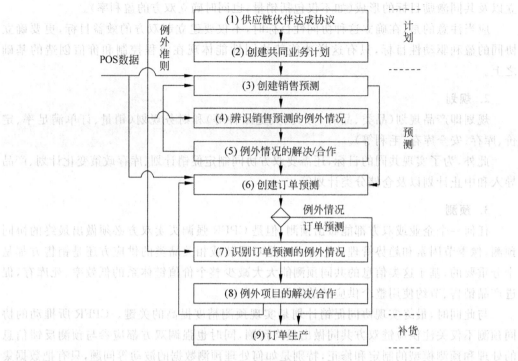

图 7-11 CPFR 过程模型

(2) 制造商和零售商交换公司战略和业务计划信息,以制定联合(共同)业务计划。

第二阶段。预测,包括 6 个步骤。

(1) 利用零售商销售数据,创建一个支持共同业务计划的销售预测。

(2) 识别分布在销售预测约束之外的项目,每个项目的例外准则需在步骤(1)中得到认同。

(3) 通过查询共享数据、电子邮件、电话、交谈、会议等解决销售预测的例外,并提交销售预测改变结果。

(4) 合并 POS 数据、因果关系信息和库存策略,产生一个支持共享销售预测的共同业务计划的订单预测。

(5) 识别分布在订单预测约束之外的项目,而例外准则在步骤(1)中已建立。

(6) 通过查询共享数据、电子邮件、电话、交谈、会议等调查研究订单预测的例外,并提交订单预测改变结果。

第三阶段。补货,包括一个步骤。

将订单预测转换为已承诺的订单。订单产生可由制造商或分销商根据能力、系统和资源来完成。

知识拓展

从理论上讲，服务水平与库存水平成正比关系。也就是说，要想提高服务水平，就得增加库存；要想降低库存，就得"牺牲"服务水平。这里有个很重要的前提，那就是库存与服务水平已经优化，多余的库存"水分"已被挤掉，换句话说，就是处于库存与服务水平的"效率边界"上。

但现实中，达到临界状态的企业少之又少。目前，只有极少的顶尖企业能够同时优化库存和服务水平，做到低库存下的高服务水平，而做得不错的企业，则以高库存为代价，实现高库存下的高服务水平，可是大多数的公司却在高库存、低服务水平的泥潭里打滚，库存一大堆，有货率却一塌糊涂。对于大多数企业来说，用不着"牺牲"服务水平，降库存就有很多潜力可挖，需要的不是技巧，而是意志力。

先说高库存下的高服务水平。这些企业以客户服务为重，库存决策比较保守。他们一般知道该备哪些料，但不知道该备多少，或者在客户满意度为主的绩效考核驱动下，更偏向于备多点。

供应链运营卓越的公司里，高库存、高服务水平的情况比较普遍。对他们来说，库存控制上需要的是风险意识，即自上而下地承担风险，在不牺牲服务效率的情况下，库存还是有降低的余地。

不过，需要注意的是，高层一定要承担风险，不能光发指令、定政策。因为基层降低一些库存，有时导致料号层面的短缺，引起内外部客户的不满。要知道，内部客户对基层计划人员的评判是基于料号的：我要的这个料没货，你们做计划就没做到位。如果计划人员辩护说"我们的整体目标是95%的有货率，现在已达到97%"，那么，八成会被敲得满头是包——内部客户看到的是他没拿到的物料。

但同样的话由管理层特别是高层来讲，效果就不一样了，因为管理层对管理层、高层对高层，更多的是在整体服务水平层面对话。这时候高层得站出来说话，并承担后果；否则，基层感觉得不到保护，没有安全感，在降低库存时就会阳奉阴违，以各种方式敷衍了事。

再说高库存下的低服务率。这些公司的特点是库存动辄千百万，但要用的料没有备，备的大都是些没用的。他们不知道什么料该备，也不知道该备多少。从严格意义上讲，库存计划职能在这类公司不存在，备什么料、备多少，都是销售、工程师或产品管理说了算，库存计划员只是跪受笔录。

尽管上述这两种公司都在降库存，但往往越降越糟，非但库存不减，而且伴随着每一次降库存，都是新一轮的库存膨胀。这是为什么？因为损害了内外客户的利益，影响了客户信任，结果只能导致更多的客户介入。而内外客户介入越多，备的没用的料就越多，库存水平也就越降越高了。

因此,降库存需要的不是技巧,而是决心,即承担心理上的压力,敢作敢为。

资料来源：http://www.chinawuliu.com.cn/zixun/201707/20/323160.shtml.

复习思考

1. 简述供应链管理背景下的库存问题。
2. 简述牛鞭效应产生的原因。
3. 讨论 VMI、JMI 的区别与联系。

第八章

供应链的构建与绩效评价

【学习目的与要求】
➢ 理解供应链管理的组织架构模型;
➢ 掌握供应链构建设计策略;
➢ 掌握供应链绩效评价模型。

引导案例

从电商到全行业 供应链创新已成经济提质增效的关键点

2017年的"双十一"正悄然发生着改变——"智慧供应链"概念逐渐崛起,成为电商争夺的战略焦点与实力比拼的战略高地。

事实上,早在数年前,业内就已经明确了"未来电商之间的竞争,实质就是供应链竞争"的观念。同时,电商的出现,也使得消费品供应链管理的形态出现很大的差别。而智慧供应链概念的出现与发展,将大数据、人工智能技术运用在供应链各环节,打破了零售的边界,已经成为电商进入新零售时代的核心动能。

从更宏观的角度看,不只是在电商行业,在国内经济转型发展关口的当下,供应链创新应用,已经成为提升经济发展质量、推动供给侧结构性改革的关键因素之一。

1. 供应链创新事关中国未来发展的核心能力

党的十九大报告中,在论述建设现代化经济体系、深化供给侧改革时提到,要"在中高端消费、创新引领、绿色低碳、共享经济、现代供应链、人力资本服务等领域培育新增长点、形成新动能"。

就在党的十九大召开前不久,国务院办公厅印发了《关于积极推进供应链创新与应用的指导意见》,提出到2020年,"形成一批适合我国国情的供应链发展新技术和新模式,基本形成覆盖我国重点产业的智慧供应链体系"。同时,《意见》中指出:"推进供应链创新与应用,有利于推动集成创新和协同发展,是落实新发展理念的重要举措;有利于促进降本增效和供需匹配,是供给侧结构性改革的重要抓手;有利于打造全球利益共同体和命运共同体,推进'一带一路'建设落地,是引领全球化提升竞争力的重要载体。"

宝洁全球美发事业部创新管理副总裁周宇鸣是供应链管理职业经理人,从业20余年来,在先进制造业管理、物流管理、供应商合作、供应链规划设计和零售业供应链等领域有丰富的经验。其主导的宝洁华东地区生产基地项目在绿色供应链打造上面获得了全球LEED的金质认证;其代表宝洁公司(中国)和沃尔玛(中国)实行的"端到端需求拉动供应链模式"项目夺得了2013年中国ECR白金奖。目前周宇鸣在美从事全球创新管理,致力于结合精益制造和硅谷地区的创新模式,研究推广精益创新和精益迭代。

"政府提出供应链创新和应用指导意见,是对供应链行业进行战略布局,这事关中国未来发展核心能力。"周宇鸣表示,第四次工业革命,是以人工智能、自动化无人控制等技术为基础推进的工业4.0、物联网化的全新发展。在这一历史时期中,中国与全世界是站在同一起跑线的。在此背景下,供应链已经不再是传统的仓储物流运输行业,而是一个端到端联结用户、制造商、材料商的体系。

"最重要的是实现需求拉动,而不是生产端推动。实现对零售业的端到端拉动的供应链模式可以实现随时按需供应,对于千变万化的零售业来说是核心竞争力。"周宇鸣说。据了解,在和沃尔玛(中国)合作的过程中,周宇鸣和他的团队首创了"端到端拉动的供应链模式",该模式主要指由沃尔玛订单需求通过客户系统到达宝洁系统,拉动宝洁生产计划需求,从而达到敏捷反应及按需生产的目的。通过双方合作及在各自领域的改进创新,该模式的实行很好地帮助企业实现了业绩的增长和双方的供应链效率提高。

"同时,'一带一路'战略发展也对产业链、供应链的匹配提出了全新的要求,因此,供应链成了核心发展领域之一。"周宇鸣说。

从技术发展、产业进步的角度看,供应链创新是工业4.0必不可少的一部分。周宇鸣表示,供应链由于涉及产品种类繁多、分销环节的复杂、物流环节烦琐,其大数据挖掘的价值很高。在美国,已经出现了零售业企业和品牌制造商联手运用大数据进行针对购物者设计独家产品来促进消费。

"在共享经济的背景下,人工智能和物联网会推进供应链创新的发展。"他说。

2. 企业供应链的全球布局

供应链改革自电商兴起。近年来,国内电商平台蓬勃发展,相应刺激了多家快递公司,并间接推动了制造商、物流、采购、快递等业态融合交织,在满足消费者需求方面有了长足的进步。这也造成了对国内供应链发展程度的错误判断。

事实上,国内供应链领域的发展依旧相对滞后。2017年6月公布的Gartner供应链全球25强企业名单中,中国唯一入选企业为联想集团,排名第24位。从制造业的全球供应链布局来看,很大一部分中国企业集中在代工环节,获益相对微小,且易被替代,采购与销售环节却都是在国外。因此,供应链的短板阻碍了中国商业与制造业的效率提高,也让成本居高不下。

这样的现实情况,客观上也加速了中国正在进行的、由政府推动或企业自发的企业供应链全球布局。对此,周宇鸣举例表示,2016年,中国企业对美投资为456亿美元,相比2015年增加了两倍。截至2016年年底,中国对美直接投资累计约1090亿美元。"其中,大家熟悉的企业项目有福耀玻璃、万向集团、海尔集团、江南化纤等。企业推进这些投资项目的战略意义在于全球供应链布局。福耀玻璃在美国布局是为了提供更敏捷的供应链来服务当地的汽车产业,江南化纤在美国的布局则是为了更好地整合上游原材料供应链,形成其核心竞争力。"

与一般企业谈供应链是出于企业自身范畴或行业范畴不同的是,中国企业"走出去"、进行全球供应链管理,背后是国家供应链战略体系的支持。周宇鸣提出,"一带一路"倡议的背后就是我国供应链体系的布局。

"其中重要的是通过信息互联互通来推进供应链运作的高效。"周宇鸣说,"因此,制造业企业或基建企业在布局全球供应链时,要结合自己的产业生命周期,有效整合上下游资源。"

周宇鸣主导的宝洁华东地区生产基地项目在绿色供应链打造上获得了全球LEED金质认证。他表示:"国外在决定是否接纳产业投资的时候,往往对环保或者可持续性发展的设计是绝对性的重视。这也是我们中国企业在全球产业投资时要注意的。"

3. 消费升级过程中的供应链关键点

党的十九大报告中指出,我国社会主要矛盾已经转化为人民日益增长的美好生活需要和不平衡、不充分的发展之间的矛盾。这一提法,再一次将市场的焦点重新拉回对消费升级进程的关注。其中,快消行业消费升级首当其冲,这也带动了所谓"快消供给侧改革",并对相关企业的供应链管理革新带来深远的影响。

作为快消行业内研究供应链创新的专家,周宇鸣根据自身丰富的观察与实践经验,特别分析了由这一轮消费升级所带动的快消行业供应链变化中的关键问题。

周宇鸣认为,快消行业的消费升级,与2008年全球金融危机下产业调整及近几年电子商务发展密切相关。2008年金融危机之后,沿海一带的加工企业出口订单减少,开始逐步寻找国内销售市场,但是由于品牌和市场能力不足,未能形成有效突破。直到2010年后,电商的发展降低了新品牌、新产品市场进入门槛,激活了上游制造商的过剩产能。

"当然,终端消费者收入总量的增加是消费升级的必要条件。在这个基础上,消费者观念从原来的价格驱动为主开始转变为好产品、好生活品质的追求。"周宇鸣说。

"在这一轮消费升级里面,有几个供应链的关键问题是需要迫切关注的。"周宇鸣表示,首先是在电商时代,消费升级会推进上游供应链的精益创新、精益制造和精益迭代。"在电商平台上,快消产品市场迭代犹如电脑行业一样,产品生命周期大大缩短。潮流性、热点性产品对供应链的要求与以往大不相同。因此,供应链的上下游需要协同运作,敏捷制造快速完成从设计到生产到配送。同时,还需要紧密控制库存,完成精益迭代。"

其次是跨境电商,尤其是全球电商的供应链打造。周宇鸣表示,近几年来,其他国家地区的电商市场和消费升级也在飞速发展。中国制造和中国速度必须同步到位。如商务部在推动建设的 100 个电子商务"海外仓",就是企业全球供应链的基石。

另外要注意的是,国内三四线城市的消费升级,尤其是农村电商对供应链匹配的要求。周宇鸣表示,这其中涉及了物流快递行业网络建设、利用大数据来进行云库存的合理分配等一系列的问题。

资料来源:http://finance.jrj.com.cn/2017/11/04134523336139.shtml.

思考:
1. 政府如何推动供应链创新与应用?
2. 供应链全球构建的基础是什么?

第一节 供应链构建的体系框架

供应链构建(supply chain configuration,SCC)包括供应链管理组织机制的建立、管理流程的设计与优化、物流网络的建立、合作伙伴的选择、信息支持体系的选择等诸多内容,为叙述方便起见,本书后面简称为供应链构建。供应链构建是一个庞大而复杂的工程,也是十分重要的管理内容。

关于供应链构建的理论体系与实践范畴,目前学术界和企业界都还没有统一的认识,但已引起很多人的关注,从事这方面研究与实践的人越来越多。

一、供应链管理的组织架构模型

供应链的构建必须同时考虑本企业和合作伙伴之间的管理关系,形成合理的组织关系以支持整个供应链的业务流程。

因此,在进行供应链设计时,首先,要考虑的内容就是供应链上企业的主客体关系。根据核心企业在供应链中的作用,恰当设计出主客体的权利与义务。其次,就是完善组织设计,支持主客体关系的运作。

二、供应链环境下的运作组织与管理

供应链能够取得单个企业所无法达到的效益,关键之一在于它动员和协调了整个产品设计、制造与销售过程的资源。但是这并不是说只要将所有企业"捏合"到一起就可以达到这一目标。

其中核心问题就是能否将所有企业的生产过程实现同步运作,最大限度地减少由于不协调而出现生产的停顿、等待、过量生产或者缺货等方面的问题。因此,供应链构建的问题之一是如何构造适应供应链环境的生产计划与控制系统。

完成这一过程需要考虑的内容主要有两个。

首先是供应链环境的生产计划与控制模式,主要涉及基于供应链响应周期的资源配置优化决策,基于成本和提前期的供应链延迟点决策,面向同步制造的供应链流程重构等。

其次是与同步生产组织匹配的库存控制模式,如何应用诸如自动补货系统(AS/RS)、供应商管理库存(VMI)、接驳转运、虚拟仓储、提前期与安全库存管理等各种技术,实现整个供应链的生产与库存控制目标。

小贴士

十九大报告原文:建设现代化经济体系是跨越关口的迫切要求和我国发展的战略目标。必须坚持质量第一、效益第一;在中高端消费、创新引领、绿色低碳、共享经济、现代供应链、人力资本服务等领域培育新增长点、形成新动能。

解读:报告首提现代供应链,将我国物流供应链发展提到新高度。2017年中央经济工作会议把深入推进"三去一降一补"作为继续深化供给侧结构性改革的首要任务。物流业推进供给侧提效降本仍然是重中之重。

降低成本,离不开创新的管理方式。恰恰在十九大召开前夕,国务院正式发布了我国首个供应链政策——《关于积极推进供应链创新与应用的指导意见》。这一政策的发布,也为物流业降本提效提出了新的思路。意见明确指出,加快供应链创新与应用是推进供给侧结构性改革的重要抓手。

供应链通过资源整合和流程优化,促进产业跨界和协同发展,有利于加强从生产到消费等各环节的有效对接,降低企业经营和交易成本,促进供需精准匹配和产业转型升级,全面提高产品和服务质量。由此,未来物流供应链将迎来高速发展,专注供应链将成为企业经营的重要方向。

三、供应链环境下的物流管理

与同步制造相呼应的是供应链管理下的物流组织模式。它的目标是如何寻找最佳的物流管理模式,使整个供应链上的物流管理能够准确响应各种需求(包括来自客户的需求和合作伙伴的需求等),真正体现出物流是"第三利润源泉"的本质。

为此,在构建供应链时,必须考虑物流网络的优化、配送中心的选择、运输路线的优化、物流作业方法的选择与优化等方面的内容，充分应用各种支持物流运作管理决策的技术与方法。

(一) 供应链管理下的物流环境

企业竞争环境的变化导致企业管理模式的转变，供应链管理思想就是在新的竞争环境下出现的。新的竞争环境体现了企业竞争优势要素的改变。在20世纪70年代以前，成本是主要的竞争优势，而80年代则是质量；90年代是交货时间，即基于时间的竞争；到21世纪初，这种竞争优势转移到敏捷性上来。

在这种环境下，企业的竞争就表现在如何以最快速度响应市场要求，满足不断变化的多样化需求。企业必须能在实时的需求信息下，快速组织生产资源，把产品送到用户手中，并提高产品的用户满意度。在剧烈的市场竞争中，企业都感到一种资源饥渴的无奈，传统的单一企业竞争模式已经很难使企业在市场竞争中保持绝对的竞争优势。

信息时代的到来，进一步加深了企业竞争的压力，信息资源的开放性打破了企业的界限，建立了一种超越企业界限的新的合作关系，为创造新的竞争优势提供了有利的条件。因此，供应链管理的出现迎合了这种趋势，顺应了新的竞争环境的需要，使企业从资源的约束中解放出来，创造出新的竞争优势。

供应链管理实质是一个扩展企业概念，扩展企业的基本原理和思想体现在以下几个方面：①横向思维(战略联盟)；②核心能力；③资源扩展/共享；④工作流(团队管理)；⑤竞争性合作；⑥同步化运作；⑦用户驱动。这几个方面的特点不可避免地影响到物流环境。

(二) 供应链管理环境下物流管理的特点

物流环境的改变使得物流管理出现了以下新的特征。

1. 信息化

从原材料供应商到商品最终消费者，整个流通过程都要保障信息的透明度和沟通的畅通无阻，供给和需求信息、储存信息、运输信息、货物实时状态信息等各种必要的信息都要及时有效地传播，而且更重要的是，现代信息化技术为此提供了物质基础保证，至少在技术条件下能够达到这个要求。

供应链管理环境下的物流管理既有现实的需求又有技术的实现条件，所以相比于传统的物流，这一特点就显得更加明显和重要。

2. 系统化

物流活动所涉及的范围和环节更广更多了，通常认为，供应链包括物流、信息流和资金流的同步运行。一方面,物流本身是一个系统,有着独立运行的规律;另一方面,物流又从属于更大的系统——供应链系统,要在更大的系统中开展运作。供应链环境下的物流活动更加强调系统性。

3. 合作化

供应链上各个组成部分,包括供应商、采购商、生产商和分销商等经营主体,要彼此紧密合作。作为供应链上的共同组成部分,需要保持稳定性和长久性,而这种稳定性和长久性必然要求供应链中的各企业保持良好的合作关系。

4. 便捷化

既然作为一个长期合作的整体,就会要求每一个成员之间的合作渠道最优化、服务便捷化,及时供货、快速响应,以最大限度地提高供应链的运作效率和降低彼此的交易成本。

四、基于供应链的信息支持系统

对供应链的管理离不开信息技术的支持,因此,在设计供应链时一定要注意如何将信息融入整个系统中来。对于这方面的内容已有很多论著,此处不再叙述。

小贴士

随着社会分工细化和信息技术进步,特别是互联网、物联网的应用,供应链逐步演化为产业及经济的组织形态,并从产业供应链发展到跨产业的平台供应链,以及跨产业、跨区域的供应链生态圈。

经过近半个世纪的研究与实践,供应链的发展经历了资源整合、流程优化、价值协同与智慧生态4个阶段。

1.0阶段——企业内部资源整合,功能集成,流程优化,企业一体化管理。

2.0阶段——企业与外部资源整合,业务协同,缩短产品生命周期,更快地占领市场,更有效地利用资产,实现"双赢"或"多赢"。

3.0阶段——价值链协作。利用互联网、物联网、大数据、云计算和电子商务等技术,对上下游客户实施纵向与横向一体化的整合,实施协同设计与制造,构成一个价值链网络,追求系统最优化。

4.0阶段——智慧供应链。供应链与互联网、物联网深度融合,基于大数据的人工智能应用成为供应链的重要特征,供应链组织形态更加扁平,虚拟生产、云制造等应用更加普及,技术与管理有效结合,最终形成更加高效、智能和人性化的供应链生态圈。

第二节 供应链的结构模型

一、供应链拓扑结构模型

(一) 供应链的模型 Ⅰ：静态链状模型

综合供应链的定义和结构模型,可以得出一个简单的供应链模型,如图 8-1 所示,称其为模型 Ⅰ。模型 Ⅰ 清楚地表明产品的最初来源是自然界,如矿山、油田、橡胶园等,最终去向是用户。

产品因用户需求而生产,最终被用户所消费。产品从自然界到用户经历了供应商、制造商和分销商三级传递,并在传递过程中完成产品加工、产品装配等转换过程。被用户消费掉的最终产品仍回到自然界,完成物质循环(图 8-1 中的虚线)。

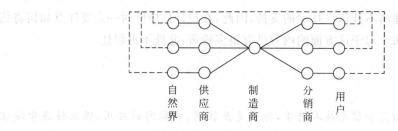

图 8-1　模型 Ⅰ：静态链状模型

(二) 供应链的模型 Ⅱ：动态链状模型

模型 Ⅰ 只是一个静态模型,表明供应链的基本组成和轮廓概貌。进一步地,可以提出供应链的模型 Ⅱ,如图 8-2 所示。模型 Ⅱ 是对模型 Ⅰ 的进一步抽象,它把商家都抽象成一个个的点,称为节点,并用字母或数字表示。节点以一定的方式和顺序联结成一串,构成一条供应链。

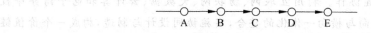

图 8-2　模型 Ⅱ：动态链状模型

在模型 Ⅱ 中,若假定 C 为制造商,则 B 为供应商,D 为分销商;同样,若假定 B 为制造商,则 A 为供应商,C 为分销商。在模型 Ⅱ 中,产品的最初来源(自然界)、最终去向(用户)以及产品的物质循环过程都被隐含抽象掉了。

从供应链研究便利的角度来讲,把自然界和用户放在模型中没有太大的作用。模型

Ⅱ着力于供应链中间过程的动态研究,它是一个动态的链状模型。

1. 供应链的方向

在供应链上除了流动着物流(产品流)和信息流外,还存在着资金流。物流的方向一般都是从供应商流向制造商,再流向分销商。在特殊情况下(如产品退货),产品在供应链上的流向与上述方向相反。

依照物流的方向来定义供应链的方向,以确定供应商、制造商和分销商之间的顺序关系。模型Ⅱ中的箭头方向即表示供应链的物流方向。

2. 供应链的级

在模型Ⅱ中,定义 C 为制造商时,可以相应地认为 B 为一级供应商,A 为二级供应商,而且还可以定义三级供应商、四级供应商……同样,可以认为 D 为一级分销商,E 为二级分销商,并定义三级分销商、四级分销商……一般地讲,一个企业应尽可能考虑多级供应商或分销商,这样有利于从整体上了解供应链的运行状态。

(三) 供应链的模型Ⅲ:网状模型

事实上,在模型Ⅱ中,供应商可能不止一家,而是有 B_1、B_2 等 n 家,分销商也可能有 D_1、D_2 等 m 家。动态地考虑,C 也可能有 C_1、C_2 等 k 家,这样模型Ⅱ就转变为一个网状模型,即供应链的模型Ⅲ。

网状模型更能说明现实世界中产品的复杂供应关系。在理论上,网状模型可以涵盖世界上所有厂家,把所有厂家都看作其上面的一个节点,并认为这些节点存在着联系。当然,这些联系有强有弱,而且在不断地变化着。通常,一个厂家仅与有限个厂家相联系,但这不影响我们对供应链模型的理论设定。网状模型对供应关系的描述性很强,适合于对供应关系的宏观把握。

1. 入点和出点

在网状模型中,物流作有向流动,从一个节点流向另一个节点。这些物流从某些节点补充流入,从某些节点分流流出。我们把这些物流进入的节点称为入点,把物流流出的节点称为出点。入点相当于矿山、油田、橡胶园等原始材料提供商,出点相当于用户。图 8-3 中 A 节点为入点,F 节点为出点。

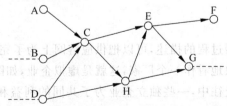

图 8-3 模型Ⅲ:网状模型的入点和出点

对于有的厂家既为入点又为出点的情况,出于对网状表达的简化,将代表这个厂家的节点一分为二,变成两个节点:一个为入点,一个为出点,并用实线将其框起来。如图8-4所示,A_1为入点,A_2为出点。

同样,对于有的厂家对另一厂家即为供应商又分为分销商的情况,也可将这个厂家一分为二,甚至一分为三或更多,变成两个或多个节点:一个节点表示供应商,一个节点表示分销商,也用实线将其框起来。如图8-5所示,B_1是C的供应商,B_2是C的分销商。

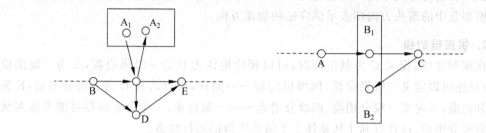

图8-4 包含出点和入点的厂家　　　　图8-5 包含供应商和分销商的厂家

2. 子网

有些厂家规模非常大,内部结构也非常复杂,与其他厂家相联系的只是其中一个部门,而且内部也存在着产品供应关系,用一个节点来表示这些复杂关系显然不行,这就需要将表示这个厂家的节点分解成很多相互联系的小节点,这些小节点构成一个网,称为子网,如图8-6所示。

在引入子网概念后,研究图8-6中C与D的联系时,只需考虑C_2与D的联系,而不需要考虑C_3与D的联系,这就简化了无所谓的研究。子网模型对企业集团是很好的描述。

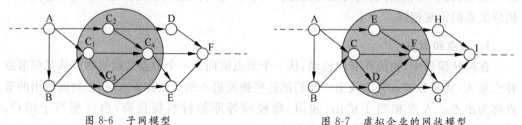

图8-6 子网模型　　　　　　　　　图8-7 虚拟企业的网状模型

3. 虚拟企业

借助以上对子网模型过程的描述,可以把供应链网上为了完成共同目标、通力合作并实现各自利益的厂家形象地看作一个厂家,这就是虚拟企业,如图8-7所示。

虚拟企业是在经济交往中,一些独立企业为了共同的利益和目标在一定的时间内结成的相互协作的利益共同体。虚拟企业组建和存在的目的就是为了获取相互协作而产生的效益,一旦这个目的已完成或利益不存在,虚拟企业即不复存在。

二、供应链网模型

在产品生命周期不断缩短、企业之间的合作日益复杂以及顾客的要求更加严格的今天,市场驱动原料或零部件供应商、产品制造商和分销商组织起来,形成了供应-生产-销售的供应链。实际上,供应链中的供应商常常为多家,分销商也有多个。

供应商、制造商和分销商在战略、任务、资源和能力方面相互依赖,构成了较复杂的供应-生产-销售网,这就是供应链网。我们说的供应链实质上应该是一个网链结构。供应链网的一般结构如图 8-8 所示。供应链网是由一系列自主程度不同的业务实体所构成的网络,这些实体之间互为上下游企业。

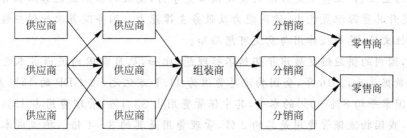

图 8-8 供应链网的一般模型

(一) 供应链网的结构特性

第一,供应链网的结构具有层次性特征。从组织边界的角度看,虽然每个企业实体都是供应链网的成员,但是它们可以通过不同的组织边界体现出来。

第二,供应链网的结构表现为双向性。从横向看,使用某一共同资源(如原材料、半成品或成品)的实体之间既相互竞争又相互合作;从纵向看,供应链网的结构就是供应链结构,反映从原材料供应商到制造商、分销商及顾客的物流、信息流和资金流的过程。

第三,供应链网的结构呈多级性。随着供应、生产和销售关系的复杂化,供应链网的成员越来越多。如果把供应链网中相邻两个业务实体的关系看作供应-购买关系,那么这种关系是多级的,而且涉及的供应商和购买商也是多个。供应链网的多级结构增加了供应链管理的困难,同时又有利于供应链的优化与组合。

第四,供应链网的结构是动态的。供应链网的成员通过物流和信息流联结起来,它们之间的关系是不确定的,其中某一成员在业务方面的稍微调整都会引起供应链网结构的变动。而且,供应链成员之间、供应链之间的关系也由于顾客需求的变化而经常作出适应性的调整。

第五,供应链网具有跨地区的特性。供应链网中的业务实体超越了空间的限制,在业务上紧密合作,共同加速物流和信息流,创造了更多的供应链效益。最终,世界各地的供应商、制造商和分销商被联结成一体,形成全球供应链网(global supply chain network, GSCN)。

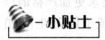

供应链创新与应用

供应链发展水平是国家竞争力的重要标志,同时也与民众的生活水平正相关。现在我国供应链的发展已进入与互联网、物联网深度融合的新阶段,供应链整合能力和协同效率已经成为企业、产业甚至是经济的重要核心竞争力,高效的供应链能够降低百姓生活成本,也能提升其资源配置能力、协同能力及服务支撑能力。国务院首次就供应链创新发展出台指导性文件,其积极作用与意义可想而知。

目前,国内的供应链发展水平仍然不够理想,比如,从目前国内流通成本之高就可以看出。有数据显示,2016年,全国物流总费用为11.1万亿元,占GDP的15%左右,明显高于发达国家平均8%~9%的水平,其中保管费用占33.1%,管理费用占13%。与发达国家相比,我国物流保管费用是其的2倍,管理费用是其的3~4倍。物流成本占产品成本的比例,我国大约在30%~40%,而其他发展中国家约为15%~25%,发达国家一般为10%~15%。

高成本流通最终还是羊毛出在羊身上,处于末端的消费者将为此买单,这将加重消费者的负担,也将影响企业的市场竞争力。当消费端越远,流通成本越高,越会影响企业的竞争力。据测算,社会物流总费用占GDP的比重下降1个百分点就可以节约7500亿元,若将节省下来的成本让利给消费者,就能带动消费,拉动内需。

从高成本流通就可以看出供应链发展水平还有很大的提升空间。供应链不能高效运作就是流通成本高的重要原因,由此带来很大的负面影响。现代化的一个重要特征就在于其高效率,流通成本高则是一种低效率的表现,这也严重阻碍了社会现代化进程。

推进供应链创新与应用,其目的就是降成本、提效率。提升我国供应链整体发展水平,让供应链发展水平能"匹配"上社会发展,兹事体大,关乎国计民生,也是进行供给侧结构性改革的重要部分。它能够让经济运行变得更为高效、便利,从而降低消费者负担,提升国家核心竞争力;同时,它也是建设节约型社会、高效率社会、推进社会现代化的必由之路。

(二)供应链网结构分析的现实意义

(1)明确供应链网的概念,有助于人们加深理解供应链的内涵和外延。供应链网强调的是供应链的网状结构,使人们能够从宏观和微观两方面正确认识供应链和供应链管理的本质。

(2) 对于供应链网结构特性的分析有助于企业制定恰当的供应链构建策略。例如,企业可以对供应链网进行层次区分,确定主干供应链和分支供应链,建立起最具有竞争力的供应链网。另外,从供应链网的多级性特征来看,企业又可以对供应链进行等级排列,对供应商进一步细分,进而制定出具体的营销组合策略。世界著名的耐克公司之所以取得全球化经营的成功,关键在于它分析了公司供应链网的多级结构,有效地运用了供应商多级细分策略。

实践表明,对供应链网的分层和分级是十分重要的。同时,供应链网结构的动态性特点指导企业建立供应链适时修正战略,跨地区性特点提醒企业密切注意国际惯例和各国文化、法律等的差异。

(3) 供应链网结构研究能够区分不同行业的供应链网,为企业建立合适的供应链网提供了参考。企业应该根据自身的行业特点、业务规模和业务流程来选择最佳的供应链网。

(4) 供应链网结构研究分析了不同行业供应链网管理的主要问题,有利于改进供应链管理。供应链网结构研究强调供应链网成员的共同目标和改进重点,为企业提高管理水平指明了方向。

第三节 供应链构建设计策略

一、基于产品的供应链设计策略

从投资的角度考虑供应链的设计问题,美国的费舍尔(L. Fisher)教授提出了供应链的设计要以产品为中心的观点。供应链的设计首先要明白用户对企业产品的需求是什么,因为产品生命周期、需求预测、产品多样性、提前期和服务的市场标准等都是影响供应链设计的重要问题。供应链的构建必须与产品特性一致,这就是基于产品的供应链设计策略(product-based supply chain design, PBSCD)。

1. 产品类型

不同的产品类型对设计供应链有不同的要求。产品可以分为高边际利润、不稳定需求的创新型产品和边际利润低、需求稳定的功能型产品,供应链构建时应该考虑这方面的问题。

功能型产品一般用于满足用户的基本需求,变化很少,具有稳定的、可预测的需求和较长的生命周期,但它们的边际利润较低。为了获得比较高的边际利润,许多企业在产品式样或技术上革新以刺激消费者购买,从而使产品成为创新型的,这种创新型产品的需求一般不可预测,生命周期也较短。正因为这两种产品的不同,才需要有不同类型的供应链去满足不同的管理需求。

2. 基于产品的供应链设计步骤

基于产品的供应链设计步骤如图 8-9 所示。

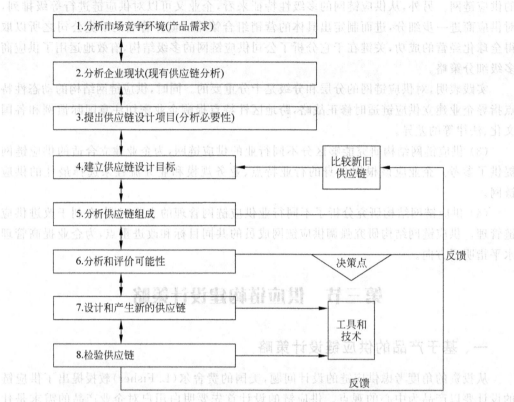

图 8-9　供应链设计的步骤模型图

第一步是分析市场竞争环境。目的在于找到针对哪些产品进行市场开发供应链才有效,为此,必须知道现在的产品需求是什么,产品的类型和特征是什么。分析市场特征的过程要向卖主、用户和竞争者进行调查,提出诸如"用户想要什么""他们在市场中的分量有多大"之类的问题,以确认用户的需求和因卖主、用户、竞争者产生的压力。这一步骤的输出是每一产品的按重要性排列的市场特征,同时对于市场的不确定性要有分析和评价。

第二步是分析企业现状。主要分析企业供需管理的现状(如果企业已经有供应链管理,则分析供应链的现状),这一步骤的目的不在于评价供应链设计策略的重要性和合适性,而是着重于研究供应链开发的方向,分析、总结企业存在的问题及影响供应链设计的阻力等因素。

第三步是提出供应链设计项目。

第四步是建立供应链设计目标。主要目标在于获得高用户服务水平和低库存投资、低单位成本两个目标之间的平衡(这两个目标往往有冲突),同时还应包括以下目标。

(1) 进入新市场。
(2) 开发新产品。
(3) 开发新销售渠道。
(4) 提高用户满意程度。
(5) 降低成本。
(6) 通过降低库存提高工作效率等。

第五步是分析供应链的组成,提出供应链组成的基本框架。供应链中的成员组成分析主要包括制造工厂、设备、工艺和供应商、制造商、分销商、零售商及用户的选择及其定位,以及确定选择与评价的标准。

第六步是分析和评价可能性。这部分仅仅是某种策略或改善技术,也是开发和实现供应链管理的第一步。它在可行性分析的基础上,结合本企业的实际情况为开发供应链提出技术选择建议和支持。这也是一个决策的过程,如果认为方案可行,就可以进行下面的设计;如果不可行,就要重新设计。

第七步是设计和产生新的供应链,主要解决以下问题。
(1) 供应链的成员组成(供应商、设备、工厂、分销中心的选择与定位、计划与控制)。
(2) 原材料的来源问题(包括供应商、流量、价格、运输等问题)。
(3) 生产过程设计(需求预测、产品生产、生产能力、分销中心、价格、生产计划、生产作业计划和跟踪控制、库存管理等问题)。
(4) 分销任务与能力设计(产品服务于哪些市场、运输、价格等问题)。
(5) 信息管理系统设计。
(6) 物流管理系统设计等。

在供应链设计中,要广泛用到许多工具和技术,包括归纳法、动态规划、流程图、模拟和设计软件等。

第八步是检验供应链。供应链设计完成以后,应通过一定的方法、技术进行测试检验或试运行,如果不行,返回第四步进行重新设计。如果没有什么问题,就可以实施供应链管理了。

二、基于多代理的集成供应链设计思想和方法

1. 基于多代理的集成供应链模式

随着计算机、网络等信息技术的发展,供应链除了具有由人、组织简单组成的实体特征外,也逐渐演变为以信息处理为核心、以计算机网络为工具的人-信息-组织集成的超智能体。

基于多代理集成的供应链模式（见图 8-10）是涵盖两个世界的三维集成模式，即实体世界的人-人、组织-组织集成和软件环境世界的信息集成（横向集成），以及实体与软件环境世界的人-机集成（纵向集成）。

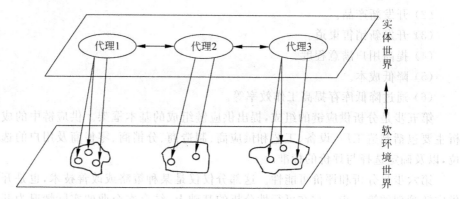

图 8-10　基于多代理的集成供应链模式

2. 动态建模基本思想

可以采用多种理论方法指导动态建模。基本流程为多维系统分析→业务流程重构→建模→精细化/集成→协调/控制，在建模中并行工程思想贯穿于整个过程，如图 8-11 所示。

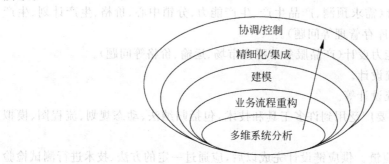

图 8-11　动态建模思想

3. 建模方法

用于基于多代理集成供应链的建模方法主要有基于信息流的建模方法、基于过程优化的建模方法、基于案例分析的建模方法以及基于商业规划的建模方法。

过程优化思想在业务流程重构（business process reengineering，BPR）建模中得到应用，并且 BPR 支持工具被称为 BPR 研究的重要内容。过程优化最关键的就是过程诊断，即过程存在问题识别。识别现有过程存在的问题可采用基于神经网络的企业过程诊断法、基于物元理论系统诊断法以及变化矩阵法等。集成动态建模过程如图 8-12 所示。

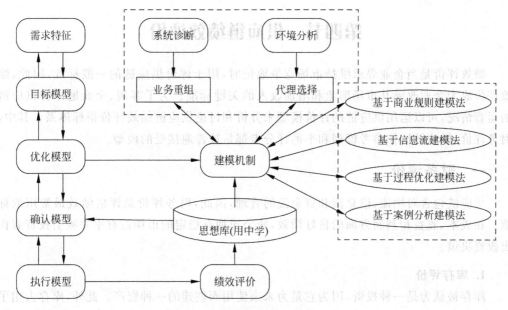

图 8-12 集成动态建模过程

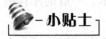

物元分析理论是解决矛盾问题的规律和方法,是系统科学、思维科学和数学的交叉学科。物元分析理论是我国学者、广东工学院蔡文副教授所创立的新学科。1983 年他在《科学探索学报》上发表了论文"可拓集合和不相容问题",标志着物元分析的诞生。

物元分析引起国内外许多专家、教授、学者的兴趣和关注。物元分析是专门研究如何处理难题的人脑思维的一种模型,因此,它将参与人工智能及与人工智能相关的学科,也参与诸如军事决策、经济计划、企业管理、过程控制等这些大量出现不相容问题的部门中去。

三、在产品开发的初期设计供应链

在一些高科技型企业,如惠普公司(HP),产品设计被认为是供应链管理的一个重要因素。众多的学者也提出了为供应链管理设计产品(design for supply chain management, DFSCM)的概念。与基于产品的供应链设计策略不同,DFSCM 的目的在于设计产品和工艺以使供应链相关的成本和业务能得到有效的管理。

大量的实践经验告诉人们,供应链中生产和产品流通的总成本最终决定于产品的设计。因此,必须在产品开发设计的早期就同时考虑供应链的设计问题,以获得最大化的潜在利益。

第四节　供应链绩效评价

绩效评价是当企业寻求维持市场竞争地位时,用于评价供应链的一般标准,因此,绩效评价成为企业改善其市场形象和增加收入的关键标准。为了客观、全面地评价供应链的运营情况,可以运用供应链的评价模型来分析和讨论供应链绩效评价指标体系。其中,财务评价、供应链运作参考模型和平衡计分卡都是被普遍接受的模型。

一、财务评价

供应链包含对物流、信息流和资金流的管理,因此,财务评价是评估绩效最常用的标准。在成本、收益和利润方面的良好绩效,使公司拥有稳定的市场占有率并吸引投资者作出投资决策。

1. 库存评价

库存被认为是一种投资,因为它是为未来使用而创建的一种资产。此外,库存占用了可能会被用于利润较高的运作项目的资金。

通常,公司希望有恰好能够满足需求的存货,过剩的库存是一项成本。一般的库存绩效评价包括年平均总库存价值、供应周数和库存周转率等。

平均总库存价值是所有库存的价值,包括原材料、在制品和产成品库存。平均总库存用货币价值来表示。

2. 供应链变量与损益表的关系

商业模式和供应链活动的结果,影响公司在其损益表中显示出的财务绩效。损益表显示该公司的财务绩效、估计其现金流量,并评估其未来的成长性。表 8-1 展示了损益表中各个科目、供应链活动和绩效的相互关系。

表 8-1　损益表和绩效评价指标

损益表科目	供应链管理变量	绩效评价
净销售额	需求管理 客户关系管理 订单获取	订单数量 收入
产品销售成本	采购 供应网络 生产计划 & 控制	成本 & 利润

续表

损益表科目	供应链管理变量	绩效评价
销售及管理费用	订单处理 运输 仓储 库存成本 包装 其他支持活动	订单履行成本 运输和物流成本、间接成本
库存费用	库存控制 库存持有成本	成本、资产回报率、投资回报率(ROI)
税前收入	订单 收益	毛利

净销售额与需求管理和客户关系管理相关,这是一个公司订单获取和履行能力以及收入的关键指标。

产品销售成本是由与供应商的财务协议、生产成本和其他间接成本来决定的。如同产品销售成本那样,供应链中的质量问题也会增加产品生产成本。同时增加供应商的准时交货率可以减少安全库存,从而减少库存成本和产品销售成本。

销售及管理费用代表销售产品或提供服务所需的费用。这些费用包括薪金、佣金、广告费、装卸费、运费、仓库管理费和销售设备的折旧等。对销售和管理活动有影响的是订单履行率和速度、物流、运输以及间接成本。

库存费用与库存控制策略、供应网络和需求预测相关。更好的需求估计和可靠的供应商可以降低安全库存的水平。

其他被广泛接受的财务评价指标包括现金周转时间、营运资金、投资回报率和资产回报率等。

现金周转时间评估的是公司向其原材料供应商付款的日期到顾客向其付款的日期之间的天数。现金周转时间越短越好。较长的现金周转时间可能表明该公司有大量的应收账款。

资产回报率(ROA)是一项重要的财务指标,它指出了一个供应链如何有效地将其资源资本化。ROA 由净收入除以总资产得到。降低总库存投资可以减少公司的总资产。因此,如果净销售额保持不变,总库存的减少可以提高资产回报率。恰当的资产管理战略不是将库存数量降到最少,而是拥有合适的产品库存量。

营运资本是用来供给现有运营的资金,是存货周转率和供应周数的替代指标。库存投资的增加要求增加对供应商的支付。因此,库存供应的减少或库存周转率的增加都有助于减轻营运资金的压力,并提高了性价比。

3. 财务评价的不足

财务评价指标是非常重要的供应链绩效指标，但它有时不能反映企业的真实绩效。例如，当汽油价格上涨时，卡车运输公司承担了较高的燃料成本，这导致了低的利润。因此，近年来更全面的绩效评价模型被引入了供应链绩效评价。供应链运作参考模型和平衡计分卡是两个普遍应用的供应链评价方法。

二、供应链运作参考模型

供应链运作参考模型（supply chain operation reference，SCOR）是由国际供应链协会（Supply Chain Council）开发支持，适合于不同工业领域的供应链运作参考模型。1996年春，两个位于美国波士顿的咨询公司——Pittiglio Rabin Todd & McGrath（PRTM）和AMR Research（AMR）为了帮助企业更好地实施有效的供应链，实现从基于职能管理到基于流程管理的转变，牵头成立了供应链协会，并于当年底发布了供应链运作参考模型（SCOR）。

SCOR模型把业务流程重组、标杆比较和流程评测等著名的概念集成到一个跨功能的框架之中。SCOR是一个为供应链伙伴之间有效沟通而设计的流程参考模型，是一个帮助管理者聚焦管理问题的标准语言。作为行业标准，SCOR帮助管理者关注企业内部供应链。SCOR用于描述、量度、评价供应链配置。

SCOR是第一个标准的供应链流程参考模型，是供应链的诊断工具，它涵盖了所有行业。SCOR使企业间能够准确地交流供应链问题，客观地评测其性能，确定性能改进的目标，并影响今后供应链管理软件的开发。流程参考模型通常包括一整套流程定义、测量指标和比较基准，以帮助企业开发流程改进的策略。SCOR不是第一个流程参考模型，但却是第一个标准的供应链参考模型。SCOR模型主要由四个部分组成：供应链管理流程的一般定义、对应于流程性能的指标基准、供应链"最佳实施"（best practices）的描述以及选择供应链软件产品的信息。

供应链运作参考模型整合了经营活动和绩效评价。例如，客户服务（包括订单满足率、准时交货和退货）与计划（包括需求预测、产品定价和库存管理）相关，相关的两个因素在表格中用"X"表示。供应链运作参考模型的绩效类别包括客户服务、内部效率、需求弹性和产品开发。表8-2第一列显示的企业经营活动包括计划、采购、制造和配送。

表8-2 供应链运作参考模型

绩效类别	客户服务	内部效率	应对需求的灵活性	产品开发
经营活动	·完成率 ·准时送达 ·退货	·库存周转率 ·销售利润率 ·现金周转时间	·周转时间 ·内部灵活性 ·外部灵活性	·新产品销售收入占总收入百分比 ·周转时间

续表

绩效类别		客户服务	内部效率	应对需求的灵活性	产品开发
计划	需求预测	X	X	X	
	产品定价	X	X		
	库存管理	X	X		
采购	购买		X	X	
	信用和收款	X	X		
制造	产品设计	X			X
	生产调度		X	X	
	设备管理	X	X		
配送	订单管理	X	X		X
	配送调度	X	X		

应供应链协会的要求,所有使用供应链运作参考模型的公司都应该与协会成员分享供应链管理的实施经验。因此,供应链运作参考模型的广泛应用带来更好的客户与供应商关系、更好的系统集成以及最佳供应链实践知识的传播。

1. 计划

(1) 评估企业整体生产能力、总体需求计划以及针对产品分销渠道进行库存计划、分销计划、生产计划、物料及生产能力的计划。

(2) 制造或采购决策的制定、供应链结构的设计、长期生产能力与资源规划、企业计划、产品生命周期的决定、生产正常运营的过渡期管理、产品衰退期的管理与产品线的管理等。

2. 采购

(1) 寻找供应商/物料收取。

(2) 获得、接收、检验、拒收与发送物料。

(3) 供应商评估、采购运输管理、采购品质管理、采购合约管理、进货运费条件管理、采购零部件的规格管理、原材料仓库管理、原材料运送和安装管理。

(4) 付款条件管理以及安装进度管理。

(5) 采购支持业务:采购业务规则管理、原材料存货管理。

3. 生产

(1) 生产运作:申请及领取物料、产品制造和测试、包装出货等;工程变更、生产状况掌握、产品质量管理、现场生产进度制定、短期生产能力计划与现场设备管理;在制品运输。

(2) 生产支持业务:制造业务规格管理、在制品库存管理。

4. 配送

（1）订单管理：订单输入、报价、客户资料维护、订单分配、产品价格资料维护、应收账款管理、授信、收款与开立发票等。

（2）产品库存管理：存储、拣货、按包装明细将产品装入箱、制作客户特殊要求的包装与标签、整理确认订单、运送货物。

（3）产品运输安装管理：运输方式安排、出货运费调度管理、货品安装进度安排、进行安装与产品试运行。

（4）配送支持业务：配送渠道的决策制定、配送存货管理、配送品质的掌握和产品的进出口业务。

SCOR 模型是一个崭新的、基于流程管理的工具，国外许多公司已经开始重视、研究和应用 SCOR。大多数公司都是从 SCOR 模型的第二层开始构建他们的供应链，此时常常会暴露出现有流程的低效或无效，因此需要花时间对现有的供应链进行重组。典型的做法是减少供应商、工厂和配送中心的数量，有时公司也可以取消供应链中的一些环节。一旦供应链重组工作完成，就可以开始进行性能指标的评测和争取最佳业绩的工作。

企业在运营中自始至终必须努力提高供应链管理的效率。在提高其自身运作效率的同时，企业可以开始同供应商和客户一起发展被称为"扩展企业"（extended enterprise）的一种供应链成员间的战略伙伴关系。

国外许多公司在中国的分公司已经开始依照其在国外应用 SCOR 的经验在中国应用 SCOR。在中国，SCOR 也开始越来越受到本土大型企业的关注。

三、平衡计分卡

平衡计分卡（balanced score card），源自哈佛大学 Robert Kaplan 教授与诺朗顿研究院（Nolan Norton Institute）的执行长 David Norton 于 1990 年所从事的"未来组织绩效衡量方法"（一种绩效评价体系，当时该计划的目的在于找出超越传统以财务量度为主的绩效评价模式，以使组织的"策略"能够转变为"行动"），现今平衡计分卡已经发展为集团战略管理的工具，在集团战略规划与执行管理方面发挥非常重要的作用。平衡计分卡自创立以来，在国际上，特别是在美国和欧洲，很快引起了理论界和客户界的浓厚兴趣与反响。

📖 小知识

在平衡计分卡出现之前，Analog Device（ADI）公司最早于 1987 年进行了平衡计分卡的实践尝试。

ADI 是一家半导体公司，主要生产模拟、数字及数模混合信号处理装置，其产品广泛应用于通信、计算机、工业自动化领域。同其他大多数公司一样，ADI 每 5 年进行一次战略方案调整，在制定新的战略方案的同时检讨原方案的执行情况。但是，如同管理者们经常遇到的战略问题一样，"制定战略方案"被当作一项"任务"完成后，形成的文件便被束之高阁，并不能在公司的日常生产经营工作中得以执行。

1987年，ADI公司又开始了公司战略方案的调整。与以前不同的是，这次的战略方案制定，公司决策层意识到战略不仅仅要注重制定过程的本身，还要更加注意战略的实施。他们希望通过面对面与公司员工的交流与沟通，使他们充分理解并认同公司战略。同时公司高层还希望将战略紧密落实到日常管理中来推动战略的执行。此次ADI公司的战略文件在形式上发生了重大的变化，他们摒弃了以往那种长达几十甚至几百页的战略文件，将全部的战略文档资料精简到几页纸的长度。

在制定战略的过程中，ADI公司首先确定了公司的重要利益相关者为股东、员工、客户、供应商和社区，然后ADI公司在公司的使命、价值观与愿景下，根据上述利益相关者的"利益"分别设定了战略目标并明晰了3个战略重点。

为了确保战略目标特别是3个战略重点目标的实现，ADI推行了一个名为"质量提高"的子项目，简称QIP(quality improvement process)。在该项目进行的同时，ADI公司继续将战略目标实现的关键成功要素转化为年度经营绩效计划，由此衍生出了世界上第一张平衡计分卡的雏形。

资料来源：智库百科 http://wiki.mbalib.com.

平衡计分卡是从财务、客户、内部流程、学习与成长4个角度，将组织的战略落实为可操作的衡量指标和目标值的一种新型绩效管理体系。设计平衡计分卡的目的就是要建立"实现战略制导"的绩效管理系统，从而保证企业战略得到有效的执行。因此，人们通常称平衡计分卡是加强企业战略执行力的最有效的战略管理工具。

平衡计分卡的核心思想就是通过财务、客户、内部流程及学习与成长四个方面的指标之间的相互驱动的因果关系展现组织的战略轨迹，实现"绩效考核-绩效改进"以及"战略实施-战略修正"的战略目标过程。它把绩效考核的地位上升到组织的战略层面，使之成为组织战略的实施工具。

平衡计分卡使一个组织的绩效评价与其战略计划和目标相一致。平衡计分卡同时考虑了财务和非财务指标来评价短期和长期的绩效，包括四方面的内容：客户、财务、学习与成长、内部业务流程。图8-13展示了平衡计分卡的框架。

客户：专注于客户的需求和满意度，包括客户满意度、客户保留、新客户获取、客户价值属性和市场份额。

财务：强调利润增长、产品结构、降低成本、生产率、资产利用率和投资策略。

学习与成长：关注组织的人员、系统和流程，包括知识资产、员工再培训、提高信息技术和系统以及员工的满意度。

内部业务流程：关注的是业务流程的关键问题，如质量、柔性、创新和基于时间的评价。

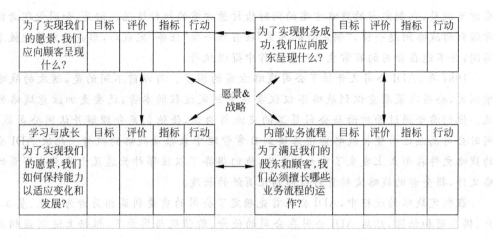

图 8-13 平衡计分卡框架

这四个评估领域反映了一个组织或供应链的战略目标,并把它们连接在一起来评估长期和短期的绩效。平衡计分卡的发展过程开始于定位公司的战略,然后将战略转化为业务活动,并最终将计分卡转换成绩效评价系统。

平衡计分卡方法的引入改变了企业以往只关注财务指标的考核体系的缺陷,仅关注财务指标会使企业过分关注一些短期行为而牺牲一些长期利益,比如员工的培养和开发、客户关系的开拓和维护等。平衡计分卡的最大优点在于它从企业的四个方面来建立起衡量体系。这四个方面是相互联系、相互影响的,其他三类指标的实现,最终保证了财务指标的实现。同时平衡计分卡方法下设立的考核指标既包括了对过去业绩的考核,也包括了对未来业绩的考核。

1. 指标的创建和量化方面

财务指标的创立与量化是比较容易的,其他三方面的指标就需要企业的管理层根据企业的战略及运营的主要业务、外部环境加以仔细斟酌。列出的指标有些是不易收集的,这就需要企业在不断探索中总结;有些重要指标很难量化,如员工受激励程度方面的指标,需要收集大量信息,并且要经过充分的加工后才有实用价值,这就对企业信息传递和反馈系统提出了很高的要求。

2. 确定结果与驱动因素间的关系方面

平衡计分卡要确定结果与驱动因素间的关系,而大多数情况结果与驱动因素间的关系并不明显或并不容易量化,这是企业实施平衡计分卡所遇到的又一个困难。企业要花很大的力量去寻找、明确业绩结果与驱动因素间的关系。

3. 实施的成本方面

平衡计分卡要求企业从财务、客户、内部流程、学习与成长四个方面考虑战略目标的实施,并为每个方面制定详细而明确的目标和指标。它需要全体成员参加,使每个部门、每个人都有自己的平衡计分卡,企业要付出较大代价。

知识拓展

"党的十九大报告提出,经过长期努力,中国特色社会主义进入了新时代,这是我国发展新的历史方位,也对物流业发展提出了新的要求。"中国物流与采购联合会会长何黎明表示,党的十八大以来,作为支撑国民经济的战略性、基础性产业,物流业的产业地位稳步提升。

据何黎明介绍,近五年来,物流需求保持中高速增长,社会物流总额从198万亿元增长到230万亿元。其中,2017年前三季度的社会物流总额达到185万亿元。而在市场规模方面,社会物流总费用已超过11万亿元,成为全球最大的物流市场,公路、铁路货运量和港口吞吐量多年来位于世界第一。

近年来,国务院先后颁发了《物流业调整和振兴规划》和《物流业发展中长期规划(2014—2020)》等政策,支持物流业发展。十九大更是把物流业放在了一个新的高度上。何黎明说,2017年以来,快递业进入日均亿件时代,医药、冷链、汽车、电商等细分市场逐渐成为发展热点。物流业供给侧改革深入推进,降低物流成本成效明显,社会物流总费用与GDP的比率降至15%以下,物流运行效率进入快速提升期。同时,物流产业结构持续优化,工业品物流中的高端物流持续快速增长,装备制造、高新技术产业的物流需求增长10%以上。与消费相关的单位与居民物品物流也保持了30%以上的高速增长。

"党的十九大报告提出,要加强物流基础设施网络建设,并要求在现代供应链领域培育新增长点、形成新动能,这对我国物流业提出了新要求,也带来了新机遇。"何黎明说。

中通快递股份有限公司董事长赖梅松表示,党的十九大报告将物流与水利、交通、电力等并列,要求加强基础设施网络建设,作为现代服务业的重要组成部分和物流领域的先导性产业,快递业将从中受益。

在此背景下,物流企业群体已初步形成,全国A级物流企业超过4600家,一批物流企业集中上市,企业间的兼并重组与联盟合作日益活跃,平台经济、智慧物流、物流金融、现代供应链正在成为行业发展的新动能。

其中,物流园区等物流基础设施初具规模。中国物流与采购联合会发布的《第四次全国物流园区(基地)调查报告》显示,截至2015年上半年,全国运营、在建和规划的各类物流园区共计1210家。何黎明表示,园区服务功能日益完善,涌现出了一批货运枢纽型、商贸服务型、生产服务型、口岸服务型和综合服务型物流园区,与实体经济深度融合。"随着我国交通运输体系不断完善,物流基础设施持续快速发展,初步形成了衔接互动的发展格局。"

资料来源:http://www.chinanews.com.cn/gn/2017/10-25/8359007.shtml。

何黎明认为,在新一轮全球经济发展的大潮中,现代供应链能否在全球竞争中处于优势地位，已经成为衡量一国全球经济竞争力的一个重要指标。

麦肯锡的研究报告显示，通过供应链等方式推进企业运营转型，可使中国劳动生产率提升15％以上，而通过发展全球供应链等方式，还可使劳动生产率再提升10％以上，供应链发展潜力巨大。

我国物流业正加快进入现代供应链时代，一批物流领先企业开始加快延伸服务链条，承接企业物流业务，并提供供应链增值服务，向供应链一体化服务商转型。

据不完全统计，我国供应链专业服务企业已超过5000多家，主要分布在沿海经济地区的三大经济带。

国务院刚刚发布的《关于积极推进供应链创新与应用的指导意见》指出，全面部署供应链创新与应用有关工作，标志着我国现代供应链步入重要发展机遇期。

"十九大报告提出，我国经济已由高速增长阶段转向高质量发展阶段，正处在转变发展方式、优化经济结构、转换增长动力的攻关期。"何黎明说，这表明未来一段时期，我国物流业将进入以质量和效益提升为核心的发展新阶段，必须坚持效率改进、质量提升和创新驱动，积极引入新技术、新模式、新理念，做好转型升级"加法"，逐步释放行业发展新动能；同时，必须坚持深化供给侧结构性改革，降低全产业链物流成本，提高物流供给质量，做好降本增效"减法"，不断增强实体经济的竞争力。

因此，何黎明认为，要把创新作为发展第一动力，深入开展理念创新、模式创新、技术创新、业态创新；要把握新一轮科技革命的机遇，落实国家"互联网＋"战略部署，推进互联网与物流产业深度融合；要加大技术改造和装备升级投入力度，促进物流机械化、自动化、智能化发展，逐步向产业链高增长领域和高价值领域延伸。

此外，还要促进城乡之间、区域之间、产业链环节之间均衡发展。要通过兼并重组等多种方式，加快产业结构调整；顺应智能制造趋势，服务制造业新要求，主动培育"制造强国"所需要的供应链服务；顺应消费个性化、品牌化的新要求，提升物流时效体验；顺应全面脱贫攻坚和农业现代化要求，建立和完善农村物流服务体系。

何黎明还提出，物流业要顺应生态文明建设的新要求，主动推进绿色、低碳和可持续物流发展。要推广使用清洁能源，推行绿色运输、绿色仓储、绿色包装和绿色配送。要以节能环保为切入点，促进技术装备升级，提高排放标准，降低能耗水平。

同时，配合"一带一路"倡议，加强沿线国家物流资源布局。要跟随国内企业"走出去"发展，建设与国际贸易需求相配套的国际物流服务网络，提升国际物流话语权。逐步加强对全球物流、商流、信息流资源的整合，提升对国际市场的影响力和控制力。要按照"共享"理念，探索共享经济新模式，与上下游企业和客户，分享业务模式创新带来的社会经济效益。

资料来源：http://www.chinawuliu.com.cn/zixun/201711/07/326004.shtml。

复习思考

1. 试阐述构建供应链的方法和步骤。
2. 简述供应链环境下物流管理的特点。
3. 试画出供应链的网状结构模型。
4. 供应链绩效评价的方法有哪些?

第九章

现代物流与供应链管理的重要专题

【学习目的与要求】
- 理解绿色物流和物联网的含义；
- 了解我国供应链管理的发展趋势。

引导案例

实现"绿色物流"不容易 智慧供应链成最大契机

在国内，每一年关于绿色物流的讨论大概有两次，一次是在世界地球日，另一次就是在"双11"。在第9个"双11"到来之前，如何打造"绿色物流"再次引发了社会大讨论。

据国家邮政局预测，2017年"双11"将产生超过15亿件包裹，但是这15亿件包裹所用耗材将引发的环境污染问题，早已成为快递企业和电商平台的一大困扰。

一、打造绿色物流的三大"瓶颈"

近日，国家邮政局联合十部门共同发布《关于协同推进快递业绿色包装工作的指导意见》（以下简称《意见》），再一次为快递业迅猛发展所引发的环境问题支着。

《意见》指出将每一年11月的第一周作为"绿色快递宣传周"，倡导绿色消费方式，普及绿色包装和回收知识，营造"绿色快递，人人有为"的良好氛围，推广使用中转箱、笼车等设备，进一步减少编织袋和胶带使用量，加快建立快递业包装治理体系。

据《2017中国快递领域绿色包装发展现状及趋势报告》显示，2016年中国快递业的包装集中在快递运单、编织袋、塑料袋、封套、包装箱（瓦楞纸箱）和胶带六大类。据统计，纸箱使用量占到快递总业务量50%左右、塑料袋占40%左右。在透明胶带方面，我国平均每件快递的用量是0.8米。目前我国快递包装回收率小于20%。

透明胶带本身难以降解,且常常和其他包装用品混合在一起,难以分离,要想做到如日本那样精细化的分类回收,无论是对于消费者、快递企业还是电商平台来说都是一大难题。包装标准滞后、回收循环较难、环保意识不足,仍是阻碍电商绿色包装与绿色物流发展的三大"瓶颈"。

二、多渠道打造智慧物流

近年来,面对打造绿色快递的这三大"瓶颈",各大电商平台以及创业者和各地政府可谓费尽了心思。

比如,福建省2017年将投放数百万个绿色快递袋,明年则将突破1 000万个;同时,福建省还将打造100个绿色校园和社区,每年回收纸箱上百万个。2017年10月全球首个绿色物流城市落户厦门,将结合城市发展规划,做好顶层设计,系统推进绿色物流在一个城市的布局,为绿色物流发展提供全方位解决方案。

电商平台则推出了纸箱换积分活动,天猫平台开设绿色包裹专区;2016年菜鸟发起"绿色行动",成立绿色联盟公益基金,投入3亿元发展绿色物流,启动ACE计划推广100万辆智慧物流车,发布首个电商物流绿色评价体系,并在2017年开启20个绿仓,推行回箱计划。

快递企业开始与电商平台合作,积极推动可循环、可降解的快递包装,采用电子面单、智能路由等技术手段来推动快递包裹回收计划,打造绿色物流,在末端配送领域智能快件箱、再生资源回收箱开始发挥作用,将物流的最后一千米变成打造绿色物流的最先一千米,形成共赢的回收产业链条已经成为趋势。

此外,基于不同产品的"互联网+"环保企业及平台,如闲鱼、转转、爱回收、回收宝、有得卖、衣二三、跳色衣橱、多啦衣梦、女神派、那衣服、美丽租等在获得资本青睐的同时,逐渐被消费者所接受,开始塑造消费者循环使用的消费习惯。

三、打造智慧供应迫在眉睫

供应链在促进降本增效、供需匹配和产业升级中的作用显著,是供给侧结构性改革的重要支撑。打造绿色物流不仅需要国家颁布相关政策支持,行业巨头的引领,人们良好的环保生活的习惯,更重要的是从供应链的整个角度出发,多方联动。

比如,推进物流的单元化和标准化,让物流在生产和仓储配送环节就实现环保和绿色化,让运输货物的托盘和周转箱实现循环共用;在仓库里使用更为节能环保的搬运、存储工具;在商品分拣打包时根据物品的长宽高使用智能打包器,提高纸箱的利用率,减少胶带的使用,减少包裹回收的难度;在配送车辆方面优化车辆行驶路线,减少空驶率,提高满载率,推行新能源车辆的使用……

在新零售时代到来之前,将各个环节连接企业并形成规模效应仍有较大的困难,但是随着各大企业开始用大数据和人工智能打造新零售,而让打造绿色物流、绿色供应链更进一步。

阿里和京东分别提倡的新零售和无界零售，开始对人、货、场进行重构，实现零售行业线上线下跨场景的智慧连接，通过对客户的精准识别，配送链距离识别和限时送达等定制化需求的解决，为客户带来全新的商业体验。

这让生产制造企业的生产思路和角度发生了变化。生产制造企业开始从客户角度出发，看客户需要什么样的产品和服务，打造智能供应链也不是企业的"单相思"，而是整个供应链条上涉及企业的共同思考。

可喜的是，在2017年10月13日，国务院办公厅对外发布《供应链创新与应用的指导意见》，意见指出，到2020年形成一批适合我国国情的供应链发展新技术和新模式，基本形成覆盖我国重点产业的智慧供应链体系。该意见也明确提出了发展绿色供应链的发展路径和方法。

1. 大力倡导绿色制造

推行产品全生命周期绿色管理，在汽车、电器电子、通信、大型成套装备及机械等行业开展绿色供应链管理示范。强化供应链的绿色监管，探索建立统一的绿色产品标准、认证、标识体系，鼓励采购绿色产品和服务，积极扶植绿色产业，推动形成绿色制造供应链体系。（国家发展改革委、工业和信息化部、环境保护部、商务部、质检总局等按职责分工负责）

2. 积极推行绿色流通

积极倡导绿色消费理念，培育绿色消费市场。鼓励流通环节推广节能技术，加快节能设施设备的升级改造，培育一批集节能改造和节能产品销售于一体的绿色流通企业。加强绿色物流新技术和设备的研究与应用，贯彻执行运输、装卸、仓储等环节的绿色标准，开发应用绿色包装材料，建立绿色物流体系。（商务部、国家发展改革委、环境保护部等负责）

3. 建立逆向物流体系

鼓励建立基于供应链的废旧资源回收利用平台，建设线上废弃物和再生资源交易市场。落实生产者责任延伸制度，重点针对电器电子、汽车产品、轮胎、蓄电池和包装物等产品，优化供应链逆向物流网点布局，促进产品回收和再制造发展。（国家发展改革委、工业和信息化部、商务部等按职责分工负责）

资料来源：http://www.chinawuliu.com.cn/zixun/201711/09/326079.shtml。

思考：

1. 绿色物流发展的"瓶颈"是什么？
2. 如何打造智慧供应链？

第一节 绿色物流

一、绿色物流的概念

绿色物流是 20 世纪 90 年代中期被提出的一个概念，目前还没有统一的定义。一些学者认为绿色物流就是对环境负责的物流系统，既包括从原材料的获取、产品生产、包装、运输、仓储直至送达最终用户手中的前向物流过程的绿色化，也包括废弃物回收与处置的逆向物流。

拓展知识

绿色物流的政策环境日渐成熟。事实上，随着社会经济的发展，电商、快递企业也逐渐开始试水绿色物流。

2016 年，菜鸟联合国内外物流合作伙伴开始探索，通过技术、智能和协同推动绿色包装发展，打破物流业环保包装空白，率先研发并推广免胶带快递纸箱和 100% 可生物降解的快递袋。

目前，苏宁已投放 5 万个共享快递盒，2017 年"双 11"期间，分别在北京、成都、南京、杭州、济南等 13 个城市投放共享快递盒。到 2018 年，苏宁物流计划在全国范围内投放 20 万个共享快递盒，进一步扩大共享和循环包装在绿色物流中的应用。

据了解，不久前京东推出了循环包装袋，用抽拉绳完成包装袋密封，消费者到京东自提点带走商品后，包装袋会由配送员回收并送回仓储，在再次打包时使用。

2017 年 10 月，顺丰在第十二届深圳国际物流与交通运输博览会上展出了免胶纸箱、二次利用文件封、EPP 循环保温箱等环保包装。据悉，"二次使用文件封"与传统文件封的物理性能一致，在原有功能不变的情况下增设了二次使用功能，更加节能环保。

尽管部分电商与快递企业已经率先打开了绿色物流的大门，但目前来看，绿色物流的发展还处于初级尝试阶段，绿色包装材料的应用也并未普及。据很多消费者反映，在日常网上购物与使用快递服务过程中，几乎没有遇到过可循环使用的信封袋与快递盒等绿色物流包装产品。

在我国的《物流术语》中，对绿色物流的定义是：在物流过程中抑制物流对环境造成危害的同时，实现对物流环境的净化，使物流资源得到充分利用。

二、绿色物流的内容

和一般物流系统不同，绿色物流所追求的主要是社会效益和企业效益的统一，是在"绿色"的前提下去追求企业的利益，而不是单纯追求物流企业利益的最大化。

(一) 物流的非绿色因素

1. 物流广泛影响环境

物流对环境的影响不是"点"的影响,而是"面"的影响,波及全社会。而一般产业对环境的影响,局限于企业所在的环境地区,虽然可能造成局部的严重环境问题,但是不会发生广泛而且全面影响环境的问题。

2. 物流多方面影响环境

物流对环境的影响包括噪声、废气、废液、废物、事故、资源浪费等多方面、多层次的影响。

3. 物流是消耗性的因素而不是增值性的因素

从国民经济总体来看,物流总量越大,国民经济的成本负担就越重,环境的负担就越重。所以,在经济发展的同时,必须克服和遏制物流的非绿色因素,以减少物流消耗。

(二) 绿色物流的内容

(1) 抑制和减少对环境污染的物流活动(如减少废气、废液、废渣排放,减少和降低噪声、震动)。

(2) 充分、有效、节约地利用资源的物流活动(如降低能耗、降低包装材料消耗,对包装材料等资源进行梯级利用和回收再生利用,延长物流设施、设备的生命周期,提高物流设施、设备效率以及其他资源节约)。

(3) 减少环节,使物流过程短程化、合理化的物流活动(如合理规划物流路线,物流环节的有效衔接,缩短物流距离)。

(4) 防止和降低物流对象损失的物流活动(如物流对象机械损伤、变质、发霉、受潮、锈蚀、破坏、浓度变化、纯度变化、鼠咬虫食损伤、包装损失、外观及色泽变化等损失)。

(5) 不出现安全事故的物流活动。

(6) 农产品和绿色产品的物流活动(如瓜果、蔬菜、水产品以及获得绿色称号的食品及其他产品)。

(7) 整个物流过程保持生、鲜、活产品所需要的生存及保鲜环境条件的物流活动。

(8) 整个物流过程保持文明、卫生的物流活动。

三、发展绿色物流的意义

1. 绿色物流是经济全球化和可持续发展的必然要求

众所周知,保护地球环境和大自然是世界各国人民义不容辞的责任,但是,人类的生产经营和社会消费等又导致环境遭受污染、资源遭受破坏。而作为生产和消费中介的物流,其对地球环境的影响仍未受到应有的重视。

伴随世界大市场和经济全球化的发展，物流的作用日益明显，绿色浪潮惠及的不仅是生产、营销和消费，物流的绿色化也作为可持续发展的必然要求被提到战略日程上来。

2. 绿色物流是最大限度降低经营成本的必由之路

有专家分析认为，产品从投产到销出，制造加工时间仅占10%，而几乎90%的时间为储运、装卸、分装、二次加工、信息处理等物流活动。

因此，绿色物流不仅是一般物流的节约和降低成本，更重视的是绿色化和由此带来的节能、高效、少污染，它在节省生产经营成本方面的意义，可以说是不可估量的。

3. 绿色物流有利于促进社会和谐发展

绿色物流的建立有利于全面满足人民不断提高的物质文化需求，绿色物流有利于促进社会和谐发展。

作为生产和消费的中介，物流是满足人民物质文化需求的基本环节。而绿色物流则是随着人民生活需求的进一步提高，尤其是绿色消费的提出应运而生的。

绿色的生产过程、绿色产品，如果没有绿色物流的支撑，就难以实现其最终价值，绿色消费也就难以进行。同时，不断提高的物质文化生活，意味着生活的电子化、网络化和连锁化，电子商务、网上购物、连锁经营，无不依赖于绿色物流的发展。可以说没有绿色物流，就没有人类休闲自在的生活空间。

4. 绿色物流有利于企业取得新的竞争优势

日益严峻的环境问题和日趋严厉的环保法规，促使企业为了持续发展，必须积极解决经济活动中的环境问题，改变危及企业生存和发展的生产方式，建立并完善绿色物流体系，通过绿色物流来追求高于竞争对手的相对竞争优势。实际上，良好的环境行为可以为企业树立良好的社会形象，为企业带来更大的收益而不是负担。

5. 绿色物流是适应国家法律法规要求的有效措施

随着社会进步和经济的发展，世界上的资源日益紧缺，同时，由于生产所造成的环境污染进一步加剧，为了实现人口、资源与环境相协调的可持续发展，许多国际组织和国家相继制定出台了与环境保护相关的协议、法规与法律体系，我国也制定了《环境保护法》等一系列法律法规。这些法律法规都要求产品的生产商必须对自己所生产的产品造成的污染负相应的责任，并且采取相应的措施，否则将会受到法律的严厉制裁。

四、绿色物流体系

（一）绿色交通运输

绿色交通运输是为了降低物流活动中的交通拥挤、污染等带来的损失，促进社会公平、节省建设维护费用，从而发展低污染的、有利于城市环境的多元化交通工具，来完成物流活动的交通运输系统,以及为最大限度地降低交通污染程度而采取的对交通源、交通量、交通流的规范体系。

拓展知识

交通运输部发布《交通运输节能环保"十三五"发展规划》(简称《规划》),提出要把绿色发展理念融入交通运输发展的各方面和全过程,着力提升交通运输生态环境保护品质,突出理念创新、科技创新、管理创新和体制机制创新,有效发挥政府引导作用,充分发挥企业主体作用,加强公众绿色交通文化培育,加快建成绿色交通运输体系。

《规划》明确了六个方面的17项主要任务,要求各级交通运输部门完善制度建设,拓展资金来源,加强科技创新,培育绿色文化,强化合作机制,全力保障绿色交通运输体系建设。到2020年,适应全面建成小康社会要求的绿色交通运输体系建设取得显著进展。行业能源利用效率不断提高,能源消费结构得到明显改善;生态环保取得明显成效,国家各项污染防治行动要求得到全面落实,污染事故应急处置能力进一步加强;资源节约集约与循环利用水平全面提升;行业节能环保管理体制机制更加完善,监管与服务能力显著增强。

根据《规划》,"十三五"期间,继续推进交通运输结构调整,提升交通运输装备能效水平,优化交通运输能源消费结构,深化节能降碳制度创新与技术应用。加强新建交通基础设施生态保护,继续推进已建基础设施生态修复工程;加强行业大气污染防治工作,组织开展行业水污染防治,进一步提升污染事故应急能力;推进资源节约集约利用,加强资源综合循环利用;健全绿色交通制度和标准体系,强化行业节能环保管理,加强节能环保统计监测。

在服务国家发展重大战略方面,《规划》提出支撑京津冀一体化绿色交通的发展,推进长江经济带绿色综合立体交通走廊建设,构建"一带一路"交通运输绿色发展管理体系。

(二) 绿色仓储与保管

仓储与保管是物流活动的一大构成要素,在物流活动中起着重要的作用。绿色仓储和保管是在储存环节为减少储存货物对周围环境的污染及人员的辐射侵蚀,同时避免储存物品在储存过程中的损耗而采取的科学合理的仓储保管策略系统。

在整个物流仓储保管过程中要运用最先进的保质、保鲜技术,保障存货的数量和质量,在无货损的同时消除污染。尤其要注意对有毒化学物品、放射性商品及易燃、易爆商品的泄漏和污染防治。一般在储存环节,应加强科学养护,采取现代化的储存保养技术,加强日常的检查与防护措施,使仓库设备和人员尽可能少受侵害。

(三) 绿色装卸搬运

绿色装卸搬运是为尽可能减少装卸搬运环节产生的粉尘、烟雾等污染物而采取的现代化的装卸搬运手段及措施。

(1) 在货物集散场地尽量减少泄漏和损坏,杜绝粉尘、烟雾污染。采用防尘装置,制定最高标准。

(2) 清洗货车的废水要经过处理后排出,并集中收集、处理和排放,加强现场的管理和监督。

(四) 绿色包装

1. 绿色包装的含义

绿色包装是指能够循环利用、再生利用或降解腐化,且在产品的整个生命周期中对人体及环境不造成公害的适度包装。简言之,绿色包装是指采用节约能源、保护环境的包装。推行绿色包装的目标,就是要保存最大限度的自然资源,形成最小数量的废弃物和最低限度的环境污染。

拓展知识

国家邮政局、国家发改委、科技部、工信部、环保部等十部委日前联合发布《关于协同推进快递业绿色包装工作的指导意见》(以下简称《指导意见》),明确到2020年可降解的绿色包装材料应用比例将提高到50%,基本建成专门的快递包装物回收体系。

《指导意见》提出,到2020年将基本淘汰重金属等特殊物质超标的包装物料,主要快递品牌协议客户电子运单使用率达到90%以上,平均每件快递包装耗材减少10%以上,推广使用中转箱、笼车等设备,编织袋和胶带使用量进一步减少。《指导意见》提出了完善快递业绿色包装法规标准、增加快递绿色包装产品供给使用、实施快递包装产品绿色认证、开展快递业绿色包装试点示范等重点任务。在国家实施生活垃圾强制分类的城市,将共同推动建设快递包装回收示范城市,明确不同快递包装的分类要求,在社区营业网点配备标志清晰的快递包装回收容器。

十部委将共同成立推进快递业绿色包装工作领导小组,以加强对快递业绿色包装工作的组织领导,并落实国家鼓励节能减排等优惠政策,推动各地加大对快递包装回收利用的财政支持力度。

2. 绿色包装的途径

(1) 促进生产部门采用尽量简化的以及由可降解材料制成的包装。

(2) 商品流通过程中尽量采用可重复使用单元式包装,实现流通部门自身经营活动的包装减少,主动地协助生产部门进行包装材料的回收及再利用。

(3) 对包装废弃物进行分类。

(4) 积极开发新型包装材料。

(5) 节省包装资源,降低包装物成本,提高包装效率。

(五) 绿色流通加工

绿色流通加工是出于环保考虑的、无污染的流通加工方式。

绿色流通加工的途径主要分为两个方面。

(1) 变消费者分散加工为专业集中加工,以规模作业方式提高资源利用效率,以减少环境污染。如餐饮服务业对食品的集中加工,减少家庭分散烹调所造成的能源浪费和空气污染等。

(2) 集中处理消费品加工中产生的边角废料,以减少消费品分散加工所造成的废弃物污染。如流通部门对蔬菜进行集中加工,减少居民分散垃圾丢放及相应的环境治理问题。

第二节 物 联 网

一、物联网技术

国外比较典型的物联网应用领域是工业物联网(industry internet of things,IIOT)。IIOT 是物联网行业发展最快的领域,因为它给工业领域带来效率的提升和成本的降低是可以快速显现的,因此越来越多的企业会有意愿主动采用物联网新技术。IIOT 主要有以下几个应用场景。

1. 制造业

通过嵌入机械设备的传感器帮助确定制造过程中出现的问题和"瓶颈"。同时还可以通过对机器数据的分析,为机器提供预测性维护。预测性维护意味着只在需要时对机器进行维护,这样可以节省成本和减少机器闲置时间。Caterpillar 是世界上最大的工程机械和矿山设备制造商。它与机器数据分析独角兽 Uptake 合作,将机器联网,然后将包括设备方位和路径、闲置时间和机器使用等数据汇集并进行分析,对设备的运行路径、停机时间和维护进行优化,减少运营成本并提升产量。

2. 能源

通过传感器监控照明、温度或能源使用情况,并将数据通过算法进行实时处理,实现微观管理。AutoGrid 是由前斯坦福大学智能电网研究室负责人 Amit Narayan 创办的服务电力、能源行业的大数据公司,通过其能源数据平台(EDP),公共事业公司、企业、社区甚至家庭可以使用大数据和基于云的软件来调整能源消耗和成本。同时还能帮助电网各端匹配电力供应和需求,降低电网各端的成本。

3. 供应链/物流

通过将 RFID 或 NFC 标签贴在产品上,可以知道仓库中该产品的确切位置,并可以进行行李或包裹的分拣和跟踪。Precyse Technologies 专门提供基于有源 RFID 技术的实时定位和供应链可视化解决方案,主要用于跟踪物体位置和移动人员或实物资产的室内外定位,帮助工作人员有效地识别、定位、检测状态和沟通。

4. 工业可穿戴设备

将 AR 技术用于工业设计或安装维护等环节,为工程设计师、技术人员或维护操作人员提供直接展示在眼前的操作说明或复杂问题远程求助和培训等服务。例如:Upskill 原名 APXLabs,是工业虚拟现实可穿戴设备内容软件的提供商,其 AR 软件平台 Skylight 可以与智能眼镜搭配,将企业工人所需要的操作信息直接显示在他们面前,避免翻阅纸质操作文档或通过电脑来找文件带来的效率低下、容易犯错的问题。

(一) 物联网的概念

物联网是利用局部网络或互联网等通信技术把传感器、控制器、机器、人员和物品等通过新的方式联在一起,形成人与物、物与物相联,实现信息化、远程管理控制和智能化的网络。物联网是互联网的延伸,包括互联网及互联网上所有的资源,兼容互联网所有的应用,但物联网中所有的元素(所有的设备、资源及通信等)都是个性化和私有化的。

> **小贴士**
>
> 2008 年爆发全球性金融危机,直接或间接地推动了以物联网为核心的第三次信息技术革命。物流业最早接触物联网理念,是 2003—2004 年物联网第一轮热潮中被寄予厚望的一个行业。中国物流技术协会 2009 年 10 月开始全面倡导智慧物流变革。

(二) 发展物联网的意义

物联网一方面可以提高经济效益,大大节约成本;另一方面可以为全球经济的复苏提供技术动力。物联网将是下一个推动世界高速发展的"重要生产力",是继通信网之后的另一个万亿级市场。物联网是新一代信息网络技术的高度集成和综合运用,是新一轮产业革命的重要方向和推动力量,对于培育新的经济增长点、推动产业结构转型升级、提升社会管理和公共服务的效率和水平具有重要意义。

美国、欧盟等都在投入巨资深入研究探索物联网。我国也正在高度关注、重视物联网的研究,工业和信息化部会同有关部门,在新一代信息技术方面正在开展研究,以形成支持新一代信息技术发展的政策措施。

(三) 物联网的关键技术

1. 传感器技术

传感器技术也是计算机应用中的关键技术,到目前为止绝大部分计算机处理的都是数字信号,需要传感器把模拟信号转换成数字信号之后,计算机才能处理。

2. RFID 技术

RFID 技术是一种识别技术。RFID 技术是融合了无线射频技术和嵌入式技术为一体的综合技术,它在自动识别、物品物流管理方面有着广阔的应用前景。

3. 嵌入式系统技术

嵌入式系统技术是综合了计算机软硬件、传感器技术、集成电路技术、电子应用技术为一体的复杂技术。经过几十年的演变,以嵌入式系统为特征的智能终端产品随处可见,小到人们身边的 MP3,大到航天航空的卫星系统。

嵌入式系统正在改变着人们的生活,推动着工业生产以及国防工业的发展。如果把物联网用人体做一个简单比喻,传感器相当于人的眼睛、鼻子、皮肤等感官,网络就是神经系统用来传递信息,嵌入式系统则是人的大脑,在接收到信息后要进行分类处理,这个例子很形象地描述了传感器、嵌入式系统在物联网中的位置与作用。

📖 拓展知识

事实上传感器技术也好,RFID 技术也好,都仅仅是信息采集技术之一。除传感器技术和 RFID 技术外,GPS、视频识别、红外、激光、扫描等所有能够实现自动识别与物物通信的技术都可以称为物联网的信息采集技术。因此,传感网或者 RFID 网只是物联网的一种应用,但绝不是物联网的全部。

二、物联网与物流行业的关系

1. 物流是物联网发展的基础

作为一种古老的经济活动,物流随商品生产的出现而出现,也随商品生产的发展而发展。物联网的发展离不开物流行业支持。早期的物联网叫作传感网,而物流业最早就开始有效应用了传感网技术,比如 RFID 在汽车上的应用,就是最基础的物联网应用,可以说,物流是物联网发展的一块重要的土壤。

2. 物流领域是物联网的重要应用领域

物联网运用主要集中在物流和生产领域。物流领域是物联网相关技术最有现实意义的应用领域之一。特别是在国际贸易中,由于物流效率一直是整体国际贸易效率提升的"瓶颈",因此物联网技术的应用将极大地提升国际贸易流通效率,而且可以减少人力成本、货物装卸、仓储等物流成本。

由 RFID 等软件技术和移动手持设备等硬件设备组成物联网后,基于感知的货物数据便可建立全球范围内货物的状态监控系统,提供全面的跨境贸易信息、货物信息和物流信息跟踪,帮助国内制造商、进出口商、货代等贸易参与方随时随地掌握货物及航运信息,提高国际贸易风险的控制能力。

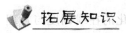
拓展知识

RFID 与 "3G" 技术的综合应用

在车辆和货物上贴上 RFID 标签,并且每辆货车配备 GPS 接收机和 GSM 信息终端,发货时,将车辆、货物的基本信息通过 RFID 读写器存入运输调度中心信息数据库中,同时将司机的身份信息存入运输调度中心信息数据库中。

RFID 阅读器全部部署在运输货物的车辆上,在运输途中,阅读器每隔一段固定的时间以一定的频率自动无线扫描车辆和货物的电子标签,并将扫描的信息存入车载 GSM 信息终端,同时通过 GPS 技术获得的车辆位置信息也存入车载 GSM 信息终端,司机也要将其身份证信息通过车载读卡器存入车载 GSM 信息终端,再通过 GSM 通信系统将所有采集的信息传回运输调度中心,送入中心信息数据库中。

以 GIS 作为基础的信息系统平台,统一管理中心信息数据库。将收集到的信息与数据库中发货时的原始信息进行比较,包括司机的信息和车辆的信息是否匹配,车辆和货物的信息是否匹配,一旦三者有任何不匹配,说明该车货物出现了问题,必须采取紧急应对措施。如果信息完全匹配,则将新的车辆位置信息存入中心数据库中,以做货物追踪之用,通过不断扫描修正,运输调度中心可以掌握货物和运输车辆的实时信息。

物联网技术 RFID 与 "3G" 的应用明显缩短了工作流程,信息传递更加迅速和准确,同时增大了配送中心的吞吐量,降低了周转运输费用,有利于货物跟踪,对物流行业的信息化建设具有重要作用。

3. 物联网使整个供应链呈现透明、高效、精准的特点

由于物流企业在供应链中的特殊位置而对信息资源的掌握相对集中,物流企业参与了物品的配送、仓储、包装加工、运输等环节,这是物流企业全面获得物流信息的基础。物联网使用电子标签对物品进行标识,将物流过程中不同的货品、集装箱、托盘和仓库进行分层级编码,当读写器得到大量的、不同层级的标签信息时,系统就可以明确地辨认出它们的信息,并根据需要对有关信息进行处理,达到快速分级处理的目的;同时可以对具体物品进行监控,并利用网络数据库将该物品的任何信息进行分享,突破了传统信息传播模式的障碍,克服了信息传播途中的延误,以供供应链的各环节利用,这样物流企业就可以对所提供的物流信息进行准确无误的跟踪,掌握物品市场的供求变化等情况以供决策。

三、物联网在物流业中的应用

物联网将我们带入智能的时代,所以现在有了智能家居、智能家务、智能电网甚至是智慧地球的说法。在物流业中物联网主要应用于以下几个方面。

1. 智能配送的可视化管理网络

这是基于 GPS 卫星导航定位对物流车辆配送进行实时的、可视化的在线调度与管理的系统,以实现物流作业的透明化、可视化管理。

2. 智能可追溯网络系统

基于 RFID 等技术建立的、产品的智能可追溯网络系统,这些智能的产品可追溯系统为保障食品安全、药品安全等提供了坚实的物流保障。目前,在医药、农业、制造等领域,产品追溯体系发挥着货物追踪、识别、查询信息等方面的巨大作用。

3. 企业的智慧供应链

智慧供应链用于满足客户大量的、个性化的需求与订单,对物流业的发展意义重大。由于成本问题,很多大宗商品物流最初不能使用物联网,即物联网的优势不能在其身上得到很好的体现,如木材、机电、油品等。率先使用物联网的应该是烟酒、奢侈品、汽车等高附加值的物流产业领域,但目前沃尔玛在供应链管理环节、上海联华便利配送中心等都开始应用物联网技术,预计将来进一步推广,甚至诞生以物联网物流供应、联网与结算为一体的销售终端或交易中心,以形成专营物联网产品的智能超市。

四、物联网在物流业的发展趋势

物联网的发展推动着中国智慧物流的变革。随着物联网理念的引入、技术的提升和政策的支持,相信未来物联网将给中国物流业带来革命性的变化,中国智慧物流将迎来大发展的时代。未来物联网在物流业的应用将出现如下四大趋势。

1. 智慧供应链与智慧生产融合

随着 RFID 技术与传感器网络的普及,物与物的互联互通,将给企业的物流系统、生产系统、采购系统与销售系统的智能融合打下基础,而网络的融合必将产生智慧生产与智慧供应链的融合，企业物流完全智慧地融入企业经营之中，打破工序、流程界限，打造智慧企业。

2. 智慧物流网络开放共享，融入社会物联网

物联网是聚合型的系统创新，必将带来跨行业的应用。如产品的可追溯智能网络就可以方便地融入社会物联网，开放追溯信息，让人们方便地实时查询、追溯产品信息。今后其他的物流系统也将根据需要融入社会物联网络或与专业智慧网络互通，智慧物流也将成为人们智慧生活的一部分。

3. 多种物联网技术集成应用于智慧物流

目前在物流业应用较多的感知手段主要是 RFID 和 GPS 技术，今后随着物联网技术的发展，传感技术、蓝牙技术、视频识别技术、M2M 技术等多种技术也将逐步集成应用于现代物流领域，用于现代物流作业中的各种感知与操作。如温度的感知用于冷链、侵入系统的感知用于物流安全防盗、视频的感知用于各种控制环节与物流作业引导等。

4. 物流领域物联网创新应用模式将不断涌现

随着物联网的发展，更多的创新模式会不断涌现，这是未来智慧物流大发展的基础。目前很多公司在探索物联网在物流领域应用的新模式。如探索给邮筒安上感知标签，组建网络，实现智慧管理，并把邮筒智慧网络用于快递领域；当当网在无锡新建的物流中心探索物流中心与电子商务网络融合，开发智慧物流与电子商务相结合的模式；无锡新建的粮食物流中心探索将各种感知技术与粮食仓储配送相结合，实时了解粮食的温度、湿度、库存、配送等信息，打造粮食配送与质量检测管理的智慧物流体系等。

第三节　供应链管理的新发展

迄今为止，供应链管理是企业物流发展的最高级形式。虽然供应链管理非常复杂，且动态多变，但众多企业已经在供应链管理的实践中获得了丰富的经验并取得显著的成效。尤其是随着经济全球化的步伐日益加快，全球化供应链变得越来越长且越来越复杂，对供应链管理的要求也就随之改变，由于网络通信技术、全球动态联盟的发展和相关要求的不断提出，供应链管理呈现出全球化、敏捷化、绿色化和电子化的发展趋势。

一、全球化供应链管理

随着供应、生产和销售关系的复杂化，该过程涉及的不同地域的厂家将越来越多，最终呈现全球性，全球化供应链应势而生。全球化供应链管理就是要求以全球化的观念，将供应链的系统延伸至整个世界范围内，在全面、迅速地了解世界各地消费者需求偏好的同时，就其进行计划、协调、操作、控制和优化，在供应链中的核心企业与其供应商以及供应

商的供应商、核心企业与其销售商及至最终消费者之间，依靠现代网络信息技术支撑，实现供应链的一体化和快速反应运作，达到物流、价值流和信息流的协调通畅，以满足全球消费者需求。

全球化供应链管理包括市场与营销策略、价格策略、全球采购策略、产品与制造管理、虚拟制造、就地组装、全球补货策略与体系、快速反应系统、电子商务、策略联盟、合同管理、配送策略等，包含物流运转中心、物流系统设计与综合性服务、共同配送系统、顾客需求支援系统等，范畴较宽。它是一种综合性的、跨国跨企业集成化的管理模式，也是适应全球化下企业跨国经营的管理模式。

作为一种新型的管理思想，全球化供应链管理具备如下的特征。

首先，全球化的供应链管理模式是以全球范围内的消费者来驱动供应链运作，以消费者满意为核心。

其次，全球化供应链管理是一种新型合作竞争理念。与传统企业经营管理不同，全球化供应链管理是从全球市场的角度对供应链进行全面协调性的合作式管理，它不仅要考虑核心企业内部的管理，还更注重供应链中各个环节、各个企业之间资源的利用和合作，让各企业之间进行合作博弈，最终达到"双赢"或"多赢"。

全球化供应链管理的形成，将使得物流、信息流和资金流变得更加畅通，从而增大整个供应链的总体效益，还能使单个企业借助庞大供应链的整合优势，在竞争中更主动、更有发言权。

二、敏捷化供应链管理

敏捷性是美国学者于20世纪90年代末期提出的。敏捷供应链是指以核心企业为中心，通过对资金流、物流、信息流的控制，将供应商、制造商、分销商、零售商及最终消费者整合到一个统一的、无缝化程度较高的功能网络链条，以形成一个极具竞争力的战略联盟。

敏捷供应链以增强企业对市场需求的适应能力为导向，以动态联盟的快速重构为基本着眼点，致力于支持供应链的迅速结盟、优化联盟运行和联盟平稳解体。强调从整个供应链的角度考虑，进行决策和绩效评价，使企业与合作者共同降低产品价格，并追求快速反应市场需求，提高供应链各环节的边际效益，实现利益共享的双赢目标。

敏捷供应链是一种全新理念，它将突破传统管理思想，从以下几个方面为企业带来全新竞争优势。

1. 速度优势

敏捷供应链独特的订单驱动生产组织方式，可以最快速度响应客户需求。

2. 满足顾客个性化需求优势

依靠敏捷制造技术、动态组织结构和柔性管理技术三个方面的支持，敏捷供应链解决了流水线生产方式难以解决的品种单一问题,实现了多产品、少批量的个性化生产,从而满足顾客个性化需求,尽可能扩大市场。

3. 成本优势

成本是影响企业利润最基本、最关键的因素,不断降低成本是企业管理永恒的主题,也是企业供应链管理的根本任务,而供应链管理是降低成本、增加企业利润的有效手段。

通常情况下,产品的个性化生产和产品成本是一对负相关目标,然而在敏捷供应链战略的实行中,这一对矛盾却得以成功解决,在获得多样化产品的同时,由于零库存成本和零交易成本,使企业获得了低廉的成本优势。

三、绿色化供应链管理

近年来,围绕生态环境问题,人类社会提出了可持续发展战略。经济发展要考虑到自然生态环境的长期承载能力,使环境和资源能满足经济发展的需要,又使其作为人类生存的要素之一满足人类长远生存的需要,从而形成了一种综合性的发展战略。

实施绿色供应链管理,将"绿色"或"环境意识"理念融入整个供应链管理过程,使得整个供应链的资源消耗和环境影响负作用最小,是现代企业实现可持续发展的一种有效途径。

绿色供应链的概念由美国密歇根州立大学的制造研究协会在1996年提出,是一种在整个供应链中综合考虑环境影响和资源效率的现代管理模式,它以绿色制造理论和供应链管理技术为基础,涉及供应商、生产商、销售商和用户,其目的是使产品从物料获取、加工、包装、仓储、运输、使用到报废处理的整个过程中,对环境的影响(负作用)最小,资源效率最高。

目前有很多国外的汽车制造商如大众、通用等,已经重新整合了传统的供应链,重新构建了新型的绿色供应链体系。这也是未来供应链管理的一个新趋势。

四、电子化供应链管理

电子商务的蓬勃发展改变着企业的经营模式和竞争环境,尤其是作为网络经济主体的B2B模式,它不但改变着企业的交易方式,更影响着企业之间的协作方式。

在全球化的电子商务环境下,传统的供应链管理模式已不能适应电子商务环境下供应链管理的要求,于是出现了新的供应链管理模式——电子化供应链管理。它是企业和它的合作伙伴之间B2B模式的进一步延伸,通过采用互联网这个全球通用的网络标准,实现了相关各方信息系统的对接,商业伙伴之间能创建一个无缝的、自动的供应链,整条供应链就像一个整体一样运作。

通过电子供应链的实施,企业间信息传递的时间缩短了,而且数据也准确了,因而能够从很大程度上缩短提前期,从而带来库存、运输效率的极大改善,同时也促进了供应链向动态的、虚拟的、全球网络化的方向发展。

随着信息技术的进步和供应链思想的深入人心，以及电子商务的飞速发展和竞争的进一步加剧，实施电子化供应链管理必将成为企业继内部信息化和电子商务后的又一信息化过程。尽管存在着许多困难和挑战，但由于电子化供应链管理在信息共享、团队合作和管理模式等方面有着传统供应链管理不可比拟的优越性，随着技术、安全以及金融结算等问题的进一步解决，相信在不久的将来电子化供应链管理必将成为企业的主要运作和管理模式。

 知识拓展

全球制造业正处于重塑发展理念、重构竞争优势的关键节点，大力推进以互联网为代表的新一代信息通信技术与制造业深度融合，是世界主要发展中国家的战略选择。党中央国务院高度重视"中国制造2025""互联网＋"以及两化融合和"十三五"规划等，工信部开展了大量卓有成效的工作，在工信部的积极引导下，我国分别与德国、美国、日本主要国家的政府部门和产业机构深入合作，推动我国互联网与制造业结合的国际化发展。

1. 全球化数字战略

在"一带一路"倡议的引导下，企业应该把握发展契机，做好供应链的战略定位。工信部原副部长杨学山认为，在此次全球化和自由贸易的国际力量博弈中，中国扛起"一带一路"的大旗，企业要学会借势和借力。在善于分析自己的比较优势前提下顺应潮流改变经营策略，一定要记住互利共赢的基本原则。中国物流与采购联合会原常务副会长丁俊发从供应链的三个维度、四个层面和五种形态出发，认为国家供应链是根本，产业和城市供应链是重点，企业供应链是基础。在全球化的转型方略、经济复苏的新动能下，供应链物流的发展也倒逼中国企业不仅走出去，也要走进来。

供应链的数字化转型离不开新技术的应用和智慧物流助力。"工业4.0不等于自动化，工业4.0的核心是基于CPS的自主化，"同济大学房殿军教授说，"数字化是基础，工业4.0首先要从数字化入手，从建设到智能决策系统的开发，以及到网络化、一体化的发展模式，最后要走向去中心化、服务导向以及自主化的新型业态。"

物流贯穿于供应链的整个环节，可以做到数字化，德国物流协会执行主席Wimmer强调数字化的定义是从模拟到数字的转型，产品的全生命周期都能参与才是真正的智能。在未来发展趋势中，他认为终端用户是驱动数字化发展的最主要方面，未来三年区块链将会是非常重要的技术。

对于数字化转型升级，杨学山认为与其临渊羡鱼，不如退而结网。构建数据的前提是要想清楚"解决什么问题，创造什么价值，实现什么目的。如果没有弄清楚，就是为数字而数字"，之后才是数据链条的补全，即把断掉的数据连接起来，对数据质量进行判断和筛选。控制过程要变成全自动系统里面完整的数据链、构成模型和算法，支撑智能化的发展,一步步实现转型。

2. 数字化转型执行路径

在市场、资源和技术的变革当中,应该将制造、研发、服务和传递的视角结合起来形成"生态视角",关注数字化、软件和融合的趋势,所有基因融合在一起才会塑造新的智能未来,而供应链的使命是:链接靠谱的人,做靠谱的事。海尔家电产业集团智能制造总经理张维杰强调,物联网时代的特点是用户的深度参与,大规模定制化时代的核心是链接用户。

徐工集团信息中心总经理张启亮、霍尼韦尔安全与生产力解决方案集团大中华区副总裁兼首席技术官张大可分别从工业大数据和工业互联网生态层面进行分析。张启亮认为工业大数据是石油,工业云是工业大数据燃烧的发动机;张大可认为工业大数据是制造业新的生产力,会驱动制造业的转型升级,信息和物理的结合会产生很多的大数据,推动制造业的变革和创新,同时也是工业互联网的源泉。工业大数据对于传统制造业来说,是转型非常重要的数据和手段,也是企业科学决策非常重要的源泉。在数字经济里,迎接新技术革命的周期变得非常短,霍尼韦尔在数字化转型上注重四大方面的研发和投入:链接、数据、人工智能和用户体验。

供应链转型升级,人工智能与供应链的融合是趋势,万物互联,用户在参与、创造、生产和消费的各个环节后真正成为数字供应链的主人,数据驱动智能化的安全供应链是结果所向。

3. 智慧供应链驱动新商业的链接

新零售场景下的供应链变革,回到新零售定义的原点,零售从19世纪70年代经历了很多阶段,从最初的百货公司到现在的网上销售,新零售的发展可以克服地域、选品的限制,通过数据化、信息化的应用可以做到非常精准的推荐和定位,最终优化交付的体验和成本。网易科技副总裁肖南华看到,在新零售的演进过程中离不开选品、价格和便利三大核心。对于供应链的交付技术变革,云鸟科技CFO信革以云鸟的IT系统——"鸟眼系统"举例,分享给客户实现全程自动化、标准化的管控,更多数据的精细化运营,如专业预约、排线调度、末端支付等都基于数据算法,来完成不管是仓配还是整体供应链的解决方案。

京东成立于2004年,京东集团副总裁黄星讲述了京东在无人机技术、人工智能、大数据和云计算等方面的运用实例。2016年京东年营收是2 600亿元,黄星将其总结为京东不断跟随科技的脚步,满足消费者的需求,借助无人科技技术对流程进行变革。在他看来,未来商业智能应该具备技术产品化、服务平台化和产业的生态化这三个特征,京东将通过技术驱动打造新的智能商业体,成为社会服务体的基础零售商。目前京东正在把核心技术、服务进行模块化和标准化,向外输出物流、零售、金融、技术等服务。

与无人机技术的浪漫相比,医药物流的供应链更需要严谨的产品质量把控和监管。

国药物流总经理顾一民说，人机交互是未来智慧供应链的主要要素，"货到人"技术与"无人化"技术的应用不同程度上提高了相应的人效，但医药行业的特殊性决定了围绕疫苗、药品流通建立能够适应未来整个市场变革的完整供应链体系的重要性。

对于"轻物流如何消灭库存"的探讨，经历了爆仓现象经常出现的互联网高速发展期，智慧供应链得到优化、效率得到提高的同时，库存成为电商发展最大的风险。京东集团副总裁杨平认为，随着供应链的去中心化和"前置仓"的出现，未来的库存会慢慢降下来，最理想的状态是20%的供应商产生80%的销量，80%的库存都放在供应商库里，当天的补货能够全卖掉，接近零库存。

4. 智慧供应链为零售赋能

零库存被认为是伪命题，但追求零库存却是一个长远的课题。降低生产总量，加快周转速度；降低生产成本，把商品和库存打通，形成新的零售业态；或者通过人工智能的手段检测补货量、库存周转率、采购量及价格的确定等，都可以降低库存。亿欧创始人黄渊普认为，面对人力和房屋成本朝高趋势发展，降低库存需要用社会化及共享经济的理念，数据化共享存放空间及配送运力，国内优化的空间有限还可以利用世界的大舞台；从消费方式看，更先进的消费理念值得提倡，不需要的东西买的少了。

如何利用大数据做生鲜新零售，U掌柜供应链副总裁刘歆杨提供的运营解决方案是前置仓加上生鲜美食1小时送达的模式，通过去中心化的仓储管理，基于LBS技术实现订单派送。前置仓和16个签约基地的模式，针对生鲜的独特特点给客户的体验更加适合生鲜供应链的解决方案。通过数据分析在源头上控制损耗，在自己开发出的系统模型上，降低维度，提高预测精准度；通过客户关系管理系统，理性的数据决策，提高顾客复购率。

与生鲜零售类似的是，餐饮消费也需要给客户提供"不下床、不出门"的便利，凸显了物流配送对新零售的价值。新零售时代需要智能配送，而传统的管理和运营方式很难跟上新零售对效率及管理的要求。一个新的消费供应链的构建，需要在资源配置、信息技术投入、流程优化设计等领域进行创新。百度外卖副总裁戴洲洋表示，百度外卖标榜自己是技术型企业，在智能调度中与其他同城跑腿的众包抢单相比，百度外卖是派单机制。据悉，百度外卖客户都有一个用户画像和分析维度，包括已经开始无人机派送的订单，百度外卖的市场目标绝非仅是餐饮外卖配送领域。

资料来源：http://www.iyiou.com/p/50206.

复习思考

1. 绿色物流包括哪些内容？
2. 简述物联网与物流的关系。
3. 讨论我国供应链管理的未来发展趋势。

参考文献

[1] 李耀华.供应链管理[M].北京：清华大学出版社,2013.
[2] 李耀华、林玲玲.供应管理[M].北京：清华大学出版社,2018.
[3] 张劲珊.物流信息技术[M].北京：清华大学出版社,2009.
[4] 贾平.供应链管理[M].北京：清华大学出版社,2011.
[5] 程永生.物流系统分析[M].北京：中国物资出版社,2010.
[6] 刘华.现代物流管理概论[M].北京：清华大学出版社.2010.
[7] 孟于群.第三方物流法律实务及案例[M].北京：中国商务出版社,2010.
[8] 中国物流与采购联合会.中国物流与采购信息化优秀案例集[M].北京：中国物资出版社,2010.
[9] 王炬香.采购管理实务[M].北京：电子工业出版社,2010.
[10] 冯耕中.物流成本管理[M].北京：中国人民大学出版社,2010.
[11] 吴登丰.供应链管理[M].北京：电子工业出版社,2010.
[12] 刘华.物流管理基础[M].北京：清华大学出版社,2016.
[13] 王丽亚.物流信息系统与应用案例[M].北京：科学出版社,2011.
[14] 董铁.物流电子商务[M].北京：清华大学出版社,2011.
[15] 屈冠银.电子商务物流管理[M].北京：机械工业出版社,2012.
[16] 丁玉书.物流管理概论[M].北京：清华大学出版社,2012.
[17] 王景锋.物流管理基础[M].北京：机械工业出版社,2013.
[18] 周建亚.物流基础[M].北京：中国物流出版社,2013.
[19] 林勋亮.物流与供应链管理[M].2版.北京：电子工业出版社,2013.
[20] 冯耕中.物流与供应链管理[M].2版.北京：中国人民大学出版社,2014.
[21] 王爽.现代物流基础[M].北京：首都经贸大学出版社,2014.
[22] 王海文.新编物流设施设备[M].北京：清华大学出版社,2014

推荐网站：

[1] 全国物流信息管理标准化技术委员会：http://www.tc267c.org.cn.
[2] 中国物流与采购联合会：http://www.chinawuliu.com.cn.
[3] 美国供应链管理专业协会：http://www.cscmpchina.org.
[4] 九九物流网：http://www.9956.cn.
[5] 物流天下：http://www.56885.net.
[6] 中国物流联合网：http://www.un56.com.
[7] 供应链时代网：http://www.scmera.com.
[8] 中国物流电子商务网：http://www.elogistics.com.cn.
[9] 中国电子商务物流论坛：http://bbs.eyunshu.com.
[10] 中国营销传播网：http://www.emkt.com.cn.

[11] 环球物流网：http://www.global56.com.
[12] 商务部网站：http://www.mofcom.gov.cn.
[13] 中国应急物流网：http://www.cnel.cn.
[14] 中国物流网：http://www.china-logisticsnet.com.
[15] 百度百科：http://baike.baidu.com.
[16] 中国快递网资讯中心：http://www.exdak.com.
[17] 维基百科：http://wiki.mbalib.com.

教师服务

感谢您选用清华大学出版社的教材！为了更好地服务教学，我们为授课教师提供本书的教学辅助资源，以及本学科重点教材信息。请您扫码获取。

▶▶ 教辅获取

本书教辅资源，授课教师扫码获取

▶▶ 样书赠送

物流与供应链管理类重点教材，教师扫码获取样书

 清华大学出版社

E-mail：tupfuwu@163.com
电话：010-83470332 / 83470142
地址：北京市海淀区双清路学研大厦 B 座 509

网址：http://www.tup.com.cn/
传真：8610-83470107
邮编：100084

教师服务

感谢您选用清华大学出版社的教材!为了更好地服务教学,我们为授课教师提供本书的教学辅助资源,以及本学科重点教材信息。请您扫码获取。

>> 教辅资取

本书教辅资源,授课教师扫码即可获取。

>> 样书赠送

物流与供应链管理类重点教材,教师扫码即可获取样书。

清华大学出版社

E-mail: tupfuwu@163.com
电话: 010-83470332 / 83470142
地址: 北京市海淀区双清路学研大厦 B座 509
邮编: 100084
传真: 8610-83470107
网址: http://www.tup.com.cn/